A CHINA ATUAL NO LEGADO DE MAO TSÉ-TUNG

Diego Pautasso (Org.)

A CHINA ATUAL NO LEGADO DE MAO TSÉ-TUNG

EDITORA
IDEIAS&
LETRAS

Diretor Editorial
Márcio Fabri

Conselho Editorial
Bruno Alves Coelho
Edvaldo M. Araújo
Marco Lucas Tomaz
Orlando A. Silva Cassiano

Coordenação Editorial
Valério Alves de Castro

Preparação
Daniel de Vasconcelos Andrade

Revisão
Andresa Mariana

Diagramação e capa
Airton Felix Silva Souza

1ª impressão

Editora Ideias & Letras

Rua Oliveira Alves, 164
Ipiranga – São Paulo/SP
Cep: 04210-060
Televendas: 0800 777 6004
Editorial: (11) 3862-4831
vendas@ideiaseletras.com.br
www.ideiaseletras.com.br

Dados Internacionais de Catalogação na Publicação (CIP)
de acordo com o ISBD

P335m A China atual no Legado de Mao Tsé-Tung / Diego Pautasso. –
São Paulo : Ideias & Letras, 2025.
320 p. ; 16cm x 23cm. – (Sociopolítica)

Inclui bibliografia.
ISBN: 978-65-87295-93-0

1. Mao Tsé-Tung. 2. China. 3. Política. 4. História.
5. Comunismo. I. Título. II. Série.

2025-3265 CDD 320
CDU 32

Elaborado por Odilio Hilario Moreira Junior - CRB-8/9949

Índice para catálogo sistemático:
1. Ciência política 320
2. Ciência política 32

Sumário

Sobre os autores

Coordenador/Organizador

Diego Pautasso - Pós-Doutorado em Estudos Estratégicos Internacionais (2018), doutor (2010) e mestre (2006) em Ciência Política e graduado (2003) em Geografia pela UFRGS. É professor do Colégio Militar de Porto e diretor de pesquisas do Centro de Estudos Avançados Brasil-China (CEBRAC). Autor dos livros *Imperialismo – ainda faz sentido na Era da Globalização?* e *China e Rússia no Pós-Guerra Fria*, bem como coautor de *A China e a Nova Rota da Seda*, *Teoria das Relações Internacionais: contribuições marxistas* e *Domenico Losurdo: crítico do nosso tempo*. E-mail: dgpautasso@gmail.com

Autores

Brenda Rupar - Professora da Universidad Nacional de San Martín (UNSAM), na Argentina.

Cheng Enfu - Ex-diretor e professor do Instituto de Pesquisa Marxista da Academia Chinesa de Ciências Sociais; Presidente da Sociedade Mundial de Economia Política.

Hugo Albuquerque - Bacharel e mestre em Direito Constitucional pela Pontifícia Universidade Católica de São Paulo (PUC-SP). Editor e curador do selo "Longa Marcha", da editora Autonomia Literária, sobre assuntos chineses, que lançou em 2023 a edição brasileira de *A estrela vermelha brilha sobre a China* (*Red star over China*), de Edgar Snow.

Isis Paris Maia - Historiadora, mestre e doutoranda em Políticas Públicas pela UFRGS. Professora colaboradora do

GECHINA-UnB e coordenadora do "Fios de China", espaço dedicado à comunicação científica sobre o país asiático.

Luiz Eduardo Motta - Doutor em Sociologia pelo IUPERJ e Professor Associado do Departamento de Ciência Política da UFRJ. É autor do livro *A Favor de Althusser* (editora Contracorrente) e de diversos artigos sobre o pensamento marxista e o pensamento sociopolítico brasileiro e "terceiro-mundista".

Marcelo Fernandes - Professor Associado IV do departamento de Economia da Universidade Federal Rural do Rio de Janeiro (UFRRJ) e docente do Programa de Pós-Graduação em Ciência, Tecnologia e Inovação em Agropecuária (PPGCTIA), e do Programa de Pós-Graduação em Economia Política Internacional (PEPI).

Miguel Ángel Urrego Ardila - Professor da Universidad Michoacana de San Nicolás de Hidalgo, no México.

Miguel Carvalho - Graduado em Ciências Econômicas pela UNICAMP (2010), mestre em Economia Política Internacional pela UFRJ (2013) e doutor em Economia da Indústria e da Tecnologia pela UFRJ (2024). É Professor Assistente do Departamento de Ciências Econômicas (DeCE).

Miguel Stedile - Doutor e Mestre em História pela Universidade Federal do Rio Grande do Sul (UFRGS). Professor do Instituto de Educação Josué de Castro (RS) e coordenador do escritório brasileiro do Instituto Tricontinental de Pesquisa Social.

Rita Matos Coitinho - Cientista social, mestra em Sociologia e doutora em Geografia/Desenvolvimento Regional e Urbano. Atualmente cursa o segundo doutorado em Sociologia Política, onde desenvolve pesquisa sobre a política externa da China e seus impactos políticos no Brasil. É também tradutora e colunista de política sobre temas internacionais.

Rubia Cristina Wegner - Professora do Departamento de Ciências Econômicas do Instituto de Ciências Sociais Aplicadas da Universidade Federal Rural do Rio de Janeiro. Doutora em Economia da Indústria pelo Instituto de Economia da Universidade Federal do Rio de Janeiro.

Tings Chak (翟庭君) - Pesquisadora do Instituto Tricontinental de Pesquisa Social, coeditora da edição internacional da *Wenhua Zongheng* (Revista do Pensamento Chinês Contemporâneo) e doutoranda pela Universidade Tsinghua, em Pequim.

APRESENTAÇÃO
Mao Zedong: contribuições teóricas e repercussão na China atual

Uma dimensão fascinante das grandes mudanças em curso no mundo é o declínio relativo da hegemonia do Ocidente e a acelerada emergência da multipolaridade, com o acentuado papel geopolítico da China e do chamado Sul Global.

É sob esse registro que vem à luz esta nova obra do professor Diego Pautasso. A coletânea que se tem em mãos reúne 12 capítulos de diferentes autores que, em seu conjunto, iluminam aspectos essenciais do socialismo com peculiaridades chinesas, uma das marcas mais salientes do que é e será o século XXI. Dão ânimo novo aos defensores do desenvolvimento soberano pela via socialista.

A China atual no legado de Mao Tsé-Tung nos leva ao encontro do crescente interesse sobre a China contemporânea no nosso país, a partir de uma faceta marcante de sua história, a saber, o papel do pensamento e obra de Mao Zedong, assim como a sua ligação com o inacreditável êxito do experimento chinês a partir das políticas de Reforma e Abertura de 1978, com Deng Xiaoping.

Por um lado, esta obra contesta o embate ideologizado que marca o Ocidente neoliberal no tocante à China contemporânea e ao liberalismo de um certo marxismo ocidental, o qual se recusa a ver os fatos com a mente aberta. Por outro lado, ela contraria o marxismo vulgar que acredita haver um desligamento ou ruptura entre o pensamento e a ação de Mao e a Reforma e Abertura de Xiaoping. Questão, aliás, asseverada pelo próprio PC da China, quando realizou o balanço da Era Mao, em 1981, na "Resolução sobre certas questões na história do nosso partido desde a fundação da República Popular da China".

Pude constatar em visitas à China a forte presença e respeito ao pensamento de Mao. Faço um paralelo com nossa sociedade brasileira, motivado numa fascinante obra da Fundação Alexandre de Gusmão, do Ministério das Relações Exteriores, reeditada em 2008: o livro *Ásia Maior, o Planeta China*, de Maria Martins, com prefácio de Oswaldo Aranha. Maria Martins foi uma artista brasileira surrealista, escultora, mulher de vanguarda.

Seu livro é um precioso relato da viagem que fez à China de Mao Zedong na década de 1950. Ao retratar um encontro pessoal que teve com Mao, Martins registra:

> Disse-me que seu governo e seu povo seguiam, com interesse e simpatia, o desenvolvimento do Brasil. Aludiu à admiração que votavam ao grande homem que foi Getúlio Vargas e à sua obra, e o quanto lamentaram sua morte em holocausto aos ideais de sua pátria. Agradeci e lhe afirmei, com orgulho, estar convencida de que o espírito de Vargas, cada dia mais vivo e mais forte, dirigirá por muitos e muitos anos os destinos de minha terra.

O paralelo é interessante: dois estadistas, um de origem conservadora, outro um revolucionário comunista, modificaram o destino de suas nações em direção à modernização, a um novo patamar civilizacional. Isso indicava aproximações entre os desafios estratégicos enfrentados no caminho do desenvolvimento, autonomia e afirmação nacional desde meados do século XX. Sabe-se que os resultados foram diversos. Quer haja, entre as forças políticas, identidade ou antagonismo ideológico com o socialismo, o fato é que os desafios estratégicos têm similaridades e uma complementaridade, para aprendizado recíproco...

Este livro motiva reflexões nessa direção. Mao foi da imaginação ao poder. Imaginou que havia uma realidade singular da nação chinesa e que era fundamental captar essa realidade para descortinar caminhos próprios, anticoloniais, em lugar de decalques da estratégia revolucionária da 3ª Internacional. A fundação da República Popular da China, em 1 de outubro de 1949, representou o ápice da maior revolução anticolonial da história, orientada ao socialismo, sob a direção do Partido Comunista liderado por ele.

Não haveria Reforma e Abertura sem isso, não haveria Deng sem o Pensamento de Mao Zedong, assim como não há o Pensamento de Xi Jinping sem ambos. As gerações de dirigentes comunistas que se sucederam levaram a China, de modo audacioso, à condição de ser hoje a nação mais inovadora no campo científico e tecnológico, invariavelmente em coerência com uma política justa de relações internacionais, ideologicamente determinada a construir o Socialismo com características chinesas e de maior crescimento econômico no mundo por décadas.

Pelas mesmas razões mencionadas, não é caso de decalque de um novo "modelo" chinês. Mas a trajetória chinesa, desde Mao, indica às nações e aos povos lições para tomar nas mãos o próprio destino, caminhos alternativos ao neoliberalismo senil. Os brasileiros fariam muito bem estudando a fundo essa experiência, para além da esfera dos debates ideológicos.

Estamos numa grande transição de época no mundo. A Revolução transformou a China; a China, hoje, transforma o mundo. E sua experiência tem muito a ensinar a gesta para um Brasil livre, independente e justo.

Boas-vindas a mais esta obra de Diego Pautasso.

São Paulo, fevereiro de 2025.

Walter Sorrentino é vice-presidente nacional do PCdoB e presidente da Fundação Maurício Grabois.

Introdução

Este livro se propõe a resgatar a obra política e teórica de Mao Zedong[1] (Mao Tsé-Tung), líder da Revolução Chinesa de 1949 e, portanto, da Nova China. Seu legado histórico, tanto do período pré-revolucionário quanto do período em que liderou o poder na China (1949-1976), ainda ecoa na atualidade.

Obras como *Cisnes Selvagens* de Jung Chang e *Mao – história desconhecida* de Jon Halliday são ricas em descrições e fatos, inequivocamente. Contudo, são obras com análises que personificam e demonizam a trajetória de Mao e, por isso, são incapazes de lançar luz sobre suas contradições e seus contextos.

Um texto publicado no *Intercept Brasil*[2] teve ampla circulação em ambientes progressistas, estabelecendo paralelos esdrúxulos entre a Era Mao e o bolsonarismo. É um exemplo emblemático de leituras que confundem forma e conteúdo, desprezando tanto a dialética quanto a materialidade, ao fazer correlações imediatas entre contextos e contradições históricas absolutamente distintas. Nesse sentido, pretendemos tanto ir além dessas (in)compreensões, que alimentam um frenesi anticomunista e se baseiam em caricaturas, quanto nos restringir à exegese ou hermenêutica da obra de Mao. Trata-se de compreender suas ideias no campo de provas da história e da política, transcendendo paixões maniqueístas.

---

1 Mao Zedong (毛泽东) é a romanização baseada no sistema Pinyin, adotado oficialmente na China em 1958 e mais reconhecido para a transliteração do mandarim. Contudo, ainda é muito presente a transliteração antiga, Mao Tsé-Tung, baseada no sistema Wade-Giles usado desde o século XIX.

2 Texto escrito por Rosana Pinheiro-Machado, intitulado "O bolsonarismo repete a Revolução Cultural da China", disponível em: https://www.intercept.com.br/2018/11/15/bolsonarismo-repete-revolucao-cultural-china/.

O objetivo, pois, é entender como essa China de hoje, cujo desenvolvimento é absolutamente frenético, deita raízes e encontra elementos de continuidade com a Era Mao. É um erro comum, aliás, supor que esse acelerado desenvolvimento e ascensão da China do século XXI remonta às políticas de Reforma e Abertura de 1978. Estas dependeram da derrubada da "Gangue dos Quatro" e do término da Revolução Cultural. Mas, ao mesmo tempo, dependeram da restauração do Pensamento de Mao Zedong como um dos quatro "princípios cardeais", anunciados em 1979, que guiam o Partido, junto do "caminho socialista", "ditadura do proletariado" e "liderança do Partido Comunista". Quer dizer, o socialismo com características chinesas, conduzido por Deng Xiaoping, se assenta sob o "achinesamento" do marxismo, cuja origem é a Nova Democracia de Mao.

Embora a importância de tal reorientação sob a liderança de Xiaoping seja inegável, esta inclusive se fez sob avanços centrais herdados da Era Mao. Aliás, Deng soube fazer a crítica sobre o Mao da Revolução Cultural, ao mesmo tempo que valorizou o Pensamento de Mao Zedong, uma expressão da identidade coletiva do Partido e do país. Deng sabia que não poderia repudiar Mao sem impactar a revolução e o Partido, uma vez que teria que distorcer o papel do líder da revolução na independência ante o domínio estrangeiro, na reorganização política ante o risco de fragmentação territorial e no desenvolvimento ante as bases feudais.

Esse balanço mais acurado da Era Mao se deu em 1981 na "Resolução sobre certas questões na história do nosso partido desde a fundação da República Popular da China", na Sexta Sessão Plenária do 11º Comitê Central. Não houve margem para dúvidas para sentenciar que Mao "foi um grande marxista e um grande revolucionário proletário, estrategista e teórico", mesmo cometendo os "erros grosseiros" da Revolução Cultural. Mao "prestou serviço meritório indelével na fundação e construção de nosso Partido e do Exército", na "libertação do povo chinês, na fundação da República Popular da China e no avanço de nossa causa socialista", bem como "para a libertação das nações oprimidas do mundo". Assim, "o Pensamento de Mao Zedong é o marxismo-leninismo aplicado e desenvolvido na China".

Com efeito, embora seja inequívoco o papel de certos líderes na história, a análise precisa transcender a personalização. Da mesma forma, esse esforço crítico busca entender Mao Zedong a partir de seu campo de possibilidades e dos condicionantes de seu tempo e lugar, para além de idealizações e desejos. Como chamou a atenção Domenico Losurdo, em *Fuga da História?*, Deng "herdou os melhores aspectos" de Mao ao recusar-se a reduzir tudo ao "culto da personalidade", como fizera Khrushchov em relação a Stalin. E isso diz muito sobre os caminhos divergentes de ambas as sucessões e, com efeito, dos destinos destas experiências socialistas.

Como o próprio Kissinger (2011) destacou, Mao encarnava a dialética entre ser anticonfuciano (tradicionalista) e ser versado em clássicos chineses; é um revolucionário internacionalista obstinado, mas também um profundo defensor do interesse nacional chinês. A complexidade de seu pensamento e trajetória não comporta qualquer simplificação. Entender a China de hoje é, obrigatoriamente, olhá-la como essa "síntese de múltiplas determinações", de seu legado imperial, passando pelo contribuição decisiva sob Mao, até chegar nos seus desafios contemporâneos.

Por fim, mas não menos importante, eu gostaria de agradecer o apoio incansável da minha esposa, amiga, pesquisadora e companheira de todos os momentos, a Isis Paris Maia. Essa obra e minha vida têm sido bem mais fáceis e prazerosas ao seu lado – e dos meus amados filhos, Léo e Mari.

Diego Pautasso

PARTE I

De Mao ao maoismo

É indiscutível a contribuição de Mao Zedong para a história da China, desde a luta de libertação, passando pelo tortuoso processo de reconstrução nacional, até sua morte em 1976. Suas formulações políticas ecoaram em todos os continentes e permearam a trajetória do movimento comunista em todo o mundo. Nessa Parte, quatro capítulos abordam o entrelaçamento entre Mao e o maoismo, ou seja, entre seu pensamento e ação política, bem como os desdobramentos no movimento comunista da China e além, destacando as experiências da América Latina.

A grande contribuição de Mao Zedong para o movimento socialista na China

Cheng Enfu

O socialismo é um movimento destinado a alcançar o comunismo, exigindo os esforços de várias gerações, talvez até dezenas delas. Cada geração de socialistas tem suas próprias tarefas históricas. Com essa visão em mente, seguimos o caminho percorrido por Mao Zedong na exploração do socialismo e relembramos as suas contribuições históricas para o movimento socialista na China.

1.

> Os chineses conheceram o marxismo por meio dos russos. Antes da Revolução de Outubro, os chineses não conheciam Lenin, Stalin, Marx ou Engels. O som do canhão da Revolução de Outubro trouxe-nos o marxismo-leninismo. A Revolução de Outubro não apenas ajudou o mundo inteiro, mas também inspirou os elementos avançados da China a usar a cosmovisão proletária para observar o destino do país e reconsiderar seus próprios problemas. O caminho a seguir foi claro: seguir os russos.[1]

Essas palavras, escritas por Mao Zedong às vésperas da vitória da revolução da Nova Democracia, em 1949, retratam fielmente

---

1 ZEDONG, Mao. 毛泽东选集 (Seleção de Textos de Mao Zedong). Pequim: Editora do Povo, v. 4, 1991, p. 1470.

como sua geração de intelectuais avançados se tornou socialista. Elas também explicam como o movimento socialista na China nasceu e começou a se desenvolver nesse período. Ao "reconsiderar seus próprios problemas", os "elementos avançados" da China concluíram que deveriam seguir "o caminho dos russos". Mas qual caminho era esse? Tratava-se da via ao socialismo apontada pelo marxismo-leninismo, um caminho que busca eliminar a exploração, erradicar as classes e alcançar a prosperidade comum. Esse caminho é a construção do socialismo e do comunismo no contexto chinês. Mao Zedong e seus contemporâneos, representando os "elementos avançados da China", formaram a primeira geração de socialistas do país.

A história mostra que, nos primeiros estágios do movimento socialista chinês, os socialistas eram simultaneamente comunistas fiéis ao marxismo-leninismo. Isso constituiu uma vantagem para os socialistas chineses e uma característica única do movimento socialista do país. Diferentemente dos países capitalistas ocidentais, onde os socialistas surgiram antes dos comunistas e onde houve um intervalo, curto ou longo, entre os dois, a China manteve a unidade entre socialistas e comunistas. Essa particularidade evitou divisões e fragmentações ideológicas, comuns no Ocidente, que frequentemente influenciavam e retardavam o progresso do movimento socialista.

Uma das grandes contribuições históricas de Mao Zedong e de sua liderança para o movimento socialista chinês e mundial foi unir e incorporar os "elementos avançados" da nação, ou seja, os socialistas, ao Partido Comunista da China. Isso assegurou que o movimento socialista no país permanecesse coeso e unificado.

A primeira geração de socialistas chineses, também os primeiros comunistas, adotou a crença no "caminho dos russos", porque a via da Revolução de Outubro não era apenas uma estrada para o socialismo comprovada pela prática, mas também uma vitória fundamentada na teoria científica do marxismo. Essa estrada combina rica experiência histórica com sucesso teórico e prático. A compreensão e a aplicação do marxismo pelos primeiros comunistas chineses estavam profundamente ligadas à assimilação do leninismo. Sob a orientação do marxismo-leninismo, esses pioneiros começaram a busca pelo socialismo na China, seguindo o exemplo da Revolução de Outubro.

Essa abordagem foi uma das maiores características e vantagens do movimento socialista chinês. Desde o início, rejeitou a via parlamentar defendida pela social-democracia da Segunda Internacional, que propunha "ganhar o poder por meio de votos". Em vez disso, adotou a concepção de "o poder nasce do cano do fuzil", inspirada na Revolução de Outubro. Durante o desenvolvimento do movimento socialista na China, qualquer tentativa de importar teorias e práticas social-democratas ou democrático-burguesas para dentro do movimento ou partido comunista foi resolutamente rejeitada pelos socialistas chineses, liderados por Mao Zedong. Isso garantiu a pureza e a unidade marxista-leninista do movimento socialista chinês e do Partido Comunista.

Outra grande contribuição de Mao Zedong para o movimento socialista chinês e mundial foi defender a relação intrínseca entre o leninismo e o marxismo. Qualquer tentativa de ignorar, separar ou mesmo negar a continuidade entre essas duas correntes, assim como qualquer esforço para minimizar ou negar a importância do leninismo como base da Revolução de Outubro, é uma negação da gloriosa história da Revolução Chinesa. Essas visões não apenas ignoram a experiência histórica, mas também são profundamente errôneas e prejudiciais.

Mao Zedong reafirmou que o leninismo não era apenas uma continuidade natural do marxismo, mas também um guia teórico indispensável para o sucesso da revolução na China. Sob sua liderança, a via socialista chinesa foi traçada em perfeita sintonia com as bases marxista-leninistas, garantindo o avanço consistente do movimento socialista.

2.

O movimento socialista na China teve início num contexto em que o povo chinês sofria sob a exploração e opressão do imperialismo e do feudalismo, estando em uma sociedade semicolonial e semifeudal. Esse foi o ambiente doméstico e internacional enfrentado pela primeira geração de socialistas chineses, ou seja, os primeiros comunistas, liderados por Mao Zedong. A revolução nacional e democrática contra o imperialismo e o feudalismo foi a tarefa histórica fundamental dessa fase inicial do movimento socialista na China, uma responsabilidade que os comunistas daquela época não podiam evitar ou abandonar. A contribuição dessa geração para o movimento socialista e para o desenvolvimento social da China, assim como sua posição na história chinesa, estão diretamente relacionadas à sua capacidade de formular, responder e resolver essas questões fundamentais.

As experiências e teorias históricas da Revolução de Outubro na Rússia inspiraram diretamente a primeira geração de socialistas chineses e comunistas. Mao Zedong foi o representante mais notável desse grupo. Ele não apenas formulou corretamente as problemáticas, mas também respondeu a elas e delineou as tarefas históricas e as perspectivas de desenvolvimento do movimento socialista chinês para aquele estágio da sociedade. Mao afirmou:

> A revolução na China é composta por duas etapas: a primeira e a segunda. Somente ao completar a primeira etapa será possível realizar a segunda. Liderar resolutamente a revolução democrática é a condição para alcançar o socialismo. Nós lutamos pelo socialismo, o que nos distingue de qualquer outro revolucionário que defenda os Três Princípios do Povo. Nosso esforço atual é direcionado para o grande objetivo futuro; perder de vista esse objetivo nos desqualifica como membros do Partido Comunista. Contudo, negligenciar o esforço presente também nos desqualifica como membros do Partido Comunista.[2]

Mao também enfatizou:

> A revolução democrática é uma preparação necessária para a revolução socialista; a revolução socialista é a tendência inevitável da revolução democrática. O objetivo final de todos os comunistas é lutar pela materialização da sociedade socialista e da sociedade comunista. Somente ao reconhecer as diferenças entre a revolução democrática e a revolução socialista, e também sua conexão intrínseca, será possível liderar corretamente a revolução chinesa.[3]

Com a profunda sabedoria revolucionária e visão estratégica de Mao Zedong, a primeira geração de comunistas chineses enfrentou as traições e massacres do Kuomintang, como o sangrento

---

2 *Idem*, 毛泽东选集 (Seleção de Textos de Mao Zedong). Pequim: Editora do Povo, v. 1, 1991, p. 275.

3 *Idem*, 毛泽东选集 (Seleção de Textos de Mao Zedong). Pequim: Editora do Povo, v. 2, 1991, p. 651.

golpe contrarrevolucionário de 12 de abril e o incidente de Wannan. Mesmo diante dessas adversidades, eles não confundiram as etapas e tarefas históricas da Revolução Chinesa nem desviaram a direção socialista de sua luta. Sob a liderança de Mao, os comunistas chineses compreenderam e resolveram adequadamente as relações entre o proletariado e a burguesia, bem como entre a revolução burguesa e a revolução socialista. Eles não apenas responderam corretamente às questões, mas também completaram com êxito a tarefa da revolução nacional e democrática, que era derrotar o imperialismo e o feudalismo. Dessa forma, alcançaram os objetivos da primeira fase do movimento socialista na China, cumprindo sua responsabilidade histórica.

Essa realização constitui uma das grandes contribuições históricas de Mao Zedong para o movimento socialista na China e no mundo. Mao foi o pioneiro e principal líder do movimento socialista chinês em sua fase inicial, correspondente à revolução da Nova Democracia. Ele foi também o fundador e principal dirigente do Partido Comunista da China, liderando o partido e o povo chinês na realização bem-sucedida da revolução da Nova Democracia e na conclusão da tarefa democrático-nacional de derrotar o imperialismo e o feudalismo. A posição histórica de Mao Zedong na China foi estabelecida, em primeiro lugar, por esses feitos, que também consolidaram seu lugar de destaque na história do movimento socialista chinês.

A história demonstra que os democratas não necessariamente se tornam socialistas, mas os socialistas firmes podem, ao mesmo tempo, ser democratas revolucionários completos. Como Engels observou durante as revoluções burguesas:

> Os comunistas não têm intenção de disputar com os democratas sobre questões inúteis; pelo contrário, em todas

> as questões práticas atuais, eles se posicionam como democratas. Antes que a democracia seja alcançada, comunistas e democratas devem lutar lado a lado, pois os interesses dos democratas também são os interesses dos comunistas.[4]

Na primeira fase do movimento socialista chinês, que correspondia à revolução nacional e democrática contra o imperialismo e o feudalismo, Mao liderou o Partido Comunista e o povo chinês não apenas na realização bem-sucedida das tarefas históricas da revolução burguesa, mas também na transformação dessa revolução em uma revolução socialista. Ele conectou e integrou a revolução democrático-burguesa à revolução socialista, pavimentando o caminho da transição. Nesse processo, Mao destacou-se como o representante mais proeminente da primeira geração de socialistas chineses, criando a teoria da revolução da Nova Democracia voltada para o socialismo. Essa teoria não se limitou à China; tornou-se uma bandeira e um guia para os povos oprimidos em todo o mundo em sua luta pela libertação nacional e social.

A teoria da revolução democrática criada por Mao é uma manifestação ideológica do primeiro estágio do movimento socialista chinês, que inclui a revolução nacional e democrática e sua transição para o socialismo. Para compreender a origem do caminho socialista chinês, é essencial entender a prática e a teoria da revolução da Nova Democracia. Essa teoria é uma parte inseparável do sistema teórico do socialismo chinês. Qualquer tentativa de ignorar a conexão intrínseca entre o caminho da revolução democrática e o caminho socialista, ou entre as teorias dessas duas fases, é unilateral e prejudicial,

---

4 MARX, Karl; ENGELS, Friedrich. 马克思恩格斯选集 (Seleção de Textos de Marx e Engels). Pequim: Editora do Povo, v. 1, 1995, p. 205.

incapaz de compreender ou liderar adequadamente o movimento socialista na China. Após a liderança de Mao no processo de transição da Nova Democracia ao socialismo, qualquer proposta de estabelecer a Nova Democracia como um modelo permanente vai contra o progresso histórico e está fundamentalmente equivocada.

3.

Mao Zedong liderou o Partido Comunista da China e o povo chinês na conclusão bem-sucedida da primeira fase do movimento socialista chinês, a revolução democrático-burguesa, cumprindo as tarefas históricas de oposição ao imperialismo e ao feudalismo. Ele desenvolveu a teoria da revolução da Nova Democracia, acumulando rica experiência histórica e oferecendo profundas lições históricas por meio de práticas incontáveis em sua busca pelo caminho para o socialismo.

Mao Zedong, que chegou a atuar como vice-ministro de propaganda do Kuomintang, liderou a primeira geração de socialistas chineses, os primeiros comunistas, na aprendizagem e prática das teorias e experiências da revolução democrático-burguesa russa. Eles estabeleceram uma frente única revolucionária, conectando-se e unindo-se amplamente aos nacionalistas liderados por Sun Yat-sen. Juntos, organizaram movimentos revolucionários que culminaram em protestos como o movimento anti-imperialista de 30 de Maio e a derrubada dos poderes imperialistas e senhores da guerra. Sob a liderança dos comunistas, a classe trabalhadora chinesa desempenhou um papel ativo, levando essa revolução a um ponto alto, caracterizado pela centralidade do proletariado urbano e pela luta armada para tomar as cidades.

Nesse contexto, Mao Zedong, com sua compreensão profunda do marxismo-leninismo, participou ativamente do movimento revolucionário de cooperação entre o Kuomintang e o Partido Comunista, escrevendo o relatório "Investigação do Movimento Camponês em Hunan". Nele, Mao identificou os camponeses pobres, a maioria da população chinesa, como a principal força revolucionária sob a liderança proletária, preparando teoricamente o movimento socialista chinês para sua transição.

No entanto, os partidos de trabalhadores na França e na Alemanha do século XIX, com décadas de experiência, falharam em analisar a classe camponesa e a desprezaram, tratando-a apenas como base eleitoral para tomar o poder. Engels lamentou que "eles não encontraram a maneira correta de se aproximar dos camponeses".[5] Lênin, ao liderar os bolcheviques na Rússia, aliou-se aos camponeses por meio dos social-revolucionários de esquerda, para compensar sua falta de força própria e tomar o poder. Em poucos anos, Mao Zedong, ao estudar o marxismo-leninismo e realizar investigações no campo, reconheceu o papel central dos camponeses na Revolução Chinesa. O relatório "Investigação do Movimento Camponês em Hunan" tornou-se um marco da adaptação do marxismo à realidade chinesa, embasando o movimento socialista chinês durante a fase democrático-burguesa da revolução. Na China daquele tempo, Mao concluiu: "Quem conquista os camponeses, conquista a revolução".[6]

Essa abordagem marcou a maturidade de Mao dentro da primeira geração de comunistas chineses. O movimento socialista chinês,

---

5 *Idem*, 马克思恩格斯选集 (Seleção de Textos de Marx e Engels). Pequim: Editora do Povo, v. 4, 1995, p. 497.

6 ZEDONG, Mao. 毛泽东选集 (Seleção de Textos de Mao Zedong). Pequim: Editora do Povo, v. 1, 1991, p. 111-115.

já em sua fase inicial de revolução democrático-burguesa, adotou o caminho da luta armada, diferenciando-se dos movimentos socialistas em países capitalistas ocidentais. Mao Zedong defendeu e ampliou essa característica, obtendo resultados históricos significativos.

Embora a primeira geração de comunistas chineses tenha fracassado no movimento revolucionário de 1927, ela adquiriu experiência valiosa. Liderados por Mao Zedong, organizaram a Revolta da Colheita de Outono, proclamando que "a vitória da luta revolucionária na China depende da compreensão da realidade chinesa pelos camaradas chineses". Eles lançaram o slogan "oposição ao dogmatismo", aprofundaram sua atuação no campo e organizaram o campesinato como força central da revolução. Criaram um exército popular sob liderança comunista e estabeleceram bases revolucionárias no campo, iniciando uma busca independente pelo caminho ao socialismo.

Durante a Guerra de Revolução Agrária, os comunistas conquistaram a confiança dos camponeses, formando uma sólida aliança entre estes e os trabalhadores, assegurando a liderança da revolução democrático-burguesa e estabelecendo as bases para a vitória da revolução da Nova Democracia. No início dos anos 1930, o estabelecimento da República Soviética Chinesa na base revolucionária rural de Jiangxi, liderada por Mao Zedong, representou o segundo auge do movimento socialista chinês, consolidando sua transição para um novo estágio. Embora sua existência tenha sido breve, essa república foi o prenúncio do nascimento da futura República Popular da China, simbolizando a aurora de um futuro socialista para o povo chinês, oprimido pelo imperialismo e feudalismo. Como um relâmpago na escuridão, essa experiência iluminou o caminho para a emancipação do povo chinês.

Foi durante essa grande transformação histórica que Mao Zedong, após uma difícil busca, encontrou o caminho para construir na

China um partido marxista-leninista sólido. A primeira parte da resolução da Conferência de Gutian, formulada em 1929 no texto "Sobre a Correção de Ideias Errôneas Dentro do Partido", tornou-se uma chave dourada forjada por Mao Zedong para resolver o grande problema de como construir um partido marxista-leninista forte na China. Mao enfrentou e solucionou uma questão que Marx e Lênin não haviam abordado: como transformar, no ambiente social rural e no universo dos pequenos proprietários, camponeses e pequenos burgueses em combatentes revolucionários proletários. Como ele escreveu:

> No interior do Partido Comunista do 4º Exército Vermelho, há várias ideias não proletárias que representam um grande obstáculo para a implementação da linha correta do Partido. Se essas ideias não forem corrigidas de forma completa, será impossível para o 4º Exército Vermelho cumprir as tarefas que a grande luta revolucionária da China lhe atribuiu. A origem dessas ideias incorretas dentro do Partido e do Exército Vermelho reside, naturalmente, no fato de que a maior parte da base organizacional do Partido é composta por camponeses e outros elementos de origem pequeno-burguesa. No entanto, a falta de uma luta consistente e decidida dos órgãos dirigentes do Partido contra essas ideias incorretas, bem como a falta de educação adequada dos membros sobre a linha correta, são também razões importantes para a existência e o desenvolvimento dessas ideias errôneas. A conferência, com base na carta do Comitê Central de setembro, destacou as manifestações, as origens e os métodos para corrigir essas ideias não proletárias no interior do 4º Exército Vermelho, conclamando os camaradas a eliminá-las de forma completa.

Entre essas palavras, a frase "a maior parte da base organizacional do Partido é composta por camponeses e outros elementos de origem pequeno-burguesa" é o cerne da resolução da Conferência de Gutian. Sua importância reside em dois pontos fundamentais. Primeiro, somente ao identificar corretamente o principal público-alvo do trabalho político e ideológico do Exército Vermelho e os problemas desse público, é possível realizar um trabalho direcionado na construção do Partido e na formação política; do contrário, será impossível começar, nem mesmo "entrar pela porta". Segundo, em um país como a China, com uma vasta população camponesa, um grande desafio para a construção do Partido Comunista e para o trabalho político do Exército Vermelho era transformar e educar soldados de origem camponesa e pequeno-burguesa para que se tornassem revolucionários proletários com uma visão de mundo comunista.

Política e partidos são produtos da luta de classes e pertencem ao campo das classes e do conflito entre elas. Se não houver uma oposição consciente e clara às várias posições não proletárias, especialmente aos pensamentos feudais e burgueses, do ponto de vista do proletariado, será impossível iniciar o trabalho de construção do Partido e sua formação política. Sem dúvida, somente ao esclarecer e resolver os problemas e os alvos do trabalho político e ideológico é que esse trabalho pode se tornar um meio de educar e transformar pessoas, além de uma ferramenta para alcançar as tarefas do Partido. O texto "Sobre a Correção de Ideias Errôneas Dentro do Partido" delineou os alvos, tarefas e objetivos do trabalho político e ideológico no 4º Exército Vermelho, esclarecendo, na prática, os problemas fundamentais da construção do Partido. Por isso, seu impacto e significado transcenderam os limites do 4º Exército Vermelho, contribuindo para a construção partidária de todo o Exército Vermelho, para a construção do Partido Comunista da China e para o sucesso da revolução da Nova Democracia, a primeira fase histórica do movimento socialista na China.

No final da década de 1930, o governo da Região Fronteiriça de Shaanxi-Gansu-Ningxia, estabelecido em Yan'an, no norte de Shaanxi, junto com as bases de resistência antijaponesa que lideravam ao longo da Grande Muralha e em todo o território chinês, representou tanto uma continuação quanto uma transformação da República Soviética Chinesa criada durante a Guerra de Revolução Agrária. Sob a liderança de Mao Zedong, o Partido Comunista da China fundou um governo nas áreas-base caracterizado pelo "Sistema dos Três Terços", dentro da frente única democrática antijaponesa. Este governo serviu como protótipo político para a futura República Popular da China e marcou o terceiro auge do movimento socialista nesta. Comparado aos dois auges anteriores, este se destacou por sua amplitude e continuidade. A chamada "amplitude" refere-se ao fato de que, ao contrário dos auges anteriores, este movimento socialista deixou de ser regional para se tornar nacional, abrangendo toda a população chinesa. A "continuidade" foi evidenciada pela trajetória do movimento: em vez de declinar após atingir seu auge, ele continuou a ascender a níveis históricos mais altos, integrando-se diretamente ao segundo estágio histórico do movimento socialista chinês – a fase da revolução socialista.

Durante a terceira onda da movimentação socialista na China, Mao Zedong compreendeu plenamente os três tesouros que garantiram a vitória na primeira fase do movimento, a saber, a fase da revolução da Nova Democracia:

> A questão da frente única, a questão da luta armada e a questão da construção do partido são os três problemas

> fundamentais enfrentados pelo nosso partido na Revolução Chinesa. Compreender corretamente esses três problemas e suas inter-relações equivale a liderar corretamente toda a Revolução Chinesa [...] sendo eles os três tesouros, ou os três principais segredos, da vitória do Partido Comunista da China sobre os inimigos durante a Revolução Chinesa. [...] A frente única e a luta armada são as duas armas fundamentais para derrotar os inimigos. A frente única é a frente que permite realizar a luta armada. E a organização do partido é composta por combatentes valentes que dominam essas duas armas para atacar e avançar contra o inimigo.[7]

Mao Zedong considerava os "três grandes tesouros" como "uma grande realização do Partido Comunista da China e também uma grande conquista da Revolução Chinesa".[8] Os "três grandes tesouros" constituem a experiência histórica mais valiosa e o patrimônio espiritual da primeira fase do movimento socialista chinês, sendo uma grande contribuição histórica de Mao Zedong na busca por um caminho rumo ao socialismo.

4.

A primeira geração de socialistas chineses, ou seja, os primeiros comunistas, liderados por Mao Zedong, completou com sucesso a primeira etapa do movimento socialista na China, que consistiu na revolução democrático-burguesa contra o imperialismo e o

---

7 *Idem*, 毛泽东选集 (Seleção de Textos de Mao Zedong). Pequim: Editora do Povo, v. 2, 1991, p. 605-613.

8 *Ibidem*, p. 606.

feudalismo. Eles não pararam por aí; seguiram em frente, inaugurando a segunda etapa do movimento socialista chinês, explorando o caminho para a construção de uma sociedade socialista na China.

Mas como Mao Zedong conseguiu conectar a revolução da Nova Democracia à revolução socialista, abrindo o caminho da transição entre elas?

Às vésperas da vitória na Guerra de Resistência contra o Japão, Mao Zedong, com visão estratégica, propôs em nome do Partido Comunista da China a formação de um "governo de coalizão". No entanto, o Kuomintang rejeitou as propostas de reforma política do Partido Comunista. Diante disso, Mao ajustou as tarefas da revolução da Nova Democracia, identificando o capitalismo burocrático, que já era um baluarte do imperialismo e do feudalismo, além de inimigo do povo, como um dos alvos da revolução. Assim, a revolução da Nova Democracia tornou-se "uma revolução liderada pelo proletariado, que engaja as massas populares contra o imperialismo, o feudalismo e o capitalismo burocrático".[9] Com isso, os elementos revolucionários socialistas emergiram ainda mais claramente. Durante a Segunda Sessão Plenária do VII Congresso do Partido Comunista da China, Mao Zedong destacou que o objetivo final da revolução da Nova Democracia era "transformar a China em um grande país socialista",[10] definindo assim a missão histórica dessa revolução.

Sob quais circunstâncias a primeira geração de socialistas chineses, liderada por Mao Zedong, começou a construir o socialismo na China? E quais problemas históricos foram priorizados?

---

9 *Idem*, 毛泽东选集 (Seleção de Textos de Mao Zedong). Pequim: Editora do Povo, v. 4, 1991, p. 1316.

10 *Ibidem*, p. 1437.

Em junho de 1949, pouco antes da fundação da Nova China, Mao Zedong publicou *Sobre a Ditadura Democrática do Povo*, no qual compartilhou com a China e o mundo as lições e posições políticas da Revolução Chinesa: "Os 28 anos do Partido foram um longo período. Durante esse tempo, fizemos apenas uma coisa: alcançamos a vitória fundamental na guerra revolucionária".[11] Essas palavras enfatizam que a vitória militar sobre os inimigos armados foi apenas o início. Mao Zedong alertou a primeira geração de socialistas e comunistas chineses de que, fora do campo de batalha, muitas tarefas revolucionárias ainda precisavam ser realizadas em diversas áreas da sociedade, como política, economia, diplomacia, cultura e ideologia.

A partir de então, a principal tarefa dos socialistas e comunistas chineses foi expandir as vitórias obtidas na guerra revolucionária para todas as esferas da vida social. Sem compreender o espírito dessa declaração de Mao, seria difícil entender por que, após a fundação da Nova China, ele liderou o Partido e o povo em uma série de movimentos de massa que transformaram profundamente a sociedade chinesa, impactando todas as classes sociais e aspectos da vida cotidiana.

Movimentos como a Campanha de Resistência à Agressão Americana e Ajuda à Coreia, a Reforma Agrária, as reformas democráticas, a Campanha de Supressão Contrarrevolucionária e os movimentos "Três Antis" e "Cinco Antis", além de iniciativas culturais e educacionais, como a alfabetização em massa e a crítica ao pensamento acadêmico burguês, revolucionaram a sociedade. Essas campanhas varreram os resquícios de exploração e opressão deixados pela velha China, transformando as estruturas econômicas e políticas do país. O objetivo final, conforme definido na

11 *Ibidem*, p. 1480.

Segunda Sessão Plenária do VII Congresso do Partido Comunista, era: "Após a vitória da revolução, restaurar e desenvolver rapidamente a produção, resistir ao imperialismo estrangeiro, transformar a China de um país agrícola em um país industrial e construir uma grande nação socialista".[12]

Os movimentos políticos de massa, embora não isentos de erros, formaram uma corrente ininterrupta que conectou a revolução democrática à revolução socialista. Eles representaram tanto o aprofundamento da revolução democrática quanto o início da revolução e construção socialista. As "duas revoluções", ou seja, as "duas etapas" da Revolução Chinesa, foram integradas e harmonizadas, estabelecendo as condições para a reforma socialista de 1955-1956. Essa reforma pavimentou o caminho para a transformação socialista da agricultura, da indústria artesanal e do comércio capitalista, alcançando grande sucesso.

Essa reforma socialista foi o primeiro grande momento da segunda etapa do movimento socialista chinês, o estágio socialista. Em 1958, impulsionou uma nova onda de construção econômica socialista. O destaque desse primeiro momento foi seu caráter universal e social, envolvendo todos os cantos do país e todas as etnias em um esforço coletivo para revolucionar a economia e a sociedade, formando uma nova geração socialista com espírito comunista.

De modo geral, as principais contribuições de Mao Zedong durante a segunda etapa do movimento socialista na China, o estágio socialista, incluem:

12 *Ibidem*, p. 1437.

1. Conectar duas formações sociais opostas, a sociedade semicolonial e semifeudal e a sociedade socialista, encontrando um caminho viável para transitar entre elas.
2. Conduzir a revolução socialista de maneira pacífica.
3. Realizar a reforma socialista dos meios de produção também de forma pacífica, estabelecendo, pela primeira vez na história chinesa, uma base econômica socialista baseada na propriedade pública.
4. Criar uma superestrutura e sistemas políticos socialistas com características chinesas, como o sistema da Assembleia Popular Nacional, a cooperação multipartidária liderada pelo Partido Comunista, a autonomia regional para minorias e a autogestão de base.
5. Promover uma transformação histórica da cultura chinesa no continente e criar uma nova geração socialista com elevados valores morais e comunistas.

No contexto do movimento socialista mundial, as contribuições históricas de Mao Zedong tiveram um impacto profundo e duradouro. Sob sua liderança, a China eliminou a exploração e a opressão, e o povo chinês, anteriormente subjugado pelo imperialismo, ergueu-se como dono de seu próprio destino. Pela primeira vez, os trabalhadores chineses tornaram-se dirigentes do Estado e da sociedade. O povo iniciou um caminho de prosperidade comum em um nível inicial, e a maioria dos chineses começou a incorporar os valores de uma nova geração socialista.

Em 1978, a China iniciou a política de Reforma e Abertura, inaugurando o que ficou conhecido como o caminho do "socialismo com características chinesas". Essa nova abordagem é uma continuidade e um desenvolvimento do árduo trabalho realizado durante a era de Mao, e não uma negação fundamental desse período. Como disse o presidente Xi Jinping: "Os períodos antes e depois da reforma e abertura não devem se negar mutuamente".

Referências

MARX, Karl; ENGELS, Friedrich. 马克思恩格斯选集 (Seleção de Textos de Marx e Engels). Pequim: Editora do Povo, v. 1, 1995.

______. 马克思恩格斯选集 (Seleção de Textos de Marx e Engels). Pequim: Editora do Povo, v. 4, 1995.

ZEDONG, Mao. 毛泽东选集 (Seleção de Textos de Mao Zedong). Pequim: Editora do Povo, v. 4, 1991.

______. 毛泽东选集 (Seleção de Textos de Mao Zedong). Pequim: Editora do Povo, v. 1, 1991.

______. 毛泽东选集 (Seleção de Textos de Mao Zedong). Pequim: Editora do Povo, v. 2, 1991.

Mao e seu pensamento: uma reflexão que atravessa Oriente e Ocidente

Hugo Albuquerque

O Pensamento de Mao Zedong (*Máo Zédōng Sīxiǎng* 毛澤東思想) é, ainda hoje, canônico na República Popular da China, muito embora a extensão desse pensamento exceda os elementos consensuais acerca dele na China contemporânea, pois constitui um esforço radical de transição ao comunismo, buscando um caminho original e, ao mesmo tempo, rigoroso aos fundamentos do pensamento leninista.

Um tópico central já está em seus fundamentos, no qual o jovem Mao, sobretudo a partir de sua fase como bibliotecário em Pequim, está imerso no processo de sinicização do marxismo, o que caminha em paralelo com a constituição do movimento comunista na China. O cerne dessa questão remonta a como, efetivamente, traduzir o marxismo para um *locus* cultural de outra ordem.

O sincero esforço de Karl Marx e Friedrich Engels em produzir uma filosofia universalista, por óbvio, estava dentro dos limites materiais da Europa de sua época. Porém, ao aportar na milenar China, com um arcabouço semiótico próprio, de um lado isso produziu fascínio em uma geração que buscava transformações profundas em seu país e, do outro, despertou a necessidade de uma recriação adaptativa.

E por um lado, como já debatemos em outra ocasião (Albuquerque, 2023), o pensamento marxista estava em uma escala de afinidade com o pensamento chinês, pois o lugar comum entre eles gira em torno da noção de uma unidade de polos contraditórios. Mas, por outro lado, obviamente o léxico marxista está dentro do contexto de milhares de anos de discussões filosóficas do Ocidente.

Em outras palavras, Marx e Engels, na esteira de Hegel, realizaram a maior revolução já feita aos pressupostos canônicos do pensamento do Ocidente. Mas o sentido do terremoto que eles produziram no entendimento está apenas na ordem da ação política e da análise da História na China, uma vez que, do ponto de vista da estrutura e do léxico, eles estão dentro de um panorama de afinidade.

O que Marx e Engels desconstruíram no Ocidente jamais foi construído na China – e no Extremo Oriente –, por mais que o próprio Mao buscasse replicar, em diálogo com Lênin, que na China havia uma disputa entre metafísicos e dialéticos. A nosso ver, só pode se dizer que havia um desvio de ordem metafísico no país oriental, mas não um sistema pronto que possa ser propriamente chamado de metafísico.

O esforço de Mao em seu célebre *Sobre a contradição* é tanto mais político, criando pontos de contato entre a China e o Ocidente, para se desviar de leituras eurocêntricas que buscavam negar a possibilidade de revolução no seu país. Ainda assim, ele produziu uma belíssima peça sobre a noção marxista de *contradição*, muito embora sua elaboração no Oriente tenha se dado na forma de uma adaptação criativa.

Isso é um ponto curiosíssimo, pois, uma vez que a unidade de polos contraditórios é um lugar comum nas várias escolas de pensamento da China – e no pensamento do Extremo Oriente, por derivação –, por que os chineses teriam uma palavra específica para a noção de *contradição*? Para os peixes, a água não é uma questão, pois eles estão envolvidos por ela por todos os lados.

Foi somente no século XIX, quando os japoneses traduziram os ocidentais[1] e toparam com a metafísica, que eles necessitaram

1 Houve um intenso movimento de tradução dos clássicos ocidentais no Japão do século XIX. É preciso advertir ao leitor que há um sistema de escrita

elaborar uma tradução dupla para elementos como a *contradição*: no Ocidente, esse ponto é uma questão fundamental, pois a contradição é externa ao sujeito, conforme a lógica clássica ocidental. Da mesma forma que há o sujeito, algo que não era pensamento na imanência pura do Extremo Oriente.

Quando esse mesmo pensamento do Extremo Oriente (cujo fundamento é a filosofia chinesa antiga e não a Grécia) encontra Marx, ocorre uma surpresa dupla: de entender que um potente sistema de pensamento concorda com seus pressupostos básicos, mas que essa construção obviamente herética no Ocidente, por caminhar na contramão, estava em sua mão própria na China.

Isso se dava porque a "filosofia pré-socrática" detinha afinidades com a China, mostrando um lugar comum do pensamento conceitual antigo do qual a metafísica é uma exceção que prosperou e não o contrário, mas também porque o Iluminismo[2] é tributário

---

compartilhado entre chineses e japoneses, o hanzi/kanji, literalmente, "escrita han" – isto é, chinesa –, que era inclusive mais utilizado pelos japoneses naquele quadrante histórico. Como se trata de um sistema ideogramático, os símbolos possuem um sentido comum partilhado, embora sejam lidos de uma forma diferente – como ocorre com os algarismos (1, 2, 3...), que são compreendidos igualmente por diferentes povos, embora sejam lidos de forma totalmente diferente entre eles. É claro que existem diferenças que se operam entre o uso de certos caracteres na China e no Japão. Mas, no que diz respeito a conceitos filosóficos, isso normalmente não ocorre. De tal sorte, *contradição* se diz "lança-escudo" (*máodùn* [矛盾]), conforme a tradução de Tetsujiro Inoue, mas isso tem origem na obra do pensador chinês antigo Han Fei, onde possui uma função importante, conforme dissertamos longamente no *Contradição, metafísica e dialética* (Albuquerque, 2023).

2 Nesse sentido, é fundamental ter sempre em mente as grandes obras dos jesuítas sobre a China, como a da equipe de jesuítas liderada pelo frade Couplet, acerca de boa parte dos escritos confucianos em latim, e também o extenso

da influência chinesa, que alcançou a Europa por meio dos jesuítas (Albuquerque, 2023; 2025).

Evidentemente, o marxismo, mesmo caminhando em sua mão própria na China, produziu uma interessante, e oportuna, contribuição para os chineses num momento em que o Império milenar agonizava – conforme uma antevisão do próprio Marx de 1850 –, pois ele trouxe para a geração de chineses que ansiava pelo futuro um potente método de análise da realidade, mas também de intervenção nela.

É Mao, nesse contexto particular, quem será o intérprete maior de uma busca pela criação de um "marxismo na China" – e que este pudesse fazer jus a seu nome e ter uma aplicação em uma civilização que passava ao largo de ser uma reles tábula rasa, como parte até mesmo do movimento comunista supunha, uma vez que tomava por "internacionalismo" o mero cosmopolitismo europeu.[3]

A partir daí, algumas leituras divergentes, embora igualmente erradas, surgiram: da proeminência de Mao como um leitor atento

---

compêndio do padre Du Halde, escrito em francês nos anos 1730. Tudo isso chega ao grande pensamento europeu, a começar por François Quesnay e o nascimento da ciência "economia política" – conforme artigo de nossa lavra no *prelo*, "A China e o Iluminismo: do surgimento da ciência economia política com os fisiocratas à economia do projetamento" –, mas também alcança Leibniz e sua contribuição fundante para a matemática computacional, a qual dialoga diretamente com nada mais nada menos do que o I Ching.

3 Esse fenômeno ficou claro nos primeiros anos do comunismo na China, onde o Partido, dirigido por Chen Duxiu, fracassou clamorosamente na tentativa de revolução de 1927, uma vez que ele obedeceu às ordens de uma *Komintern* resoluta em aplicar a "fórmula revolucionária" consagrada na Rússia e na Europa a despeito da realidade chinesa. Nesse quadrante, o jovem Mao já estava empenhado em aplicar o marxismo à realidade chinesa, em obras como *Análise das classes na sociedade chinesa* (1926) e *Relatório sobre uma investigação do movimento camponês em Hunan* (1927).

do materialismo histórico – em um contexto sociocultural desprezível, despótico e atrasado – ou como alguém cujos defeitos e erros estariam ligados a essa realidade desprezível despótica e atrasada – e, por conseguinte, impenetrável pela universalidade do marxismo.[4]

Obviamente, não sem acidentes, tentativas, erros e acertos, a construção do socialismo na China produziu avanços sociais e econômicos nada triviais. Mas, para compreender isso, é fundamental entender o fenômeno da sinicização do marxismo na China, que foi a formação de seu líder maior (e fundador da República Popular) e que se espraiou como uma linha de pensamento sistemática.

1. O jovem Mao e sua formação literária

Mao nasceu e cresceu na pequena Shaoshan, na prefeitura de Xiangtan, em Hunan. Como parte de uma família de camponeses médios que enriqueceram – dentro dos padrões do que poderia se considerar um "camponês rico" na China da virada para o século XX, ele teve pelo menos uma formação educacional, o que equivalia naquele momento a uma formação sob as bases confucionistas, ou melhor, *neoconfucionistas*.

Por sinal, muito do que entendemos por "confucionismo" é, na verdade, a construção do neoconfucionismo a partir da Dinastia Tang, passando pela dinastia Song e alcançando as dinastias Ming e

---

4 Existem teses curiosas de Mao enquanto um mero "nacionalista", pois ele teria trazido elementos chineses em detrimento da pureza do "internacionalismo", como é comum em vulgatas ligadas sobretudo ao movimento trotskista, as quais supõem esse "internacionalismo" como um elemento desprovido de um caráter particularista e europeu.

Qing.[5] No entanto, seu nome em chinês é, grosso modo, "Estudo da Razão ou do Princípio" (*Lǐxué* 理学),[6] enquanto o confucionismo original diz respeito à Escola dos Eruditos (*Rújiā* 儒).

Nem é preciso dizer que Confúcio, ou melhor, a tradução confuciana foi reciclada e recriada de diferentes maneiras na história chinesa, uma vez que a existência dessa escola e de seu patrono remete ao cenário de 2.500 anos atrás, em um país completamente diferente daquele que alcançou Mao. Se a hegemonia do confucionismo se deu apenas tardiamente no período imperial, sua forma atual não tem mais de mil anos.

---

5 Depois de passar um longo período fragmentada, a China foi reunificada sob a brevíssima Dinastia Sui (581-618 d.C.) e logo reencontrou sua estabilidade na longa Dinastia Tang, que durou quase 300 anos, apenas com uma breve interrupção. O Tang consistiu, possivelmente, no período mais cosmopolita, vibrante e produtivo da China, seja do ponto de vista tecnológico – a pólvora e a impressão, duas das *Quatro Grandes Invenções* (*Sì Dà Fāmíng* 四大发), foram inventadas nesse período, enquanto o papel e a bússola foram aperfeiçoados –, seja artístico – é a era da grande poesia chinesa, Li Bai e outros gigantes que o digam –, científico e filosófico. Apesar do desfazimento do Tang no início do século X, a Dinastia Song manteve a hegemonia sob a maior parte do território chinês – nomeadamente no centro e sul do país – e foi a continuadora desses fabulosos avanços.

6 Sobre esse aspecto, algo digno de nota: enquanto 学 quer dizer "estudo" e "aprendizado" ao mesmo tempo, o termo 理 é o ponto do polimento do jade, isto é, a medida geográfica-geométrica rei, o que estatui um sentido diferente para a "razão" do que aquele que usamos em português e na maior parte das línguas europeias. Este sentido por um lado é aritmético, pela influência da *ratio* romana, mas por outro também discursivo, uma vez que muito das reflexões acerca do *logos* grego – a um só tempo verbo, discurso e palavra – informa seu conteúdo semântico.

Foi naquele quadrante histórico do Tang até a invasão mongol, no início do século XIII, que surgiu o Estudo da Razão, o qual incorporou o pensamento confucionista, a tradição dos eruditos e o pensamento daoista e budista, além de ter produzido uma interpretação canônica das obras confucionistas, os *Quatro Livros* e *Cinco Clássicos da China*,[7] de uma forma ortodoxa.

Foi isso que o jovem Mao teve de estudar na escola, enquanto no cenário chinês do início do século XX eram quase clandestinas as obras do Romance Chinês – uma produção, paradoxalmente, da mesma época que o neoconfucionismo –, que tanto estimularam a imaginação dele em sua juventude. Conforme depoimento de Mao para Edgar Snow em 1936:

> Meu pai estudou por dois anos. Ele tinha um nível de alfabetização suficiente para ler livros. Minha mãe era completamente analfabeta. Ambos eram de famílias camponesas. Eu era o "intelectual" da família. Conhecia os *Clássicos*, mas não gostava deles. Gostava mesmo era dos romances da *China Imperial*, principalmente as histórias de rebelião:

7 Conforme nota de edição de nossa lavra em "A estrela vermelha brilha sobre a China" (Snow, 2023, p. 153): "Os Analectos de Confúcio ou *Lúnyǔ* [論語] – literalmente, os Diálogos (ou Provérbios) selecionados – são um conjunto de ideias e ditos atribuídos a Confúcio que consiste em um dos Quatro Livros da China – os demais são o Grande ensino ou Grande aprendizado (*Dà xué* [大學]), Doutrina do meio (*Zhōng yōng* [中庸]) e Mêncio (*Mèngzǐ* [孟子]). Já os Cinco Clássicos são o Livro das mutações (I Ching ou *Yì jīng* [易經]), Clássico da História ou Clássico dos documentos (*Shū jīng* [書經]), Clássico da poesia ou Livro das odes (*Shī jīng* [詩經]), Livro dos ritos (*Lǐ Jì* [禮記]) e os Anais de primavera e outono (*Chūn qiū* [春秋]) – juntos, eles formam as nove obras canônicas da cultura chinesa, com reverberações em grande parte do Extremo Oriente".

> *General Yue Fei* ou *Romance biográfico completo de Yue* (*Shuō yuè quánchuán* [说岳全传]);
>
> *Margem da água* (*Shuǐhǔ zhuàn* [水滸傳]);
>
> *Romance biográfico completo da revolta contra Tang* (*Fǎn Táng yǎnyì quánchuán* [反唐演义全传]);
>
> *Romance dos Três Reinos* (*Sānguó yǎnyì* [三國演義];
>
> *Jornada ao Oeste* (*Xī yóujì* [西遊記]), a história da semilendária peregrinação rumo à Índia no século VII d.C. de Tang Sanzang, personagem baseado na figura histórica do monge Xuanzang. (Snow, 2023 [1936], p. 155-156)

Portanto, Mao era um homem da literatura, naquele momento colocada na berlinda, no que deveria ser a formação de um homem nobre, isto é, alguém destinado a ocupar alguma função pública ou a administrar os negócios da família – o que parecia ser o caso com o pai de Mao, um ex-soldado que adquiriu terras com o dinheiro de campanhas militares e prosperou.

O racionalismo chinês, naquele momento, estava reduzido a uma espécie dogmática sem muito sentido e descolada da realidade histórica, muito embora a segunda metade do século XIX da China em diante tenha sido profícua na produção de obras que discutiam a crise do país e que buscavam saídas. Uma delas é *Palavras de advertência para uma era de prosperidade* (*Shèngshì wēiyán* [盛世危言]),[8] obra de 1898, que Mao leu em 1906.

---

8 "Livro de Zheng Guanying, que defendia muitas reformas democráticas, incluindo o governo parlamentar e métodos modernos de educação e comunicação. Seu livro teve uma grande influência quando publicado em 1898, ano da malfadada *Reforma dos Cem Dias*" (Snow, 2023 [1936], p. 157, nota 160).

Logo, o adolescente Mao se deu conta de que:

> Continuei a ler os antigos romances e fábulas da literatura chinesa. Mas me ocorreu um dia que havia algo de peculiar nessas histórias, a ausência de camponeses que lavravam a terra. Todos os personagens eram guerreiros, oficiais ou sábios; nunca havia um herói camponês. Questionei isso por cerca de dois anos, então avaliei o conteúdo das histórias. Percebi que exaltavam militares ou soberanos, que não tinham que trabalhar nas terras, pois as possuíam e as controlavam – e, evidentemente, faziam os camponeses trabalharem nelas para eles. (Snow, 2023 [1936], p. 157-158)

Esses estudos se deram no meio-tempo quando Mao estudou em sua cidade natal, mas depois ele foi a Xianxiang, uma cidade vizinha de onde veio sua mãe, onde ele teve um encontro com a educação moderna – e com o influxo de revoltas e de notícias sobre as revoltas na capital da província e em toda a China, onde a realidade se mantinha estática e quase atemporal.

No final da adolescência, Mao foi para Changsha, a capital da província de Hunan, sua província natal, onde vagou um certo tempo à procura de um curso superior adequado. Nesse ínterim, em meio à indecisão sobre estudar direito ou economia, ele se manteve na biblioteca local, onde encontrou pela primeira vez traduções de obras ocidentais, as quais permitiram sua inflexão:

> Durante esse meu período autodidático, eu li muitos livros, estudei geografia mundial e história do mundo. Pela primeira vez, eu vi e estudei um mapa-múndi. Eu li *A riqueza das nações* de Adam Smith, *A origem das espécies* de Darwin e

> um livro sobre ética de John Stuart Mill. Eu li os trabalhos de Rousseau, estudei o sistema lógico de Spencer, um livro de Montesquieu, *O espírito das leis*. Eu misturei poesia e romances, e os contos da Grécia Antiga, e estudei de forma aprofundada a história e geografia da Rússia, Estados Unidos, Inglaterra, França e outros países. (Snow, 2023 [1936], p. 172)

Após esse período, Mao ingressou na Primeira Escola Normal de Hunan, uma faculdade de educação, o que o tornou, anos mais tarde, em um dos raros educadores a não só ocupar a liderança de um povo, como também, ainda, a fazer isso no contexto de uma liderança revolucionária. O Mao leitor voraz da juventude, que encontra o Ocidente em uma biblioteca, explica isso.

2. Mao, o pedagogo

Em Changsha, nos anos 1910, Mao encontrou Yang Changji, seu mentor inicial e futuro sogro. Ele havia estudado na Inglaterra, de onde retornou, e estava intimamente ligado com o movimento de modernização da China, o que seria o Movimento Quatro de Maio, a Nova Cultura. Esse momento coincide com os primeiros anos após a Revolução Xinhai de 1911, quando a monarquia foi substituída pela república.

> O professor que mais me causou impacto foi Yang Changji, estudante que havia retornado da Inglaterra, com quem minha vida posteriormente seria intimamente relacionada. Ele acreditava fielmente na própria ética e tentava incutir nos alunos o desejo de se tornarem morais, homens virtuosos, úteis para a sociedade. Sob a influência dele, eu li um livro de ética traduzido por Cai Yuanpei, e me inspirei a escrever

> um texto intitulado "O poder do coração[9] (*Xīn zhī lì* [心之力])". (Snow, 2023 [1936], p. 175)

Na universidade, Mao foi atravessado por uma realidade radicalmente diferente da sua criação. Changsha, uma cidade milenar na qual era falado o dialeto de prestígio do hunanês – ou xiang[10] –, foi foco de agitação, de levantes camponeses e de regimes autoritários militares, que governaram a província nos tempos da fragmentação – o que é definido por "feudalismo" em sentido vulgar, embora recorrente – do regime de Beiyang (1912-1928).

Naquele quadrante histórico chinês, a Proclamação da República na China, a Revolução Xinhai, se deu pela aliança de dois grupos majoritários: jovens cultos que tiveram contato com a educação moderna – ou uma leitura extremo-oriental da tradução do Ocidente – via Japão, isto é, toda uma geração de pretensos mandarins;[11] e

---

9 Em dados momentos, "coração" equivale à "mente".

10 Conforme nota de nossa lavra (Snow, 2023 [1936], p. 150, nota 147): "O sotaque e as variações de Mao eram reminiscências de sua língua materna: o dialeto xiang-shuang da língua *lóu shào* [娄邵], também chamado de 'velho *xiang*' (hunanês antigo), segundo o mapa *do Language atlas of China/Zhōngguó yǔyán dìtú jí* [中国语言地图集], o Atlas de idiomas da China, referência no assunto. Na época em que este livro foi escrito, em 1936, as fronteiras entre línguas e dialetos da China não estavam bem definidas cientificamente, muito embora elas ainda sejam alvo de debates muito pertinentes. É sempre importante ressaltar ao leitor que a China tem proporções – e diversidades – continentais e que, embora o mandarim padrão seja língua oficial e comum do país, ele é uma língua franca e não necessariamente a língua materna das pessoas – mesmo das autoridades".

11 Conforme trecho de nota de nossa lavra: "O termo 'mandarim' se origina do fato de os magistrados chineses, os *guān* [官], serem chamados de 'mandarins' pelos jesuítas em missão no século XVI, que eram, em geral, portugueses ou europeus a mando de Portugal" (Snow, 2023 [1936], p. 59,

dissidentes do regime imperial, que, no entanto, tinham pouca certeza do que fazer para o futuro.

Apesar de Sun Yat-sen, nome pelo qual ficou conhecido Sun Zhongshan no Ocidente, ter sido protagonista do processo que culminou com a República – e, nesse sentido, Lênin sublinhou no seu clássico *Democracia e narodnismo* [*populismo*] *na China* –, o fato é que o país foi retalhado por camarilhas militares, as quais se reportavam a Pequim, com sua multidão de ditadores militares rotativos – embora reconhecidos pelo Ocidente.

Portanto, hipóteses como um federalismo ou mesmo a emancipação das províncias se impõem, mas de certas capitais provinciais, principalmente do Sul, como Changsha. O movimento hunanês é particularmente potente, e a cena acadêmica de lá é singularmente radical, sobretudo com a presença de figuras como Yang Changji, mas também de Xu Teli, talvez o equivalente chinês de Paulo Freire, e que foi comissário de Educação mais tarde.

A formação de Mao, nesse cenário particular de efervescência, produziu uma figura desde os primeiros momentos forjada em uma ação política cuja centralidade era um processo educacional, não propagandístico ou militar. Em uma cultura como a chinesa, na qual o estudo/aprendizado é fulcral, assim como a noção de "exemplo", a ideia de um líder-educador seria particularmente interessante – mas, sobretudo, reveladora.

---

nota 83). A origem do termo não está apenas no verbo "mandar", mas nos *menteri*, os magistrados de Málaca, na atual Malásia, cuja origem do termo vem do mesmo cognato de *mantra* em sânscrito. Em razão da semelhança de som, é possível que os portugueses tenham entendido por soar como "aqueles que mandam" e tenham estendido o uso para os demais magistrados ou burocratas da Ásia, no que se destacam os chineses.

Junto disso, Mao se envolveu com a imprensa dissidente, que naquela altura perturbava lideranças hunanesas, como *o Jornal do Levante popular* (*Mínlì bào* [民立报]) ou o *Diário de notícias do rio Xiang* (*Xiāngjiāng rìbào* [湘江日报]) – os quais reverberavam a cena republicana hunanesa. Enquanto isso, a juventude se dividia em sociedades políticas ordenadas pela:

> A maioria dessas sociedades foi organizada sob a influência da *Nova juventude* (*Xīn qīngnián* [新青年]), a famosa revista do *Movimento Nova Cultura*, editada por Chen Duxiu. Eu comecei a ler essa revista quando era estudante da Escola Normal Superior, admirava muito os artigos de Hu Shi e Chen Duxiu. Por um tempo, foram meus exemplos, substituindo Liang Qichao e Kang Youwei, que eu já havia descartado. (Snow, 2023 [1936], p. 178)

Liang e Kang, por sinal, foram dois grandes intelectuais da virada do século XX, os quais defenderam a modernização da monarquia, em uma forma constitucional e parlamentar, mas como um conteúdo político avançado e experimental. Contudo, com a Proclamação da República, eles deram um giro considerável, adotando posições antirrepublicanas, reacionárias e restauracionistas da monarquia que eles sabiam estar falida.

Essa experiência prático-teórica, somada às origens camponesas de Mao – que lhe conferiram uma visão privilegiada da crise no campo –, o converteram em um adulto à procura de uma saída, seja pelo liberalismo-democrático – e federalista – de inspiração americana ou, depois, na forma de um patriotismo popular, que encontrará remanso no grande movimento nacionalista do Kuomintang.[12] Mas isso ocorreu apenas nos anos 1920.

3. Mao se torna comunista

Graduado em 1918, Mao partiu para Pequim e fez um périplo para o Norte da China. São anos de agitação e violência política em Hunan, com o violento senhor da guerra Tan Yankai sendo removido por Zhao Hengti, que inicialmente sugeriu apoiar as demandas federalistas dos modernizadores da província. Igualmente, são tempos de profunda agitação e da eclosão do Movimento Quatro de Maio, a Nova Cultura, em 1919.

A Nova Cultura foi central para a construção do movimento comunista chinês, embora contasse com liberais e nacionalistas no

---

12 Conforme nota de rodapé: "*Kuomintang* (KMT) ou, mais precisamente, Guòmíndǎng [國民黨] é o Partido Nacionalista. Nascido em 1912, o KMT foi a primeira grande organização de massas da nascente República da China, tendo em seu interior uma ampla gama de setores, inclusive comunistas. Com a morte de seu líder inicial, Sun Yat-sen, ocorreu a ascensão da ala direita e fascista do partido, que expurgou os comunistas, levando à Guerra Civil que consumiu o país a partir de 1927, facilitando enormemente a invasão japonesa. Após a Segunda Guerra, comunistas e nacionalistas voltaram a se enfrentar, com a vitória dos vermelhos e a consequente fuga dos líderes do KMT para a ilha de Taiwan, que assumiu o nome formal de República da China – a qual passou a ser governada pelo KMT de forma tirânica. Hoje, o KMT se tornou o partido da direita conservadora de Taiwan, cuja plataforma de longo prazo é a reunificação da China em termos nacionalistas, competindo com o liberal – e secessionista – Partido Democrático Progressista (PDP). Importante lembrar que a ala esquerda do KMT permaneceu na China continental, aderindo à Revolução de 1949, sob o nome de Comitê Revolucionário do KMT Chinês, um dos oito partidos que, sob a hegemonia do Partido Comunista, formam a Frente Unida" (Snow, 2023 [1936], p. 11, nota 3).

seu complexo ecossistema – e as ideias socialistas já estavam presentes pelo menos desde 1905, tendo por pioneiro Zhu Zhixin, o primeiro tradutor de fragmentos de *O manifesto comunista* para o mandarim, além de colaborador próximo de Sun Yat-sen, sendo integrante da ala esquerda do Kuomintang.

Esse movimento nasceu do Incidente de Qingdao, no qual, ao final da Primeira Guerra, o regime de Beiyang se omitiu de retomar a cidade dos japoneses, que a mantinham e controlavam depois de terem-na tomado dos alemães no início da guerra – Qingdao, situada no Norte do país, era um domínio alemão desde 1897, dentro da política de ocupação e partilha da China pelas potências no Século de Humilhação.

Para o Movimento Quatro de Maio, convergiram tanto demandas patrióticas quanto a inquietação democrática pelo fracasso da República, que, apesar de proclamada, simplesmente era uma continuidade tosca da monarquia, só que nas mãos dos velhos generais do imperador – em que pese o caso tragicômico de Yuan Shikai, que traiu o Xinhai e, inclusive, tentou se proclamar imperador.

Além disso, o Quatro de Maio trouxe para a China os ventos das vanguardas modernistas, tendo sido sintetizadas por artistas do porte de um Lu Xun, que buscava a renovação da cultura chinesa, afirmando sua riqueza, ao passo que buscava desfazer as amarras formalistas e antipopulares que afastavam a arte do povo – inclusive pela própria falta de acesso à leitura, o que foi a regra na China, apenas até o governo comunista.

Nesse meio tempo, Mao encontrou a literatura comunista e deu um passo central em sua vida. Visitou Pequim, se aproximou dos círculos de intelectuais e artistas, mas reencontrou seu professor Yang Changji, que o aproximou do futuro líder comunista Li Dazhao, o responsável por empregá-lo como assistente da biblioteca – o melhor trabalho do mundo para Mao, apesar das condições precárias.

A reaproximação com seu ex-professor o fez se reaproximar também da filha dele, Yang Kaihui, que se tornou a primeira esposa de Mao dentro de poucos anos. Os anos após a graduação foram de uma certa errância enquanto Mao buscava se estabilizar financeiramente e também na militância para ter condições mínimas de vida. Naquele momento, conhecer Pequim era central para ele:

> No inverno de 1920, organizei os trabalhadores politicamente pela primeira vez, e comecei a ser guiado nessa época pela influência da teoria marxista e pela história da *Revolução Russa*. Durante minha segunda visita a Pequim, eu havia lido muito sobre os eventos na Rússia, e empenhadamente procurado pelo pouco de literatura comunista disponível em escrita chinesa. Três livros, especialmente, ficaram profundamente gravados em minha mente, e me consolidaram uma fé no marxismo, do qual, uma vez que aceitei como a interpretação correta da história, não hesitei posteriormente. Esses livros foram o *Manifesto comunista*, traduzido por Chen Wangdao, o primeiro livro marxista a ser publicado em caracteres chineses; *Luta de classes*, de Karl Kautsky; e o *Uma História do socialismo*, de Thomas Kirkup. No verão de 1920, me tornei, em teoria, e de certo modo na prática, um marxista, e desse período em diante passei a me considerar como tal. No mesmo ano, me casei com Yang Kaihui. (Snow, 2023 [1936], p. 187)

Naquele momento, os soviéticos pactuaram com Sun Yat-sen no Sul, se propondo a ajudá-lo a reunificar o país sob as vestes de uma república democrática, a qual caberia na China pela noção de etapas – e de anti-imperialismo – que Lênin propôs ao saudar a Revolução Xinhai anos antes. Grigori Voitinsky e, depois, Hendricus Sneelivet, o Malin, eram as cabeças da Terceira Internacional na organização do movimento chinês.

Criada em 1921, com a participação de Mao, a seção chinesa do Partido Comunista se dedicou nos seus primeiros anos a fazer *entrismo* no Kuomintang, ali ainda sob a liderança progressista de Sun Yat-sen, com seu reformismo radical. Os modernizadores do país inteiro se uniam a esse movimento, embora o Kuomintang fosse tragicamente diverso, como se perceberia poucos anos depois, após a morte prematura de Sun.

Mao igualmente realizou uma dupla filiação, como todos os comunistas, ocupando cargos de destaque no Kuomintang no que diz respeito à organização rural – algo que se explica para um camponês de origem, mas com formação intelectual ímpar, em cuja mente a teoria marxista ganhava vida em meio ao quadro conflituoso no campo, exigindo inflexões que iam bem além de enxergar a questão agrária.

Em outras palavras, como aplicar o marxismo na China agrária – o que poderia ser uma negação do próprio marxismo? O ponto interessantíssimo é que o contexto concreto colocou Mao diante da imediatez da questão agrária chinesa, inclusive para se pensar uma futura industrialização do país, e que era necessário redobrar a aposta na dialética, em vez de se quedar às tentações de reproduzir uma fórmula estanque.

Evidentemente, a morte prematura de Sun Yat-sen em 1925 e a disputa de alas do Kuomintang vencida pela sua ala de "centro", que rapidamente gira à direita, ajudam a desfazer as ilusões já entre 1925 e 1927 com uma saída etapista pura – sob a qual um estágio democrático-burguês, de tempo indefinido, seria uma condição *sine qua non* para uma futura revolução proletária.

Igualmente, o fracasso trágico da tentativa voluntarista de fazer insurreições urbanas como forma de derrotar o Kuomintang, ali já corrompido – e aliado aos senhores da guerra que jurava combater –, colocou em curto-circuito a ideia de que seria possível fazer uma revolução na China imediatamente nas áreas rurais ou com sua insignificante classe operária.

4. Em síntese

A formação eclética de Mao, literária e poética antes de ser filosófica ou política, depois se voltando da zona rural para a urbana, da capital da província para as grandes cidades chinesas, produziu uma fissura importante – e se estruturou até como um cisne negro (ou seria *vermelho*?) em meio ao movimento comunista chinês, quase sempre composto por jovens estudiosos que seriam burocratas ou militares no Império.

Do outro lado, enquanto a busca por respostas no exterior da China era inevitável, e embora Mao o tenha feito pelos livros, a formação normal de um comunista chinês médio passava por anos de estudo no Japão – onde um prematuro movimento sindical, causado pela modernização Meiji ainda no século XIX, recepcionou ideias socialistas – e/ou por idas à Europa ou à União Soviética. Ainda assim, a resposta encontrada foi de um intelectual *interiorano*.

Homem da província e, paradoxalmente, universal, os primeiros passos de Mao estão na ordem da arte e da produção literária – e sua imaginação –, o que fez dele talvez a figura mais capaz, dentre os comunistas chineses de sua geração, a imaginar e proceder nesse atravessamento entre Ocidente e Oriente, para assim abstrair o mundo em um encontro de pensamentos e experiências tremendo.

Isso forjou uma liderança à altura de um processo enigmático, que desafiava o marxismo tanto em sua natureza – a centralidade da questão agrária, desafiando a lógica industrialista – quanto pela distância dos fundamentos e estruturas da China em relação ao *locus* no qual se desenvolveu o materialismo histórico – mesmo computada aí a Rússia, que, no entanto, usava um alfabeto vindo do grego, dentro do contexto das religiões do Livro e, por tabela, da tradição grega do pensamento.

Se a História é sempre a História da Luta de Classes, pois bem, estes processos atravessam o corpo físico de personagens individuais, produzindo lideranças que podem, para o bem ou para o mal, atrasar, acelerar, realizar ou frustrar os anseios das massas. Negar isso é estabelecer um determinismo fatalista e objetivista sem qualquer dialética, na qual a ação humana seria inútil.

A revolução é um processo, como diria Marx em *A guerra civil na França*, mas se assim o é, ela possui seus advogados, mais ou menos exitosos. Mao é um deles e exerceu a função de rábula como ninguém, justamente por ser o tribuno do qual necessitavam os seus: um professor rural, com dotes de poeta e uma imaginação literária capaz de lhe permitir cruzar dois mundos, não raro, antagônicos.

Referências

ALBUQUERQUE, Hugo. "Contradição, metafísica e dialética: o maoísmo como produto do intercâmbio filosófico entre Oriente e Ocidente." *Princípios*, 42 (166): 192-207, 2023. Disponível em: https://doi.org/10.4322/principios.2675-6609.2023.166.011.

CHENG, Anne. "Abel-Rémusat e Hegel: sinologia e filosofia nell'Europa del XIX secolo." *Rivista di Estetica*, 72: 139-151, 2019. Disponível em: http://journals.openedition.org/estetica/6116.

MARX, Karl. *Der Bürgerkrieg in Frankreich* [A Guerra Civil na França]. In: MARX, Karl; ENGELS, Friedrich. *Werke, Bd.17, 1962*. Berlim Oriental, v. 17, 1961 [1871], p. 313-365. Disponível em: https://www.marxists.org/deutsch/archiv/marx-engels/1871/05/30-burfr.htm.

SNOW, Edgar. *A estrela vermelha brilha sobre a China*. São Paulo: Autonomia Literária, 2023 [1936].

ZEDONG, Mao. *Sobre a prática & sobre a contradição*. São Paulo: Expressão Popular, 2009 [1937].

Aproximação a uma história do maoismo na América Latina

Miguel Ángel Urrego Ardila[1]

O maoismo na América Latina não possui uma história linear nem acumulativa. Pelo contrário, sua trajetória é determinada por constantes alterações de ordem nacional, regional e mundial. No plano nacional, destacam-se as condições de desenvolvimento do capitalismo, as dinâmicas locais da história política e da história das esquerdas. De fato, é evidente que o processo de consolidação do capitalismo no início do século XX foi desigual na região, resultando em países com um significativo desenvolvimento das forças produtivas, como México, Argentina e Brasil, enquanto outros, como os países centro-americanos, apresentavam escassos processos de industrialização. Essa disparidade influenciou a forma como surgiram a classe trabalhadora, o sindicalismo e os partidos operários, além de outras organizações sociais.

A existência de partidos comunistas, formados especialmente nas décadas de 1920 e 1930 na América Latina, é um fator determinante para se compreender a história dos partidos maoistas. Entre as razões para isso, destacam-se: esses partidos foram, por décadas, a organização de esquerda mais importante de seus países; construíram um movimento sindical próprio; criaram um vasto aparato cultural; participaram de eleições; e formaram várias gerações de

---

1 Este artigo é resultado de uma correção da interpretação e de uma ampliação do conteúdo do trabalho "Etapas en la historia del maoismo en América Latina" (*Almanaque Histórico Latinoamericano*, 36: 112-133, 2022).

militantes. Além disso, dispunham de redes internacionais que facilitavam suas inserções nas ações no âmbito local. Assim, quando as organizações maoistas começaram a surgir, havia já uma longa trajetória dos comunistas. Contudo, eles não eram os únicos a disputar o terreno da organização popular; havia partidos socialistas, anarquistas, correntes radicalizadas dos partidos tradicionais e movimentos populistas e nacionalistas. Havia, portanto, uma experiência acumulada que obrigou as organizações maoistas emergentes a estudar esse processo, criando, ao mesmo tempo, um novo estilo político enquanto fundavam seus partidos. Por essa razão, o maoismo se definiu a partir da matriz ideológica, cultural e das formas organizativas dos partidos que o precederam, sendo que a ruptura com essa matriz nem sempre foi bem-sucedida.

No plano regional, as circunstâncias estavam relacionadas ao impacto da Revolução Cubana, à supremacia do foquismo nos anos 1960, aos conflitos na América Central e à presença do Sendero Luminoso no Peru. Esses fatores definiram debates, orientações estratégicas e táticas e, naturalmente, estimularam tanto a criação de organizações quanto o seu fracionamento. Por exemplo, uma leitura equivocada das razões que levaram ao triunfo da Revolução Cubana e a institucionalização da ideia de que essa vitória foi resultado da ação de um pequeno grupo armado consolidaram o foquismo como o método ideal dos intentos revolucionários de então, um grave erro que levou muitos grupos de esquerda, incluindo os maoistas, ao fracasso.[2]

---

2 O balanço crítico do foquismo teve muitos protagonistas nas últimas décadas, incluindo setores trotskistas, maoistas e filósofos importantes. A título de exemplo, veja o texto de Eitan Ginzberg (Ginzberg, 2013).

Um aspecto determinante para entender as etapas na história do maoismo foi a série de eventos internacionais do pós-guerra, particularmente as guerras de libertação nacional na África e na Ásia, que estimularam debates sobre colonialismo e independência política. Um segundo elemento importante desse novo contexto foi a Guerra Fria, que gerou um ambiente político de alta polarização ideológica, cujo efeito imediato foi a demonização das novas organizações de esquerda. O espaço político já estava ocupado pelas forças representativas das duas grandes potências, que, evidentemente, compartilhavam o interesse de impedir a atuação de novos atores. Assim, podemos concluir preliminarmente que a criação de organizações maoistas ocorreu em um campo minado pela disputa entre Estados Unidos, União Soviética e Cuba.

Um elemento central da conjuntura internacional foi o cisma sino-soviético e sua manifestação na região. Esse evento explica, em grande medida, o surgimento do maoismo, já que a maioria dos partidos comunistas vivenciou esse acontecimento com fracionamentos, expulsões e novos posicionamentos. Contudo, apesar do impacto desse evento, ele não foi a única razão para a criação de partidos maoistas, pois fatores nacionais e regionais também desempenharam papel significativo.

É necessário analisar as etapas da história do maoismo, destacando suas diferenças e seu impacto nos debates, nas formas organizativas e nos métodos de luta. Em resumo, identificamos quatro etapas principais: a de gestação, que vai da proclamação da República Popular da China à Revolução Cubana; a de ascensão e consolidação, correspondente ao período entre o cisma sino-soviético e a morte de Mao Zedong; a de crise, que vai da ascensão de Deng Xiaoping à captura de Abimael Guzmán, líder do Partido

Comunista do Peru - Sendero Luminoso (PCP-SL); e a de refluxo, que vai do fim do senderismo até o presente. Para compreender melhor essas etapas, é imprescindível aprofundar a definição do maoismo e suas características.

A definição do maoismo e suas características

Como é amplamente conhecido, há uma distinção entre o Pensamento de Mao Zedong e o maoismo. Embora os partidos frequentemente utilizem a primeira expressão, este artigo recorrerá ao segundo conceito por ser de uso mais frequente (Rottwell, 2009, p. 12; Pinkoski, 2012, p. 1). Ao considerar os fatores internacionais, nacionais e regionais, é possível identificar seis características que diferenciam o maoismo de outras correntes marxistas: (1) a existência de um princípio moral orientador, sintetizado na expressão "servir ao povo"; (2) o trabalho de massas no meio rural, voltado para a criação de um poder dual (as bases de apoio); (3) a busca por uma ampla frente política que inclua a maior parte da população, incluindo a burguesia nacional; (4) o modelo da Guerra Popular Prolongada, que prioriza o campesinato; (5) a concepção de que a URSS era uma potência social-imperialista e de que os partidos comunistas revisionistas eram contrários à revolução; e (6) a reivindicação de uma etapa intermediária, chamada Nova Democracia, sem coletivização ou estatização. A seguir, exploraremos brevemente cada uma dessas características.

O princípio moral foi um guia central no maoismo, influenciado pela cultura e religiosidade populares da Ásia. Ele se manifesta nas formas de comunicação, nas relações interpessoais e no imaginário cultural, exemplificado por figuras que encarnam virtudes, como o mestre de artes marciais ou o samurai japonês. Essa ênfase na honra e nos valores levou a práticas como o *seppuku* (também conhecido como *haraquiri*), um suicídio ritual. Mao e seus estrategistas reconheceram a importância desse fator subjetivo para garantir a dedicação de camponeses e operários à causa revolucionária, daí a formulação do princípio de "servir ao povo".

O trabalho de massas, ou linha de massas, consistiu na formação de quadros profissionais que compartilhavam a vida cotidiana com camponeses e operários, ao mesmo tempo que realizavam trabalho político para criar organizações, elevar o nível ideológico do povo e estabelecer um poder alternativo. As bases de apoio serviam como fonte de recursos para os membros do Exército Popular de Libertação (EPL). No caso colombiano, o Movimento Operário Independente e Revolucionário (MOIR) enviou militantes ao campo nos anos 1970, conhecidos como "descalços", jovens que se dedicaram à organização do mundo rural. Em menos de uma década, o MOIR cresceu de uma dúzia de militantes para se tornar uma organização nacional.[3]

A criação de uma ampla frente política, que incluísse a burguesia nacional, foi um princípio fundamental da luta comunista na China. A experiência na fundação da República Popular da China, na resistência à invasão japonesa e na percepção de que a revolução exigia a participação de quase toda a população, sob a liderança do Partido Comunista Chinês (PCCh), consolidou essa estratégia. Isso explica, por exemplo, a aliança com o Kuomintang durante a guerra contra o Japão, apesar da repressão e dos massacres perpetrados pelo partido sob Jiang Jieshi (Chiang Kai-shek). A ideia de frente ampla também foi central na etapa da Nova Democracia.

---

3 A reconstrução da gesta dos "descalços" é realizada a partir de mais de uma centena de entrevistas feitas por Fernando Wills e Leonel Giraldo no texto *Solo teníamos el día y la noche* (2023).

O modelo maoista da Guerra Popular Prolongada, que priorizava o cenário rural e a luta guerrilheira, foi também embasado em parte das tradições militares chinesas, incluindo o clássico *A Arte da Guerra*, de Sun Tzu.[4] Essa abordagem rendeu a Mao reconhecimento como estrategista, sendo estudado até mesmo por militares ocidentais.

Na interpretação da política mundial, os maoistas basearam-se na Teoria dos Três Mundos, sustentada por três pilares: (1) a URSS era uma potência social-imperialista, e os partidos comunistas revisionistas eram contrários à revolução; (2) era necessário estabelecer relações com os povos do mundo baseadas em igualdade e respeito mútuo; e (3) apoiar as lutas de libertação nacional na Ásia, África e América Latina. A luta contra o revisionismo tornou-se, assim, um traço distintivo dos maoistas.

A Nova Democracia representava uma etapa intermediária da revolução, sem coletivização nem estatização, voltada para preparar a transição ao socialismo. Esse modelo permitia uma aproximação com a burguesia nacional, ampla participação popular nas tarefas revolucionárias e o estabelecimento de uma política de frente popular.

Em termos gerais, identificam-se cinco caminhos para a constituição do maoismo na América Latina e no Caribe: (1) a iniciativa de viajantes inspirados pelos êxitos da Revolução Chinesa; (2) a atuação de núcleos estudantis; (3) as divisões nos partidos comunistas tradicionais; (4) o engajamento de militantes de esquerda que adquiriram treinamento político e militar na China; e (5) o encontro entre católicos radicalizados e o marxismo. Essas vias não eram excludentes e frequentemente se combinavam.

---

4 Uma das primeiras traduções para o inglês foi feita pelo general estadunidense e sinólogo Samuel B. Griffith em 1963, sendo uma das versões mais reeditadas no Ocidente.

Um exemplo é o grupo colombiano "Sol Rojo y Fusil", fundado por um viajante que, após visitar a China e retornar à Colômbia, criou uma pequena organização para aplicar o maoismo. Outros casos incluem grupos estudantis provinciais que, durante os protestos universitários do final dos anos 1960 e início dos 1970, deram origem a organizações como a Juventude Patriótica (JUPA), braço juvenil do MOIR, e a Política Popular - Linha Proletária, formada por estudantes da Faculdade de Economia da UNAM e da Escola de Engenharia Mecânica e Elétrica do Instituto Politécnico Nacional.

A gestação do maoismo: da proclamação da República Popular da China ao triunfo da Revolução Cubana

Essa primeira etapa corresponde à disseminação das ideias maoistas na América Latina. Embora já houvesse conhecimento sobre o protagonismo de Mao Zedong e notícias da revolução desde o final da década de 1930, a proclamação da República Popular da China em 1949 criou um ambiente internacional favorável ao impacto global do triunfo político e militar do Partido Comunista da China, promovendo avanços no movimento comunista internacional e despertando interesse na América Latina.

Muitos partidos comunistas desempenharam um papel crucial na disseminação de relatórios sobre a Revolução Chinesa e na tradução das obras de Mao do inglês ou do francês. Um exemplo notável foi o Partido Comunista da Colômbia (PCC), que na década de 1950 publicou diversos livros e veiculou em seus periódicos informações sobre os progressos da Revolução Chinesa (Hernández Ortiz, 2016). De forma semelhante, o Partido Comunista da

Argentina também difundiu essas ideias (Rupar, 2023). O grande apelo para os latino-americanos residia no fato de que a China compartilhava características com o mundo agrário e pobre da América Latina. Além disso, o entusiasmo internacional pela ascensão de Mao, um líder revolucionário proveniente de um dos países mais atrasados do mundo, e o caráter inovador da orientação política chinesa reforçavam esse interesse.

Três aspectos da revolução destacam-se nesse período: a projeção mundial do papel de liderança de Mao, a concepção da Guerra Popular Prolongada e a formulação de um modelo de transição, a Nova Democracia. Mao se tornou uma figura de relevância mundial devido à sua capacidade política e militar de liderar uma revolução em um país atrasado, submetido à invasão imperialista. A forma como conduziu a tomada do poder em uma vasta nação chamou a atenção dos revolucionários de todo o mundo, incluindo os latino-americanos. A publicação do livro *Red Star Over China*, de Edgar Snow, em 1937, também desempenhou um papel importante ao apresentar Mao como um grande estrategista militar que encontrou um caminho próprio para a Revolução Chinesa. Apesar de não ter sido imediatamente traduzida para o espanhol, a obra foi referenciada e alguns trechos foram reproduzidos, reforçando a imagem de Mao como um modelo a ser seguido.

O magnetismo de Mao coincidiu com um período de ascensão dos movimentos sociais e populares, especialmente evidente no final dos anos 1950. No México, houve greves significativas de professores, ferroviários e trabalhadores da saúde, além de movimentos camponeses liderados por ex-professores que, diante da repressão estatal e da violência de latifundiários, criaram formas de autodefesa e guerrilhas. Esse cenário culminou na formação de organizações insurgentes com fortes vínculos com as massas camponesas, como as lideradas por Lucio Cabañas e Genarò Vázquez. Na Colômbia, o período de luta política ascendeu com a queda da ditadura de Gustavo Rojas Pinilla (1957). No contexto de *La Violencia* – a guerra civil entre liberais e conservadores que devastou a zona rural colombiana nas décadas de 1940 e 1950 –, debates internos no PCC sobre a luta armada resultaram na expulsão de dissidentes favoráveis a essa estratégia.

O triunfo da Revolução Cubana, liderada por Fidel Castro e Che Guevara, tornou-se um modelo que estimulou o crescimento das lutas revolucionárias no continente. O fato de uma revolução triunfante ocorrer tão próxima dos Estados Unidos teve um impacto profundo no imaginário político da "nova esquerda", levando à adoção do modelo foquista como estratégia revolucionária predominante. Guerrilhas inspiradas por essa abordagem foram formadas no México, Colômbia, Bolívia, Peru e grande parte da América Central. Além disso, o reconhecimento quase imediato da Revolução Cubana pela China e, posteriormente, pela URSS legitimou as transformações políticas na ilha.

Esses acontecimentos validavam a busca por novos caminhos fora dos tradicionais partidos comunistas. Com o apoio cubano à formação de organizações armadas, como o Exército de Libertação Nacional (ELN) na Colômbia, a América Latina viveu um período de efervescência revolucionária. As correntes maoistas se beneficiaram desse ambiente, reivindicando para si o papel de renovação da luta política. Contudo, a oposição ao revisionismo as distanciou de Cuba e da URSS. Ainda assim, o modelo da Guerra Popular Prolongada proposto pelo maoismo encontrou um terreno favorável.

A ruptura sino-soviética e o gradual afastamento entre China e Cuba impulsionaram as correntes maoistas, que intensificaram suas críticas ao revisionismo, ao social-imperialismo da URSS e, em menor grau, à Revolução Cubana. No entanto, a relação com Cuba permaneceu ambígua: apesar da oposição formal ao foquismo, o maoismo latino-americano manteve uma dependência simbólica e política em relação a Cuba. Essa contradição resultou na adoção de práticas equivocadas que comprometeram a experiência maoista em países como o México. Muitas organizações combinavam uma retórica maoista com a aplicação do modelo foquista cubano, como foi o caso do Partido Comunista da Colômbia - Marxista-Leninista [PC-C-ML] e seu braço armado, o Exército Popular de Libertação (EPL).

Por fim, é relevante destacar que a política externa chinesa para a América Latina experimentou um período de expansão, com a publicação em espanhol de *Pekín Informa*, a distribuição de revistas especializadas e a criação de casas de amizade e livrarias para fomentar as relações diplomáticas e o intercâmbio cultural, esportivo e político. Por meio desses canais, grandes quantidades de revistas e livros foram distribuídas a interessados. Apesar dessas iniciativas, a China manteve cautela no reconhecimento de partidos que se autodefiniam como maoistas. Essa etapa também marcou o início do envio de intelectuais, artistas e ativistas latino-americanos para a China, aprofundando os vínculos culturais e políticos.

Da ruptura sino-soviética à morte de Mao Zedong

O segundo período inicia-se em meados da década de 1950, especialmente com a divulgação de notícias sobre o cisma no comunismo internacional, marcado pela ruptura entre Moscou, Pequim e Tirana. Este processo se formalizou após o XX Congresso do Partido Comunista da União Soviética (PCUS), no qual Nikita Khrushchov denunciou supostos crimes de Stalin, condenou o culto à personalidade e proclamou a coexistência pacífica com os Estados Unidos. Esses eventos, somados a divergências sobre a condução interna da URSS, conflitos fronteiriços entre esta e a China, e discrepâncias teóricas, levaram os chineses e os albaneses a argumentarem que a União Soviética estava restaurando o capitalismo e abandonando o projeto revolucionário, uma prática que denominaram "revisionismo", conceito central na disputa ideológica da época.[5]

Na América Latina, o cisma do comunismo internacional foi vivido com especial intensidade em alguns países. De maneira geral, manifestou-se pelo imediato repúdio dos partidos comunistas históricos à China e a Mao. Paralelamente, houve reestruturações nos partidos comunistas, com expurgos de dissidentes e reconfigurações nas lideranças partidárias, além da criação de novas organizações. As correntes maoistas justificaram esse processo como parte da luta contra o revisionismo, enquanto seus opositores acusavam os pró-chineses de ultraesquerdismo.

Um marco significativo para o maoismo foram as manifestações encabeçadas pelo movimento estudantil de 1968 e a solidariedade com as lutas de libertação nacional na Ásia e na África. Muitas organizações maoistas surgiram no contexto das mobilizações massivas do final da década de 1960. Assim, uma das principais vias de

---

5 O peso de Tirana e a polêmica com a Albânia são omitidos por Julia Lovell em seu capítulo sobre o maoismo latino-americano, o que empobrece a análise da América Latina, já que o setor denominado Marxista-Leninista esteve presente em grande parte dos países da região e chegou a formar, na Colômbia, uma importante guerrilha: o Exército Popular de Libertação (EPL). Na década de 1980, esses grupos renunciaram quase simultaneamente ao maoismo (Lovell, 2019, capítulo 9).

constituição do maoismo latino-americano foi a transformação de ativistas universitários em militantes maoistas (Urrego, 2022).

Outro aspecto importante foi a conexão entre o maoismo latino-americano e correntes similares na Europa. Este vínculo, que tem raízes históricas no colonialismo francês no sudeste asiático e na Argélia, resultou no deslocamento de muitos habitantes das colônias para a França, onde receberam formação acadêmica e política. Além disso, a história do PCCh possui um capítulo especial em Paris, onde vários futuros líderes comunistas chineses se encontraram e aprenderam o marxismo.

O ciclo de viagens para a China continuou de forma consistente. Muitos intelectuais latino-americanos, europeus e estadunidenses visitaram a China, deixando relatos que, em conjunto, podem ser interpretados como uma apologia à Revolução Chinesa e ao papel de liderança de Mao. A Argentina destacou-se como o país latino-americano com o maior número de viajantes e memórias produzidas, embora o Chile também tenha desempenhado um papel relevante devido à atuação de José Venturelli. Este artista de renome internacional facilitou o envio de latino-americanos à China e contribuiu para a organização de partidos e projetos insurrecionais (Ahumada Figueroa, 2020).

Um capítulo especial na história desses viajantes é o dos que se deslocaram à China para receber treinamento político e militar (Velázquez Vidal, 2022; Botton Beja, 2007). Entre eles estavam mexicanos e peruanos, incluindo Abimael Guzmán, que visitou o Oriente em duas ocasiões. Essa situação mudou com o estabelecimento de relações diplomáticas entre a China e diversos países latino-americanos, levando a um maior cuidado nessas relações por parte da China e à redução do apoio a organizações maoistas. Consequentemente, houve um distanciamento entre o maoismo latino-americano e a China, especialmente após a ascensão de Deng Xiaoping.

A Revolução Cultural Proletária atraiu a atenção de jovens e militantes em grande parte do mundo, incluindo a América Latina. Através da Europa e no contexto das mobilizações estudantis de 1968, as notícias sobre esse processo começaram a chegar à região. Alguns latino-americanos que viveram diretamente a mobilização social desencadeada na China em 1967 desempenharam um papel fundamental na disseminação dessas informações (Calsapeu Losfeld, 2019). A palavra de ordem "servir ao povo", promovida pela Revolução Cultural, inspirou uma geração de jovens latino-americanos a abandonar privilégios de classe média para se transformar em operários e camponeses com o objetivo de realizar um trabalho político mais eficiente.

A morte de Mao e a ascensão de Deng Xiaoping transformaram profundamente a política interna e externa da China. Este impacto foi tão significativo que os Estados Unidos avançaram em sua aproximação com Pequim, culminando no estabelecimento de relações diplomáticas em janeiro de 1979. Deng consolidou-se como um líder pragmático, afastado do "fanatismo" maoista, e instituiu uma condenação ao maoismo na China, atacando especialmente a experiência da Revolução Cultural, o programa do Grande Salto Adiante e a utilidade do pensamento de Mao como instrumento ideológico para as lutas populares no Terceiro Mundo.[6]

Na Colômbia, o fervor maoista do final da década de 1960 e início dos anos 1970 resultou na fundação de diversas organizações: o

6 É bastante paradoxal que, atualmente, os estudiosos da China e do maoismo utilizem, sem qualquer crítica mais profunda, a versão oficial chinesa sobre o maoismo, a Revolução Cultural e o Grande Salto Adiante, enquanto adotam uma visão apologética das reformas impulsionadas por Deng Xiaoping.

PCC-ML; o MOIR, em 1970; a Liga Marxista-Leninista da Colômbia (1971-1980); a Tendência Marxista-Leninista Maoista (1974-1978); a Linha Proletária (1975-1979); a União Proletária (1974-1979); o Movimento Camillista Marxista-Leninista; o Movimento de Integração Revolucionária (MIR); e o Movimento de Unificação Revolucionária (MUR) (Molano, 2012). Com exceção do MOIR, todas essas organizações resultaram de disputas internas no campo marxista-leninista.

Da ascensão de Deng Xiaoping à captura de Abimael Guzmán, líder do PCP-SL

A ascensão de Deng Xiaoping foi interpretada na América Latina como parte de um processo de restauração do capitalismo na China. Por isso, em geral, a corrente maoista da região reiterou a fidelidade a Mao e estabeleceu um afastamento em relação à China ou, ao menos, distanciou-se politicamente de Pequim e especialmente das orientações de Deng. Os partidos que se distanciaram em maior grau da China foram, além do campo "ML", o MOIR da Colômbia, a Vanguarda Comunista da Argentina e o PCP-SL.

Os anos 1980 foram a época dourada do Sendero Luminoso (SL), organização que se manifestou contra as reformas impulsionadas por Deng na China. Este fato é muito significativo, pois evidencia que grande parte da orientação política das organizações maoistas foi resultado de sua própria reflexão e leitura dos acontecimentos nacionais e internacionais. Por isso, podemos destacar que, a partir de meados dos anos 1970, o maoismo latino-americano passou a operar de forma totalmente autônoma, já não necessitando da aceitação ou orientação de Pequim.

A conjuntura internacional foi de extrema complexidade devido à ascensão política e militar do senderismo e à guerra civil na

América Central, que ameaçava transformar-se em uma conflagração continental. De fato, Cuba aumentou sua influência na região, e os Estados Unidos, devido à ascensão da ala dura dos republicanos e, especialmente durante a presidência de Ronald Reagan, tentaram criar sua própria organização armada para intervir na região: os *Contras* nicaraguenses. Devido a este ambiente "favorável", estimulou-se a ação das extremas-direitas e de seus tenebrosos grupos paramilitares. Por isso, ainda que o maoismo fosse "nacional", com limitadas relações a nível internacional, ele se desenvolveu em uma conjuntura que exigia uma tomada de' posição permanente sobre temas sensíveis. Assim, por exemplo, o MOIR não apenas se manifestou contra a invasão soviética ao Afeganistão, como também convidou membros da resistência afegã para visitarem a Colômbia.

Sobre a ascensão política do SL, há de se destacar vários fatos significativos. Em primeiro lugar, o crescimento vertiginoso do senderismo na década de 1980. De ações iniciais que praticamente ocorriam de forma despercebida – tal como o incêndio de uma urna eleitoral em um remoto povoado andino –, em poucos anos essa organização conseguiu cercar a cidade de Lima e demonstrar evidente capacidade de realizar operações militares simultaneamente em diversas localidades do país. De fato, a imprensa peruana e estrangeira insinuou a possibilidade de que o Sendero poderia tomar o poder. No início dos anos 1990, havia muitas dúvidas sobre o futuro do governo de Alan García (julho de 1985 a julho de 1990) e até mesmo em 1992, momentos antes da captura de Abimael Guzmán.

Várias razões explicam este auge do senderismo. Em primeiro lugar, o regime militar nacionalista de Velasco Alvarado havia aberto um espaço que legitimou uma série de reivindicações que o movimento social e popular vinha agitando desde o início do século. Igualmente, ao incluir representantes da esquerda, entre os quais havia vários dirigentes guerrilheiros como funcionários, fez com que o povo pensasse na possibilidade do exercício do poder. Em segundo lugar, o Sendero leu adequadamente a conjuntura da esquerda, que, por um lado, necessitava de maior conexão com as tradições políticas e culturais populares e, por outro, via o cansaço da população com a extrema pobreza e o racismo imperante, que exigia ações imediatas. O Sendero Luminoso permitiu que setores marginais da província peruana se expressassem politicamente. Finalmente, serviu como espaço político para setores da esquerda que demandavam maior radicalismo.

Entretanto, a participação decisiva das agências estadunidenses, uma campanha de terror estatal de amplas proporções, a presença do sanguinário Vladimiro Ilich Lenin Montesinos e os erros cometidos pelo próprio PCP-SL levaram ao fim do experimento senderista.[7]

Em terceiro lugar, houve um enorme impacto midiático dos acontecimentos peruanos em nível internacional. Desde a época de esplendor da Revolução Cubana e da Revolução Sandinista, nenhum evento chamou tanto a atenção da imprensa internacional e dos acadêmicos nos Estados Unidos. Evidentemente, jornalistas e viajantes intensificaram suas visitas ao mundo andino com a intenção de obter informações em primeira mão ou de acessar o "presidente Gonzalo" ou, pelo menos, aqueles que o conheciam ou

7 Montesinos foi o assessor militar durante toda a década de 1990 e chefe do Serviço Nacional de Inteligência do Peru (SIN), responsável por liderar a guerra contra o Sendero Luminoso. Caiu em desgraça por ter subornado a alta classe política e por deixar gravações desses atos de corrupção. Posteriormente, descobriu-se que ele havia montado uma rede internacional de distribuição de dez mil fuzis para a guerrilha colombiana das FARC, além de ter sido acusado de crimes contra a humanidade, pelos quais foi encarcerado (Degregori, 2000).

haviam convivido com ele (Degregori, 2000). A compilação de ampla bibliografia sobre o assunto evidencia o interesse dos Estados Unidos sobre o destino do senderismo.[8]

Em outros países da região, o maoismo foi debilitado por processos de fracionamento, desintegração e abandono de suas principais conquistas. Um bom exemplo desse comportamento pode ser verificado no México. Lá, os grupos maoistas que optaram pelo uso das armas e adotaram um modelo foquista, que conflituava abertamente com as concepções maoistas tradicionais de guerra popular, tiveram seus dirigentes rapidamente assassinados em operações militares. Outras correntes se transformaram, dando origem a novas organizações, como o Partido do Trabalho (PT), que, no entanto, abandonou todos os referenciais teóricos e políticos do maoismo. Apenas as organizações que se vincularam aos católicos de base que praticavam a Teologia da Libertação e que iniciaram trabalho político no estado de Chiapas conseguiram transcender, dando origem ao Exército Zapatista de Libertação Nacional (EZLN).

Outra experiência que sucumbiu diante do impacto do foquismo, e especialmente das lutas intestinas entre frações políticas, foi o campo "ML" colombiano e alguns de seus herdeiros que se identificaram com o senderismo. De fato, no início dos anos 1970, surgiram organizações que, de modo geral, provinham do campo "ML", ou seja, do PCC-ML, e que, ao longo da década, entraram em processos de ruptura interna, dando origem a diversas outras organizações (Molano Camargo, 2012, p. 122). No início dos anos 1980, o maoismo colombiano havia se reduzido ao MOIR e a pequenos

8 A bibliografia foi elaborada por Peter Stern, e o alto número de referências evidencia o enorme fascínio que o Sendero Luminoso exercia sobre os cientistas sociais e jornalistas nas décadas de 1980 e 1990 (Stern, 1995).

grupos que, embora proviessem do campo "ML", adotaram outros nomes ao final da década, identificaram-se com o senderismo e desapareceram rapidamente.

Na Colômbia, o maoismo atravessou experiências difíceis, em particular pela repressão desatada por organizações insurgentes que tomaram como alvo os militantes "descalços". O assassinato de militantes do Movimento Operário Independente e Revolucionário (MOIR) pelas FARC, em meados dos anos 1980, mergulhou essa organização em uma profunda crise, quase levando-a à extinção devido ao abandono do trabalho no campo – forçado pela pressão da guerrilha rival – e das atividades públicas do partido. Para proteger a vida de seus militantes, a direção do MOIR ordenou o abandono do campo, a transformação da *Tribuna Roja* em um complemento do jornal *El Tiempo*, de circulação nacional, e a busca de alianças com setores de direita que combatessem o que entendiam como a expressão local do "social-imperialismo".

Do fim do senderismo ao presente

A captura de Abimael Guzmán em 1992, quando se supunha que esse movimento se encontrava na etapa de equilíbrio estratégico, ou muito próximo de tomar o poder, mudou substancialmente não apenas o cenário político peruano, mas também a situação do maoismo latino-americano. A detenção dos membros do Comitê Central do PCP-SL coincidiu com uma etapa de refluxo do maoismo, da qual ele não conseguiu se recuperar. A captura de Guzmán significou não apenas a derrota do PCP-SL, mas também o fim de toda experiência armada, pois, embora tenha existido um reduto senderista atuando nas selvas do VRAEM (vale dos rios Apurímac, Ene e Mantaro) que reivindicava a continuidade da atividade política e militar, o fato é que se tratava apenas de um grupo isolado, ligado à proteção do narcotráfico. Os sonhos de criar movimentos similares em outros países da região extinguiram-se rapidamente, e os debates internos das organizações, incluindo o próprio PCP-SL, tenderam a reconhecer erros na concepção política e militar do senderismo e a impossibilidade de repetir o modelo estabelecido pelos peruanos, concentrando-se, assim, em reivindicar a liberdade de Abimael Guzmán.

Adicionalmente, à crise do senderismo somaram-se: o impacto da desintegração da URSS, a conjuntura de comemoração do quinto centenário da chegada dos espanhóis à América Latina (que deu um impulso inesperado ao indigenismo), a irrupção do EZLN em Chiapas, os processos de paz na América Central e o avanço do progressismo, que abriu espaço para a via democrática e reformas gradualistas no seio das estratégias das esquerdas. Esses acontecimentos criaram um ambiente político no qual a antiga insurgência foquista parecia superada e a esquerda histórica, enfraquecida, incapaz de enfrentar tais mudanças. Essa série de eventos manifestou-se na América Latina em uma profunda crise do projeto marxista-leninista e da esquerda em geral.

Para os partidos comunistas tradicionais, esse contexto se manifestou pela saída de militantes históricos e por uma perplexidade política e ideológica, já que não souberam como enfrentar a nova situação internacional e não havia explicações prontas para justificar a extinção da União Soviética. Para o restante da esquerda, também não foi possível manter a produção de ideias e alternativas, cedendo espaço a organizações progressistas de novo tipo e aos movimentos identitários, que começaram a proliferar no continente.

Por fim, é necessário abordar a derrota histórica da classe trabalhadora nos anos 1990, a qual deve ser entendida no contexto da incapacidade de enfrentar a hegemonia neoliberal, tornando-se quase testemunha silenciosa dos golpes contra o Estado de bem-estar social, os sistemas previdenciário e de saúde e a imposição da flexibilização trabalhista. Essa derrota incluiu não apenas o movimento sindical, mas também a própria esquerda. A transformação da maior corrente do maoismo colombiano foi dramática, com a tendência de adoção das posturas da extrema-direita, em particular das teses e palavras de ordem do Centro Democrático, de Álvaro Uribe Vélez. O MOIR, que constituiu a principal corrente maoista, dividiu-se em 1998 entre o Partido do Trabalho da Colômbia (PTC) e o MOIR, e, a partir de então, esta última organização começou uma profunda transformação. Primeiro, com o alinhamento do regional em Antioquia ao uribismo e, nas últimas eleições presidenciais, comandados por Jorge Robledo e Aurelio Suárez (sob a denominação "Dignidad"), apoiando o candidato presidencial de Uribe, o engenheiro Rodolfo Hernández, e desencadeando uma feroz oposição a Gustavo Petro. Hoje, dirigem seus ataques a partir da revista *Semana*, expressão do fascismo colombiano.

Um último tema a considerar é o giro culturalista e identitário do movimento social e popular. De fato, assim como nos Estados Unidos e na Europa, houve um abandono dos grandes projetos políticos, das organizações e dos métodos de luta conhecidos no século XX, por setores que privilegiam reivindicações específicas sem vínculos com outras propostas. Dessa forma, encontramos hoje grupos ambientalistas, feministas, indigenistas e LGBT, por exemplo, que fazem de suas bandeiras as únicas existentes e que rejeitam qualquer possibilidade de colocar suas aspirações em segundo plano para permitir que outros também expressem suas ideias. Há igualmente uma negação da centralidade política, da constituição de organizações de caráter nacional e da criação de um programa de reformas sociais, o que gera muita confusão e impede a ação política, como vem acontecendo no Chile. É claro que os movimentos identitários não representam uma alternativa ao neoliberalismo, como sustentam Élisabeth Roudinesco (2022) e Susan Neiman (2024).

Em resumo, os anos 1990 representam para o maoismo um período no qual ficou evidente sua incapacidade política de enfrentar as mudanças nacionais e internacionais, assim como de lidar com a perda do que foi acumulado nas décadas anteriores. Embora os maoistas não tenham desaparecido totalmente, o que se tornou frequente foi o fracionamento das organizações, a dispersão de suas principais frentes e o abandono de muitos de seus princípios de ação, especialmente da diretriz de "servir ao povo". O panorama atual é muito difícil, e é provável que poucos partidos consigam sobreviver à conjuntura presente.

Em síntese

O maoismo representa uma das correntes com maior autonomia política e produção simbólica dentro do que genericamente se denomina esquerda na América Latina. De fato, desde muito cedo, os partidos se distanciaram da China e, essencialmente, não obedeciam às orientações do movimento comunista internacional. Em sua primeira etapa, com poucas exceções, aderiram ao modelo cubano do foquismo, o que, a nosso ver, explica o fracasso de muitas das organizações maoistas do continente durante a década de 1970.

Nas nações onde conseguiu consolidar-se fora do modelo foquista, as organizações desenvolveram uma proposta ética e política que constitui sua principal contribuição à política de esquerda no continente, resumida no princípio de "servir ao povo". Inspirada por esse ideal, uma geração de homens e mulheres estabeleceu-se no campo e nas fábricas, transformando-se em trabalhadores agrícolas e operários, com o objetivo de aprender com o povo e organizá-lo de forma mais eficaz.

Na década de 1990, a confluência de vários processos mundiais e regionais, entre os quais se destacam a desintegração da URSS, a derrota do Sendero Luminoso e a consolidação da hegemonia neoliberal, levou a uma derrota histórica não apenas do maoismo, mas também da esquerda e do movimento operário em geral. Essa circunstância manifestou-se na perda de militantes, no fracionamento das organizações, no abandono dos trabalhos populares e de massa e, finalmente, no desaparecimento de muitos partidos. O atual auge do progressismo e dos movimentos identitários agrava a crise das esquerdas e torna muito difícil ao que restou do maoismo poder agir politicamente e superar este momento histórico com sucesso.

Porém, a situação política pode transformar-se, e uma nova liderança pode assumir o protagonismo geracional, oferecendo ao maoismo uma segunda oportunidade.

Referências

AHUMADA, Monica. "Viajeros a la Republica popular China: Jose Venturelli, los intelectuales, politicos y parlamentarios chilenos en los años cincuenta y sesenta." *Transmodernity, Special Issue, Latina America-China Voyages*, 9 (3): 6-33, 2020.

BOTTON, F. "Los viajeros que se quedaron: extranjeros en la revolución china." *Estudios de Asia y África*, 42 (2): 371-400, mai./ago. 2007.

CALSAPEU, Brice. "Un panorama del maoismo en Francia durante la decada roja y de su influencia en el campo cultural (1965-1975)."

In: CALSAPEU, Brice; URREGO, Miguel Ángel. *La decada roja: climax o fracaso revolucionario? De los mayos 68 a la Revolución Cultural, 1976-1976*. Morelia: Morevalladolid, 2019.

CELENTANO, Adrian. "Bernardo Kordon viajero, editor y agitador cultural de China y el maoísmo." *Politicas de la Memoria*, 22: 216-237, 2022. Disponível em: http://doi.org/10.47195/22.769.

DEGREGORI, Carlos Iván. *La década de la antipolítica: auge y huida de Alberto Fujimori y Vladimiro Montesinos*. Lima: IEP, 2000.

GINZBERG, Eitan. "Teoria del foco de Che Guevara: un arma apocaliptica contra la hegemonia de Estados Unidos." In: BLOCH, Avita; RODRÍGUEZ, María del Rosario (orgs.). *La Guerra Fria y las americas*. Colima: Universidad de Colima-Universidad Michoacana de San Nicolás de Hidalgo, cap. 4, 2013.

HERNÁNDEZ, R. A. *Los orígenes del maoísmo en Colombia: La Recepción de la Revolución de Nueva Democracia 1949-1963*. Bogotá: Universidad Nacional de Colombia, Departamento de Historia, 2016.

LOVELL, Julia. *Maoism: A Global History*. Londres: The Bodley Head, 2019.

MOLANO, Frank. *El campo maoísta colombiano, 1965-1980: Mentalidades revolucionarias y organizaciones políticas*. Bogotá: Universidad Distrital Francisco José de Caldas, 2012.

NEIMAN, Susan. *Izquierda no es woke*. México: Debate, 2024.

ROUDINESCO, Élisabeth. *El yo soberano: ensayo sobre las derivas identitarias*. México: Debate, 2022.

RUPAR, Brenda. *Los "chinos": La conformación del maoísmo en Argentina (1965-1974)*. Buenos Aires: CETHI, Imago Mundi, 2023.

SNOW, E. *Red Star Over China*. Nova Iorque: Random House, 1938.

STERN, P. *Sendero Luminoso: An Annotated Bibliography of the Shining Path Guerrilla Movement, 1980-1993*. Albuquerque: Salalm Secretariat / University of New Mexico, 1995.

SUN TZU. *The Art of War*. Trad. Samuel Griffith. Oxford: Oxford University Press, 1963.

URREGO, M. Á. "Movimiento estudiantil de 1971 y surgimiento del maoísmo en Colombia: una lectura en perspectiva global." *Ciencia Política*, 17 (33): 73-103, 2022. Disponível em: https://doi.org/10.15446/cp.v17n33.100804.

V ENCUENTRO de Partidos y Organizaciones Marxista-Leninista-Maoístas de América Latina. Disponível em: https://www.defesanet.com.br/terror/noticia/24363/V-Encuentro-de-Partidos-y-Organizaciones-Marxista-Leninista-Maoistas-de-America-Latina/.

VELÁZQUEZ, Uriel. *El poder viene del fusil: El Partido Revolucionario del Proletariado Mexicano y su legado en el movimiento maoísta, 1969-1979*. México: Libertad Bajo Palabra, 2022.

WILLS, Fernando; GIRALDO, Leonel. *Solo teníamos el día y la noche*. Bogotá: Ariel, 2023.

Elementos para uma análise do maoismo argentino (1960-1974)

Brenda Rupar[1]

1.

Quando o Partido Comunista chinês constituiu a República Popular da China em 1 de outubro de 1949, o jornal do Partido Comunista local celebrava o surgimento da "poderosa nova república popular". Na Argentina, governava Juan Domingo Perón, que, em consonância com o restante dos países da região, não reconheceu a nova República Popular. Os vínculos formais teriam que esperar até 1972, embora, em 1957, o governo ditatorial da autodenominada "Revolução Libertadora" tenha estabelecido uma embaixada em Taipé.

Apesar disso, as relações ultrapassaram a diplomacia formal, e sucessivas e crescentes delegações de viajantes constituíram-se como um precedente no vínculo, projetando-se ao longo do tempo. Essas viagens foram fomentadas pela própria República Popular da China como parte de uma política de "diplomacia entre povos", que replicava, em parte, a experiência soviética.[2] Como manifestação

---

1 Brenda Rupar, IIP-Conicet/UNSAM. E-mail: brendarupar@gmail.com. Os elementos deste capítulo condensam uma pesquisa mais ampla, que pode ser consultada no livro *Los "chinos". La conformación del maoísmo en Argentina (1965-1974)* (2023).

2 HUBERT, Rosario. "Intellectual Cartographies of the Cold War: Latin American Visitors to the People's Republic of China, 1952-1958." In: TALLY, Robert T. *The Routledge Handbook of Literature and Space*. Londres/Nova Iorque: Routledge, 2017, p. 337.

disso, pode-se afirmar que as primeiras viagens utilizavam o aparato já consolidado do comunismo mundial, valendo-se das convocações do Movimento Mundial pela Paz e da rede internacional e internacionalista promovida pela URSS.

A Argentina assistiu a um notável intercâmbio de contingentes. De um início marcado por personalidades da intelectualidade e da cultura, em 1960 houve uma ampliação para militantes e representantes políticos de diversas organizações, além das propriamente maoistas. Os primeiros itinerários priorizavam introduzir os visitantes à história do país e às mudanças ocorridas. Dessa forma, visitava-se cidades, fábricas, campos e algumas instituições específicas (muitas vezes relacionadas às profissões ou aos interesses dos membros da delegação).[3] As coordenadas "antes-depois" eram apresentadas pelos funcionários do governo chinês; os paralelos com a América Latina e a Argentina eram parte da análise feita pelos viajantes e que, de certo modo, aproximavam as realidades de latitudes tão distintas.

A situação mudou radicalmente com o conflito sino-soviético, que culminou na ruptura do Movimento Comunista Internacional (MCI). A retirada dos técnicos soviéticos foi apenas um símbolo do que essa cisão significaria. Em termos de vínculos, os chineses precisaram abrir mão dos canais inicialmente utilizados, embora, de forma antecipada e cautelosa, novas relações tenham sido tecidas.

As convocações passaram a ser cada vez mais orientadas a membros de partidos e líderes em geral (tanto políticos quanto sindicais) com algum grau de influência no curso da política

---

3 RUPAR, Brenda. "Viajeros argentinos a China en el marco de la 'diplomacia entre pueblos' (1950-1965)." *Cahiers des Amériques Latines* [online], n. 94, 2020.

argentina.[4] Junto com as viagens, foi promovida uma série de cursos. Neles, abordava-se questões referentes à Frente Única, ao problema camponês, à linha de massas, à luta armada na Revolução Chinesa (embora apenas alguns recebessem instrução militar), às disputas internas do partido e ao pensamento filosófico de Mao. Após a ruptura com a União Soviética, foram incorporados ensinamentos sobre a continuidade da luta de classes no socialismo.[5]

A experiência revolucionária e a transformação social contrastavam fortemente com a situação argentina. Desde o derrocamento do general Perón, em 1955, abriu-se uma crise política que se manifestava em uma sucessão de governos constitucionais frágeis, interrompidos por golpes de Estado, em um contexto crescente de proscrições, perseguições e repressão.[6] Nesse cenário, houve um processo de radicalização política de setores crescentes da população, expresso em importantes levantes populares e na luta pela recuperação dos órgãos sindicais democráticos da classe operária.[7] O

---

4 *Idem*.

5 CONNELLY, Marisela. "Influencia del Pensamiento de Mao en América Latina." *Estudios de Asia y África*, 18 (2): 216, 1983; TOLEDO BRUCKMANN, Ernesto. "El pensamiento Mao Tse Tung en el Perú: orígenes y división en la izquierda peruana en 1964." Lima: Patria Roja, 2015. Disponível em: http://www.pcdelp.patriaroja.org.pe/el-pensamiento-mao-tse-tung-en-el-peru--origenes-y-division-en-la-izquierda-peruana-en-1964-parte-1/.

6 CAVAROZZI, Marcelo. *Autoritarismo y democracia*. Buenos Aires: CEAL, 1983; RAPOPORT, Mario e SPIGUEL, Claudio. *Política exterior argentina: poder y conflictos internos (1880-2001)*. Buenos Aires: Claves para todos, Capital Intelectual, 2005.

7 BALVÉ, Beba; MARÍN, Juan Carlos; MURMIS, Miguel. *Lucha de calles, lucha de clases: elementos para su análisis*. Buenos Aires: Ediciones La Rosa Blindada, 1973; NASSIF, Silvia. *Tucumán en llamas: el cierre de los ingenios y*

âmbito parlamentar revelava-se ineficaz para amplos contingentes. A atuação das expressões do socialismo e do comunismo local enfrentava fortes críticas internas, condensadas (sobretudo no caso do PCA) na confiança no sistema parlamentar e no abandono da luta pelo poder, nas posições e no tratamento ao peronismo e à burguesia nacional, e no programa político esboçado para aquela etapa (Rupar, 2018a). A crise se manifestou em debates crescentes e em várias cisões de magnitude e impacto diversos. Numerosos setores viam com simpatia os processos revolucionários de Cuba, China, Argélia e Vietnã. Cuba foi, naturalmente, a revolução que mais interpelou os latino-americanos. A primeira revolução "em espanhol", conduzida por via armada, contra os Estados Unidos e com o protagonismo de Che Guevara, concentrou atenções, debates e posicionamentos. A criação de um foco guerrilheiro apareceu como uma possibilidade concreta para muitos militantes. A experiência chinesa (e depois também as outras) ofereceu progressivamente novas ferramentas, contrapontos e diálogos com essa experiência. As viagens serviram, nesse sentido, para aproximar essas realidades.

Nesses anos, estreitaram-se laços com aqueles que posteriormente fundariam os partidos marxista-leninistas ou maoistas da Argentina, assim como foram influenciados dirigentes e organizações que simpatizaram ou incorporaram alguns elementos da experiência chinesa ou de seus aportes político-teóricos em suas próprias formulações.[8]

---

la lucha obrera contra la dictadura (1966-1973). Tucumán: Universidad Nacional de Tucumán, Facultad de Filosofía y Letras, 2016.

8 Para uma análise mais detalhada, remetemos ao capítulo 5 do livro *Los 'chinos'*, mencionado anteriormente.

Dessa maneira, chegamos ao ano de 1965 com um mosaico de vínculos, leituras e intercâmbios que possibilitaram diferentes expressões das influências da Revolução Chinesa e do maoismo na Argentina.

2.

Entre 1965 e 1971, formaram-se quatro partidos políticos que se inscreveram na corrente política maoista. Eles tinham origem no socialismo ou no comunismo argentino, mas, como seus nomes sugerem (Vanguarda Comunista, Partido Comunista Revolucionário, Partido Comunista Marxista-Leninista e Partido Comunista Maoista), todos, sem exceção, se alinharam à tradição do comunismo internacional.

A Vanguarda Comunista (VC) foi a primeira organização a se formar, adotando o arcabouço político-teórico proporcionado pelo maoismo. Uma de suas particularidades era o fato de provir do socialismo argentino (diferentemente da maioria das organizações maoistas no mundo), mas reivindicar-se na tradição do comunismo. Inicialmente composta por algumas dezenas de militantes, teve uma notória presença em vários levantes operários no início da década de 1970 e contou com importantes representantes da intelectualidade argentina. Com o objetivo de criar um partido, dedicaram os primeiros anos à elaboração das bases teóricas e, posteriormente, ao desenvolvimento do trabalho de massas. Constituída como partido político pela confluência de várias organizações (das quais o Partido Socialista Argentino de Vanguarda[9] foi a

9 O PSAV, por sua vez, havia se formado a partir de rupturas anteriores provenientes do socialismo argentino.

que mais contribuiu em número de membros), suas formulações político-teóricas evoluíram entre 1963 e o início da última ditadura argentina, em 1976. Inicialmente, postulavam a necessidade de uma guerra popular que avançasse do campo para as cidades; posteriormente, passaram a defender um caminho insurrecional com epicentro nas cidades. Criticaram o enfoque inicial quase exclusivamente vinculado ao trabalho ideológico e à formação interna e clandestina, promovendo a organização de um "partido de massas", que criou frentes de trabalho no movimento operário (com relevância em eventos como a direção "classista" do Sindicato dos Trabalhadores da Concord - SITRAC), no movimento estudantil (por meio da Tendência Universitária Popular Anti-imperialista Combativa - TUPAC) e entre camponeses e intelectuais.

A VC editava o periódico *No Transar* e uma série de revistas teóricas (*Temas Revolucionarios*, *Cuadernos Rojos*) com menos regularidade. Também colaborou em publicações com outras organizações, como *Desacuerdo* e a revista *Los Libros*, destinada à intelectualidade. Em janeiro de 1976, no 2º Congresso, passou a se chamar PC-ML.[10]

O Partido Comunista Revolucionário (PCR) foi fruto da maior ruptura do Partido Comunista Argentino em 1967. Grande parte da Federação Juvenil Comunista e alguns dirigentes do partido confrontaram a direção nacional, que acabou expulsando-os. A via para a revolução e as posições partidárias frente aos governos das décadas de 1950 e 1960 foram interpretadas por esses setores como um abandono da linha proletária. Inicialmente, o grupo dissidente utilizou o nome PC-CNRR (Partido Comunista - Comitê Nacional de Recuperação Revolucionária) com o objetivo de disputar

10 Devido ao golpe de Estado de março de 1976, quase não utilizaram esse nome.

internamente a própria organização. De fato, afirmavam que, caso o Comitê Central do Partido Comunista revertesse as expulsões e sanções e abrisse canais de diálogo, o grupo seria dissolvido. Dado o desenvolvimento e a tradição do partido e da "Fede",[11] vários dirigentes eram reconhecidos e ocupavam cargos importantes na direção de movimentos de massa, o que reforçou o peso dessa nova organização desde o início. Em março de 1969, abandonadas as expectativas de "recuperar o PC" e antes do Primeiro Congresso como organização independente, decidiram constituir-se como Partido Comunista Revolucionário.

A influência inicial do PCR deu-se no movimento estudantil, por meio da Frente de Agrupações Universitárias de Esquerda (FAUDI). Jorge Rocha, militante da FAUDI, foi à época presidente da Federação Universitária Argentina. Desde o início, definiram o caminho da insurreição urbana com hegemonia proletária, concentrando-se no trabalho político-sindical. A adoção do maoismo consolidou-se em 1974, após um período de aproximação dessa corrente e do Partido Comunista da China, defendendo a via armada para a revolução e criticando os soviéticos. Isso ocorreu de maneira relativamente tardia, num momento em que o próprio maoismo enfrentava críticas e dissensos internos.

Durante o período estudado, seu periódico chamava-se *Nueva Hora*, e sua revista teórica, *Teoría y Política*. Assim como a VC, colaboraram em publicações como *Desacuerdo* e *Los Libros*. A organização sobreviveu à última ditadura militar argentina e continuou a ter impacto no cenário político do país.

---

11 Devido ao golpe de Estado em março de 1976, esse nome foi quase completamente abandonado.

O Partido Comunista Marxista-Leninista (PCML) foi fundado por volta de 1968 por uma dezena de militantes atraídos pelas experiências revolucionárias de países do Terceiro Mundo. Entre os estudantes, formaram o Grupo de Resistência Estudantil (GRE), que, além de atuar nas universidades, forneceu jovens dispostos a se proletarizar e que se integraram em várias fábricas. Embora inicialmente vinculados à Cuba e à China, descartaram a formação de um "foco" e concentraram-se na organização de células fabris clandestinas, que deveriam se constituir como vanguarda. A estrita clandestinidade, contudo, limitou seu crescimento, pois não possuíam um periódico regular até anos depois. Avaliavam que estavam em um período de "defensiva estratégica".

Participaram da Frente Anti-imperialista pelo Socialismo (FAS) e, em 1975, lançaram-se na luta armada e na preparação para a guerra popular, o que representou um giro em relação às concepções iniciais. Esse foi um traço distintivo da organização, sendo a única a adotar a luta armada, embora suas poucas experiências (como atentados e sequestros) tenham sido frustradas. Em dezembro de 1975, convocaram a formação de uma Frente Revolucionária Antifascista e Patriótica (FRAP), que teve pouca relevância.

O Partido Comunista Maoista (PCM) foi o menor partido inscrito nessa corrente. Seus documentos indicam sua fundação em abril de 1971.[12] Desde o início, declararam-se marxistas-leninistas-maoistas e buscaram a unidade com outros grupos e organizações da mesma linha, especialmente com a Vanguarda Comunista, com quem compartilhavam a origem no socialismo argentino. Inicialmente, com forte oposição ao peronismo, em 1973 reconheceram

12 *Nueva Democracia*, n. 71, ano X, 22 de maio de 1981, p. 12.

diferentes tendências internas e adotaram uma política de "unidade e luta" com setores do peronismo combativo. Com pouca estrutura e difusão, os materiais disponíveis resumem-se à publicação do periódico *Nueva Democracia* (órgão do Comitê Central do Partido Comunista Maoista) e à compilação de panfletos recolhidos pelas forças de inteligência da Província de Buenos Aires.

3.

O maoismo argentino, em sua forma partidária, assumiu uma série de características que conferem uma identidade à corrente, em um contexto já marcado por crescente radicalização. As jornadas de maio de 1969, especialmente o "Cordobazo" e o esboço da unidade operário-estudantil em uma cidade-chave do complexo industrial da época, marcaram um ponto de inflexão nas lutas do período. As organizações maoistas, mais cedo ou mais tarde, reconheceram nesse processo o fundamento de suas análises sobre a formação econômico-social argentina, as características que a revolução deveria assumir e o caminho para alcançá-la.[13]

Compreendemos que o percurso dessas organizações e as formulações que realizaram (e suas mudanças) buscavam respostas para questões fundamentais da vida política argentina e, mais ainda, para a constituição de um partido revolucionário: sobre o tipo de país, a via e o caminho da revolução, sobre a frente revolucionária, a burguesia nacional e o peronismo. Ao mesmo tempo,

13 Cuadernos Rojos, n. 2, VC; PCR. "Conferencia Permanente del PCR de marzo de 1971." In: Documentos aprobados por el PCR desde su 1º Congreso, diciembre de 1969, hasta su 2º Congreso, abril de 1972. Publicações 35º aniversário do PCR, t. 2, 2005, p. 113; Nueva Democracia, n. 4, nov. 1972.

enfrentavam problemas clássicos das organizações de esquerda: a relação entre o nacional e o internacional, entre o campo e a cidade, sobre o partido, a consciência de classe e os países do Terceiro Mundo. Tais características podem ser agrupadas em torno de alguns aspectos: a defesa da via armada para a revolução, diferenciando-se das organizações que optavam pelo foco guerrilheiro ou outras formas de acumulação político-militar; a teorização sobre uma revolução da Nova Democracia como adequada à Argentina; a necessidade de dirigir o movimento de massas, "fundindo-se" com ele, entendendo isso como protagonizar os processos de luta e aspirar a se tornar sua direção natural; a constituição de partidos marxista-leninistas e a reivindicação da tradição comunista; e, finalmente, a caracterização da URSS como "social-imperialista" (socialista em palavras e imperialista em ações), que foi a forma específica e exclusiva pela qual se consolidou a crítica ao PCUS desde o maoismo em sua expressão internacional.

O primeiro aspecto que unificou essas organizações (no sentido de ser algo que proclamaram desde o início) foi a contundência com que defendiam a via armada para a revolução, tradição que atribuíam ao "marxismo-leninismo". As críticas aos partidos oriundos do socialismo argentino concentravam-se na prioridade que davam ao caminho parlamentar,[14] enquanto ao comunismo era atribuída uma indefinição crescente que, em consonância com as mudanças impulsionadas no MCI desde o XX Congresso do PCUS (particularmente a possibilidade de transição pacífica

14 AAVV. "Derrotemos al Revisionismo". *No transar*. Buenos Aires, 1964.; *Nueva Democracia*, n. 3, jul. 1972.

ao socialismo), também favorecia essa via.[15] Essa posição permitiu-lhes disputar potenciais militantes com relativo sucesso, além de se tornar um elemento de aproximação inicial com o maoismo. Para muitas mulheres militantes, isso ainda questionava os padrões e espaços tradicionalmente reservados aos homens.[16]

No entanto, as organizações divergiram quanto às formas de sustentar a defesa da via armada, especialmente no debate sobre se esta deveria começar pelo campo ou pelas cidades, e sobre como acumular forças revolucionárias. Enquanto a VC e o PCML[17] teorizaram sobre a Guerra Popular Prolongada – com a VC oscilando entre a GPP no campo e a insurreição na cidade –, o PCR e o PCM se definiram desde o início em favor da insurreição urbana e mantiveram essa posição ao longo de todo o período. Apesar de insistirem na via armada, nenhuma dessas organizações participou das denominadas Organizações Político-Militares (OPM) que marcaram grande parte da vida política dos anos 1970. Tratava-se, nesse caso, de organizações da esquerda revolucionária não inseridas no contexto guerrilheiro. Durante o período abordado, as quatro organizações debateram, mais ou menos abertamente, com as concepções "foquistas" e as organizações armadas. Dada a influência e o prestígio da Revolução Cubana no continente, esse debate era inevitável. Reconheciam, com simpatia, que o processo cubano buscava caminhos alternativos

---

15 PCM-L. "Programa." In: *Teses para o XIII Congresso* (novembro de 1968). PCM-L, mimeografado, out. 1971, p. 44.

16 PINAL, María Cristina. "Testemunho Pinal." Entrevista, arquivo *Memoria Abierta*.

17 De forma confusa, o PCM-L sustentava o eixo do trabalho nas fábricas, mas no Programa de 1971 afirmava a necessidade de consolidar bases no campo para, a partir daí, cercar as cidades.

ao "reformismo",[18] e destacavam a figura de Che Guevara como um combatente marxista que assumiu o caminho das armas. A principal crítica era que o foco guerrilheiro prescindia do partido e desvinculava o proletariado e as massas do desencadeamento da guerra. No entanto, os partidos maoistas se diferenciaram na forma de abordar e tratar as organizações que adotavam essa tática.

O primeiro espaço onde esses partidos conquistaram presença foi nas universidades, especialmente nas de maior concentração estudantil.[19] A presença de cada partido estava relacionada aos locais onde já tinham militância prévia e sua abrangência dependia do tamanho e da disposição de forças do partido. Assim, a VC e o PCR, com sólida e contínua presença no movimento estudantil, tinham mais representações regionais. Essas organizações chegaram a ocupar posições de liderança em faculdades e federações. Destaca-se que o PCR liderava a Federação Universitária Argentina (FUA) durante o Cordobazo, marcando também sua presença nas manifestações ocorridas em Rosário, Corrientes e Tucumán.

Os maoistas também se destacaram por contar em suas fileiras com intelectuais renomados da época, como Ricardo Piglia (VC), Carlos Altamirano (PCR), Beatriz Sarlo (PCR), Horacio Ciafardini (PCR), Elías Semán (VC) e Hugo Vezzetti (VC). A revista *Los Libros*, uma das mais influentes da época, teve uma forte marca

---

18 SEMÁN, Elías. *El Partido Marxista Leninista y el guerrillerismo*. Buenos Aires: Ed. No Transar, 1964; PCR. *Documentos aprobados por el PCR desde su 1º Congreso, diciembre de 1969, hasta su 2º Congreso, abril de 1972*. Publicações 35º aniversário do PCR, t. 2, 2005, p. 153.

19 Em seus primórdios, esses partidos foram formados a partir de grupos estudantis ou como resultado de cisões nas quais a juventude desempenhou um papel fundamental.

maoista devido à participação de vários desses intelectuais em seu comitê editorial.

Em consonância com a preocupação em organizar os trabalhadores e se constituir (ou contribuir para a criação) como vanguarda do proletariado, os partidos redirecionaram sua militância para o movimento operário. Com base na leitura do crescimento das lutas no país, os militantes priorizaram a construção de frentes nos locais de trabalho.

As organizações divergiram na caracterização da formação socioeconômica da Argentina. Para alguns partidos, tratava-se de uma "neocolônia"; para o PCR, a definição mais precisa era a de "país dependente".

Também desenvolveram trabalho entre os camponeses e trabalhadores rurais, com presença nos setores de açúcar, vinho e erva-mate (*tareferos*) no nordeste argentino, além de articularem políticas para a FATRE e as Ligas Agrárias, criando e incentivando agrupamentos específicos. Contudo, no caso argentino, o trabalho em zonas rurais não foi o eixo estruturante que caracterizou o maoismo em outros países do Terceiro Mundo, especialmente na América Latina (Urrego, 2017).

Um elemento de interesse é a caracterização do peronismo, que sintetizava o problema do tratamento à burguesia nacional. Grande parte da literatura especializada nas organizações formadas nesse período (Tortti, 2015; Altamirano, 2001) afirma que um traço distintivo seria a crítica ou autocrítica das posições frente ao movimento peronista e uma revalorização do mesmo, em formulações que combinavam esquerdas, peronismo e revolução. Nosso estudo constatou que, em seu momento fundacional, todas as organizações foram muito críticas ao peronismo, e só ao longo dos anos, especialmente em 1973-1974, ocorreram mudanças na avaliação e no tratamento.

Tomados em conjunto durante o período estudado, os partidos políticos maoistas estavam presentes em grande parte das províncias argentinas (Buenos Aires e Grande Buenos Aires, Córdoba, Santa Fé, Tucumán, Mendoza, Jujuy, Chaco, Corrientes, Misiones, Entre Ríos, San Juan, Rio Negro, La Pampa, Salta) e na Capital Federal, com maior concentração em grandes centros urbanos como Capital Federal, Córdoba, La Plata e Rosário.

O contexto internacional e nacional combinava a reivindicação de transformações socioeconômicas e políticas mais radicais, que remontavam, ao menos, à Revolução Russa, com novas condições que tornavam viáveis os reclamos de soberania e independência dos países do Terceiro Mundo – independência que começava a se delinear (Manzano, 2018). O maoismo conjugava críticas à URSS e ao PCUS, mas oferecia um presente "luminoso" e uma revolução triunfante como alternativa (Rupar, 2017).

Após o período "fundacional", entre 1971 e 1973-1974, houve um auge na influência e direção no movimento de massas, fruto do trabalho realizado. Esse período registra avanços na representação (delegados, comissões internas), destacando o papel da VC e do PCR na liderança de SITRAC e SMATA em Córdoba (Ortiz, 2018; Duval, 1988; Laufer, 2020; Gordillo, 1996).

Esses processos tornaram-se referência para as recuperações dos enfoques "classistas" da época. Em ambos os casos, o sucesso na liderança sindical decorreu de um trabalho profundo entre os trabalhadores, permitindo a formação de frentes que disputaram e conquistaram a representação. As análises sobre as derrotas dessas experiências são tema de debate entre especialistas e militantes, de esquerda ou não.

Um dado relevante é que, salvo algumas alianças pontuais no setor universitário ou em eleições sindicais, não houve esforços conjuntos de longo prazo entre as forças maoistas, com exceção de um período de colaboração entre a VC e o PCR (Rubio e Rupar, 2023).

4.

Os anos de 1973 e 1974 foram marcados pelo retorno do peronismo ao governo. O chamado às eleições e a possibilidade concreta do retorno de Perón ao país dividiram novamente as identidades políticas daqueles que, até então, enfrentavam juntos a ditadura. Entre as forças de esquerda, surgiu o problema de como lidar com o peronismo nesse novo cenário. Isso implicou a necessidade de posicionar-se frente às eleições, aos novos governos (Héctor Cámpora, Juan Domingo Perón e María Estela Martínez de Perón) e aos diferentes setores dentro do peronismo. Nesse contexto, prevaleceram diferentes táticas e concepções no interior da esquerda argentina. De fato, foi nesse momento que os maoistas reformularam suas posições sobre o peronismo ou sobre o tratamento de certos setores do movimento. Consideramos, contudo, que não se tratou apenas de uma mudança na avaliação, mas também de uma transformação do próprio peronismo, resultado do retorno disruptivo do líder após anos de exílio e das disputas internas ao movimento.

A partir da segunda metade de 1973, entrou em cena a Ação Anticomunista Argentina (AAA), organização paramilitar promovida por setores da direita peronista, que ganhou protagonismo no triênio 1973-1976 com o assassinato de inúmeros artistas, militantes, intelectuais, políticos e sindicalistas. Em meio ao fracasso do "Pacto Social" e ao aumento da perseguição e repressão, Perón faleceu em 1 de julho de 1974. O governo foi assumido pela vice-presidente María Estela Martínez de Perón, que, diante de uma nova onda de conflitos, declarou estado de sítio. Como consequência do colapso do Pacto Social, o Ministro da Economia Celestino Rodrigo lançou um plano econômico que, por sua dureza com os setores populares, ficou conhecido como "rodrigazo".[20] Em resposta a essas medidas, diversas organizações passaram a atuar na clandestinidade, retomando a luta armada. A partir de então, o enfrentamento e a repressão (legal e ilegal) intensificaram-se.

O pouco trabalho conjunto que existia foi quebrado nesse momento. Progressivamente, a VC, o PCM-L e o PCM distanciaram-se em suas análises e posições do PCR, embora cada um tenha seguido um caminho relativamente distinto.

5.

O maoismo possui uma existência de mais de meio século na Argentina. Com seu surgimento no calor da crise dos governos reformistas latino-americanos, nos debates sobre a via revolucionária a ser adotada frente à opção parlamentar do socialismo e do comunismo locais, em um contexto de proscrições, pantomima institucional e forte intervenção militar, grandes contingentes buscaram ferramentas e experimentaram caminhos para ações políticas transformadoras mais precisas. A Revolução Chinesa e o maoismo ofereceram coordenadas para projetar um futuro revolucionário no país. As viagens à República Popular da China tiveram uma função de aproximação, mas também atuaram como um nexo

20 Um aumento de 100% nas tarifas dos serviços públicos e combustíveis, acompanhado de uma desvalorização do peso superior a 150%.

fundamental para sustentar vínculos próprios após a ruptura com o PCUS, que antes mediava essas relações em grande medida.

Caracterizamos a formação de quatro partidos políticos e, embora seja difícil ignorar as diferenças que prevaleceram entre eles, buscamos captar alguns traços que permitem compreender a forma concreta que deram à corrente maoista organizada no país.

O maoismo argentino teve um caráter predominantemente urbano e, não sem altos e baixos, defendeu que a revolução no país tivesse um caráter insurrecional, características que lhe conferem certa singularidade no conjunto das experiências no Terceiro Mundo de influência similar. A busca por uma síntese particular entre os traços nacionais e sociais da revolução também diferenciou esses partidos de outras organizações da esquerda local.

Referências

ALTAMIRANO, Carlos. "Peronismo y cultura de izquierda en la Argentina (1955-1965)." In: *Peronismo y cultura de izquierda*. Buenos Aires: Temas, 2001.

BALVÉ, Beba; MARÍN, Juan Carlos; MURMIS, Miguel. *Lucha de calles, lucha de clases: elementos para su análisis*. Buenos Aires: Ediciones La Rosa Blindada, 1973.

BRENNAN, James; GORDILLO, Mónica. *Córdoba Rebelde: el Cordobazo, el clasismo y la movilización social*. La Plata: De la Campana, 2008.

CALIFA, Juan S. "El FAUDI-PCR frente a la 'Revolución Argentina' (1966-1973)." In: *Anais das XVI Jornadas Interescuelas de Historia Mar del Plata*. Mar del Plata, ago. 2017.

CAVAROZZI, Marcelo. *Autoritarismo y democracia*. Buenos Aires: CEAL, 1983.

CELENTANO, Adrián. "Maoísmo y lucha armada: el Partido Comunista Marxista Leninista (PCM-L)." *Revista Lucha de Clases*, n. 4, 2005.

______. "Maoísmo y nueva izquierda." In: TORTTI, María Cristina *et al. La Nueva Izquierda Argentina (1955-1976): socialismo, peronismo y revolución*. Rosário: Prohistoria, 2015.

______. "El maoísmo argentino entre 1963 y 1976: libros, revistas y periódicos para una práctica política." *Políticas de la Memoria*, 14: 151-165, verão 2013/2014.

______. "Maoístas y Nueva Izquierda: un análisis del PCML (Partido Comunista Marxista Leninista). 1ª parte: 1968-1975." In: *Anais das II Jornadas de História das Esquerdas*. Buenos Aires, 11-13 dez. 2002.

COLOMBI, Beatriz. "El viaje, de la práctica al género." In: MARIÑOTE, Mónica; TINEO, Gabriela (orgs.). *Viaje y relato en Latinoamérica*. Buenos Aires: Katatay, 2010, p. 287-308.

CONNELLY, Marisela. "Influencia del Pensamiento de Mao en América Latina." *Estudios de Asia y África*, 18 (2): 215-231, 1983.

DUVAL, Natalia. *Los sindicatos clasistas SITRAC (1970-1971)*. Buenos Aires: CEAL, 1988.

GORDILLO, Mónica. *Córdoba en los 60: la experiencia del sindicalismo combativo*. Córdoba: Colección de Manuales de Cátedra, 1996.

HUBERT, Rosario. "Intellectual Cartographies of the Cold War: Latin American Visitors to the People's Republic of China, 1952-1958." In: TALLY, Robert T. *The Routledge Handbook of Literature and Space*. Londres/Nova Iorque: Routledge, 2017, p. 337-348.

LAUFER, Rodolfo. "El sindicalismo clasista en la Argentina del Cordobazo: estrategias sindicales y radicalización política en el SMATA Córdoba, 1966-1972." Tese (Doutorado em História) – FFyL-UBA, Buenos Aires, 2020.

LISSANDRELLO, Guido. "El maoísmo argentino frente a la cuestión agrária en los '70: el caso de Vanguardia Comunista y el Partido Comunista Revolucionario (1969-1976)." Tese (Licenciatura em História) – FFyL-UBA, Buenos Aires, 2018.

MANGIANTINI, Martín. "La 'nueva izquierda': una categoría en discusión." *Archivos de Historia del Movimiento Obrero y la Izquierda*, n. 18, mar./ago. 2021.

MANZANO, Valeria. *La Era de la Juventud: cultura, política y sexualidad desde Perón hasta Videla*. Buenos Aires: FCE, 2018.

NASSIF, Silvia. *Tucumán en llamas: el cierre de los ingenios y la lucha obrera contra la dictadura (1966-1973)*. Tucumán: Universidad Nacional de Tucumán, 2016.

______; RUPAR, Brenda. "Aproximación al estudio de las luchas de la clase obrera a fines de los '60s y principios de los '70." In: MATEU, Cristina; SPIGUEL, Claudio. *Movimiento obrero argentino: aspectos y momentos históricos de la lucha política y sindical*. Buenos Aires: La Marea, 2016.

ORTIZ, Laura. "Vinculaciones entre la izquierda revolucionaria y la clase obrera en Argentina en la década de 1970: la política sindical clasista de Vanguardia Comunista." *Revista Historia Autónoma*, 13: 207-224, 2018.

RAPOPORT, Mario; SPIGUEL, Claudio. *Política exterior argentina: poder y conflictos internos (1880-2001)*. Buenos Aires: Claves para todos, Capital Intelectual, 2005.

RATLIFF, William. "Communist China and Latin America, 1949-1972." *Asian Survey*, 12 (10): 846-863, 1972.

RUBIO, Matías. "Estrategia e inserción del Partido Comunista Revolucionario en el SMATA (1979-1985)." *Revista Archivos de la Historia del Movimiento Obrero y la Izquierda*, 11: 143-162, set. 2007.

RUBIO, Matías; RUPAR, Brenda. "Los maoístas argentinos frente al GAN y las elecciones de 1973: el FRA como experiencia unidad y el desarrollo de la campaña 'votoblanquista' (1972-1973)." In: GAIDO, Daniel *et al.* (org.). *Entre Europa y América: hacia una historia internacional del socialismo*. Chile: Ariadna Ed., 2023.

RUPAR, Brenda. "Cuando la táctica política se va transformando en estrategia: el giro en el Partido Comunista Argentino a fines de la década de 1950." *Nuevo Mundo, Mundos Nuevos* [online], 14 jun. 2018. Disponível em: http://journals.openedition.org/nuevomundo/72176.

______. "El debate chino-soviético y la emergencia del maoísmo como corriente política diferenciada en el Movimiento Comunista Internacional." *Historia Contemporánea*, 57: 559-586, 2018.

______. *Los chinos: la conformación del maoísmo en Argentina (1965-1974)*. Buenos Aires: CEHTI, Imago Mundi, 2023.

______. "El rol de la 'revolución cultural proletaria' en la historia del maoísmo argentino: una reflexión a partir del trabajo con fuentes partidarias oficiales." *Revista Asia América Latina*, 1 (4): 74-91, 2017.

______. "Viajeros argentinos a China en el marco de la 'diplomacia entre pueblos' (1950-1965)." *Cahiers des Amériques Latines* [online], n. 94, 2020. Disponível em: http://journals.openedition.org/cal/11645.

SAITTA, Silvia. *Hacia la revolución: viajeros argentinos de izquierda*. Buenos Aires: FCE, 2007.

TOLEDO, Ernesto. "El pensamiento Mao Tse Tung en el Perú: orígenes y división en la izquierda peruana en 1964." Lima: Patria Roja, 2015. Disponível em: http://www.pcdelp.patriaroja.org.pe/el-pensamiento-mao-tse-tung-en-el-peru-origenes-y-division-en-la-izquierda-peruana-en-1964-parte-1/.

TORTTI, María Cristina *et al. La Nueva Izquierda Argentina (1955-1976): socialismo, peronismo y revolución*. Rosário: Ed. Prohistoria, 2015.

URREGO, Miguel Ángel. "Historia del maoísmo en América Latina: entre la lucha armada y servir al pueblo." *Anuario Colombiano de Historia Social y de la Cultura*, 44 (2): 111-135, 2017.

PARTE II

Os legados de Mao para a atualidade da China

De modo distinto de uma visão recorrente, a surpreendente ascensão da China não se iniciou com a política de Reforma e Abertura desencadeada por Deng Xiaoping no final da década de 1970. Ao contrário, a Nova China assenta suas bases na Revolução de 1949 e sua origem na longa luta de libertação nacional. E esse longo período não pode ser explicado sem levar em conta a contribuição decisiva da figura de Mao Zedong. Ou seja, apesar das aceleradas transformações da China atual, suas raízes e elementos de continuidade se fazem persistentes e importantes – merecendo um olhar mais acurado. Nessa Parte, quatro capítulos tratam de temas como a contribuição de Mao Zedong para o desenvolvimento econômico, o planejamento e a agricultura da China sob sua liderança.

O legado da era maoista para a agricultura da China

Rubia Cristina Wegner

1.0 Introdução

Durante o 18º Congresso Nacional do Partido Comunista da China (PCCh), em 2012, o país atualizou, de forma oficial, sua concepção de modernização da agricultura, com a inclusão de diretrizes para a construção e consolidação de um moderno sistema industrial – um sistema industrializado e inovador de operações agrícolas. Durante o 19º Congresso Nacional do PCCh, realizado em 2017, a meta principal era acelerar a modernização da agricultura e das áreas rurais, enfatizando a necessidade de melhoria do bem-estar e nível de renda dos agricultores e da população rural. A partir daí, avançou-se para três critérios centrais de modernização da agricultura e das áreas rurais até 2025: infraestrutura agrícola, condições de vida e oferta de serviços básicos. Essas definições são algumas que podem ser destacadas desde o fim da década de 1990, quando a situação (após as reformas de 1978-1979) da agricultura, áreas rurais e agricultores da China passou a ser denominada "três grandes problemas", e quando o Conselho de Estado (CE) e o PCCh definiram medidas para o "novo campo socialista", nos primeiros anos da década de 2000, e para a "revitalização do rural", na década de 2010.

Durante a 3ª sessão do 11º Congresso do PCCh, em 1978, o país anunciou – após os resultados do Grande Salto Adiante (GLF, na sigla em inglês) – que conduziria a modernização da agricultura para as condições chinesas, incluindo investimentos nas suas condições de operação e em ciência e tecnologia. Importa compreender que esse contexto de estratégias de política agrícola da China, desenhadas a partir do fim da década de 1990, equivale a uma inflexão não do PCCh, mas sim de uma materialização de percepções do Partido para a relação agricultura *x* indústria, no processo de acumulação de capital da República Comunista da China (RPC).

Assim, a modernização da agricultura da China teve início ainda na era Mao Zedong – com a progressiva introdução da mecanização, energia elétrica, uso de fertilizantes químicos e irrigação na agricultura, sendo essa a modernização necessária, naquele período, para atender as necessidades de acumulação de capital para industrialização, emprego e geração de renda no campo, além da produção de alimentos.

A mudança da organização no campo para comunas resultou em uma das mais expressivas mudanças desta era – com a transformação nos primeiros anos da RPC, em 1958, de 750 mil cooperativas para 23 mil comunas, contemplando 90% da população chinesa da zona rural (Bergère, 1980). As comunas eram unidades produtivas com elevado grau de autonomia administrativa – de acordo com as diretrizes estabelecidas pelo planejamento central. Economicamente autossuficientes, produziam bens agrícolas para seu próprio consumo e entregavam o excedente para o CE e o PCCh, além de fabricarem bens industriais para consumo próprio e de proverem serviços básicos, como saúde e educação. Cada comuna deveria funcionar como uma experiência socialista, sem a separação entre trabalhadores e meios de produção, sem forte separação entre trabalho intelectual e manual, bem como sem a rígida hierarquia na organização da produção (Bergère, 1980; Naughton, 2007).

O objetivo deste capítulo é discorrer sobre as contribuições e os resultados da agricultura na era maoista, os quais perduraram e contribuem para entender o contexto mais recente de estratégias para modernizar a agricultura da China. Além da introdução e das considerações finais, esse capítulo se organiza em uma seção 2, que apresenta os pontos principais da política agrícola da era maoista, e uma seção 3, que destaca aspectos que podem ser entendidos como o legado dessa era.

2.0 Política agrícola durante o maoismo

2.1 Agricultura x indústria

> Não há solução para tal problema a não ser numa nova base, isto é, realizar passo a passo a transformação socialista do conjunto da agricultura, juntamente com a realização gradual da industrialização socialista e da transformação socialista do artesanato, do comércio e da indústria capitalistas. Por outras palavras, isso significa realizar a cooperativização e eliminar a economia dos camponeses ricos e a economia individual nas regiões rurais, de tal maneira que toda a população do campo se sinta conjuntamente mais desafogada. Nós sustentamos que essa é a única via para consolidar a aliança dos operários e camponeses. (Mao Zedong, "Sobre a questão da cooperativização agrícola", 31 de julho de 1955)[1]

---

1 ZEDONG, Mao. *Citações do Presidente Mao Zedong*. Arquivo Marxista na Internet, 2024. Disponível em: https://www.marxists.org/portugues/mao/1966/citas/citas.pdf.

Entre 1949 e 1972, as principais ações de política para o campo, de acordo com Gurley (1976), foram: (i) reforma da terra, de 1949 a 1952, em que se redistribuiu renda e salários, bem como se aumentou o consumo da população na zona rural; (ii) coletivização e comunização, de 1955 a 1959, que elevou a produção agrícola; (iii) formação de capital para agricultura, entre 1960 e 1972, com o PCCh levando ao aumento do consumo de bens de capital e outros insumos, estabelecendo pequenas indústrias em quase todo o campo; (iv) os termos de troca se alternaram entre agricultura e indústria a favor da agricultura e dos camponeses, entre 1953 e 1972, levando ao aumento dos preços pagos pelo CE e PCCh para adquirir os produtos agrícolas e à redução de preço de muitos insumos comprados pelos camponeses. Ainda de acordo com Gurley (1976), 300 milhões de camponeses receberam 700 milhões de *mu* de terras – 45% do total da terra arável do país: dois terços foram tomados de senhores de terra, um terço de fazendeiros ricos. A reforma agrária buscava encorajar os agricultores a se organizar e tomar a terra produtivamente para si. Além disso, permitiu ao CE e PCCh capturar, via tributação, uma grande parte da riqueza e, por conseguinte, distribuí-la.

A economia chinesa, nos primeiros anos da RPC, recuperara os níveis de produção da agricultura e da indústria de antes da guerra, o que, de acordo com Riskin (1987), equivaleria a um crescimento de 50% de bens de capital e 30% de bens de consumo, de 1949 a 1952. Entre 1953 e 1958, o crescimento da agricultura foi puxado por bons desempenhos da atividade no centro-oeste e sudeste do país. Excetuando-se o período do GLF (1958-1961), houve situação de segurança alimentar durante todo o período maoista, porém sem que houvesse melhorias significativas no padrão dietético. O Grande Salto Adiante (GLF), mais do que diretrizes para crescimento e planejamento econômico, buscava determinar diretrizes político-ideológicas, tendo por metas: (i) relações de produção mais igualitárias; (ii) desenvolvimento de forças produtivas e (iii) descentralização da atividade econômica para o interior do país (Wheelwright e McFarlane, 1970; Bergère, 1980; Naughton, 2007).

O Primeiro Plano Quinquenal (1º PQ) (1953-1957) tinha por orientação principal a industrialização pesada, inspirada no modelo da URSS e com seu apoio técnico e financeiro. Sob as orientações do 1º PQ, novos segmentos produtivos foram erigidos, como carvão, ferro, aço, petróleo e derivados. Deu-se prioridade à indústria pesada, que, em 1960, representou mais de 60% do PIB ao longo do GLF (1958-1961) e, durante a década de 1960, manteve-se acima de 55%. O nível de investimento aumentou de 10% do PIB, em 1952, para 36,5%, em 1978. De acordo com Fairbank e Goldman (2006), nestes anos a economia chinesa cresceu em média 8,9% ao ano. Morais (2011) sistematiza essas informações, apontando que, de 10% do PIB em 1952, o nível de investimento em indústria passa para mais de 20% do PIB durante o 1º PQ, com pico de 36,5% em 1978. Aponta também que, entre 1958 e 1977, a média anual da participação dos investimentos industriais no PIB foi de 28%.

Acelerar a industrialização pesada era objetivo básico da política econômica chinesa, ainda no 1º PQ, acompanhado das metas de aumento da produção e da produtividade agrícola. O GLF constituiu um movimento político e econômico para fortalecer o comunismo e o centralismo. Na avaliação de autores como Medeiros (1999) e Naughton (2007), a opção tomada por Mao Zedong foi a da "acumulação primitiva socialista", em que se acelerava o investimento na indústria sobre relações de troca desfavoráveis para a agricultura e o consumo. Quanto à agricultura, o GLF estabeleceu que as comunas fossem expandidas para o interior do país, todo tipo de recompensa monetária foi eliminada, assim como mercados agrícolas sob livre iniciativa, e tecnologias simples apropriadas até então pelo país deveriam ser combinadas com tecnologias de indústria avançada (Naughton, 2007; Fairbank e Goldman, 2006). Durante o GLF, houve uma transferência massiva de recursos da agricultura para a indústria: de acordo com Naughton (2007), em 1959 a produção de grãos caiu 15% em comparação com 1958, e 28,5% em 1960.

Com as graves consequências do GLF, entre 1961 e 1963, buscou-se uma reversão de rota em relação ao GLF para reverter a situação de carestia. Dentre as medidas políticas, destacam-se: os níveis de investimento foram relaxados e milhares de trabalhadores foram enviados para o campo, comunas foram reestruturadas para garantir aumento da produção agrícola, recompensas monetárias foram restabelecidas e a distribuição da produção agrícola foi reorientada. Nos planos quinquenais seguintes – terceiro (1966-1970) e quarto (1971-1975) –, um conjunto de políticas de longo prazo, para reverter a crise e o desmantelamento da organização rural advindos do GLF, foi pensado. Medidas essas como fortalecer indústrias da zona costeira do país e concentrar investimentos em indústrias químicas e de fertilizantes – vitais para melhorar as condições de produtividade da agricultura do país.

Entre 1961 e 1964, estremeceram-se também as relações da China com a URSS, culminando no rompimento entre ambos em 1964, como aponta Bergère (1980), cada um deles identificando suas realidades e ambições nacionais como compromissos maiores do que a expansão internacional do socialismo. Nesse contexto, Mao impulsionou a construção da "Terceira Frente" como forma de criar uma base industrial no país que garantisse sua autossuficiência. Bases industriais foram construídas no interior do país, em regiões ermas, como as províncias de Sichuan e Guizhou, mantendo-as distantes de possíveis invasões dos EUA ou da URSS. Essa estratégia industrializante foi barrada pela Revolução Cultural, que culmina um período (1967-1969) de grande complexidade e que pode ser descrita como um movimento político incitado por Mao junto aos jovens do país para reanimar o "impulso revolucionário" e fortalecer o PCCh. Não teve, por outro lado, os mesmos efeitos do GLF: a produção agrícola foi pouco afetada e a produção industrial básica se manteve, de modo que a economia rapidamente se restabeleceu após a Revolução Cultural.

Teceu-se uma avaliação de que, ao longo dos primeiros 50 anos da RPC, os agricultores teriam arcado – planejamento central para metas de produtividade e produção agrícolas – com o programa de aceleração do nível de investimento na indústria via termos de troca desfavoráveis para a agricultura (Oi, 1999; Medeiros, 1999). O ocaso, no final da década de 1970, da coletivização (comunas), a permissão para venda no mercado "livre" do excedente da produção agrícola e a introdução da possibilidade de diversificação produtiva induziram o crescimento da produtividade agrícola – produto crescia a 20% ao ano –, ou seja, o crescimento da "indústria rural".

2.2 Organização rural durante o maoismo – breve cronologia

As comunas possuíam funções econômicas, políticas e sociais, portanto. O sistema comunal permitiu criar uma rede de serviços, como de educação e saúde. Representava também um mecanismo de proteção social. Havia o acesso à terra garantido e pagamentos modestos para assegurar o bem-estar dos moradores da comuna

(Naughton, 2007). Politicamente, as comunas funcionavam como canais de educação e de doutrinação. O registro nelas era usado para controle de migração, prevenindo fluxos migratórios ao longo do território chinês. Esse sistema de registro de residência - *hukou* - foi implementado nos primeiros anos da RPC como uma forma de monitoramento dos fluxos populacionais, o que se mostrou um instrumento de controle migratório (rural-urbano) que atingiu sua máxima função durante o GLF.

De acordo com Naughton (2007), nas comunas havia 3 definições básicas: a terra era cultivada de forma comum, e sua propriedade era do coletivo - os agricultores mantinham direito de uso de suas residências, de alguns animais e de 3% a 10% da área cultivada para uso próprio; "coletivo" era a unidade básica contábil - a aquisição coletiva de alguns insumos, as tarefas agrícolas em comum e a produção vendida, após colheita cuja receita era usada para fechar débitos e que era dividida entre os agricultores; e a receita líquida era distribuída entre estes na forma de pontos de trabalho. Ao final de um ano, após a colheita, o total da receita líquida do coletivo era computado e dividido pelo número total de pontos de trabalho recebidos ao longo de um ano. Na segunda definição de "coletividade", a estrutura organizacional consistia em comuna, brigada e time, sendo que a comuna e a brigada eram responsáveis por boa parte das atividades não agrícolas, como indústria e funções governamentais.

A propriedade da terra era coletiva, isto é, todos os residentes de uma determinada vila (*village*) eram proprietários da terra cultivada. Apenas a residência da família e alguma atividade de pecuária ficavam sob a propriedade do camponês, incluindo uma pequena área para cultivo da família - em torno de 3% a 10% da área cultivada, como mencionado há pouco. A compra de insumos agrícolas – geralmente, usando-se crédito proveniente dos fundos da comuna –, a organização e coordenação do trabalho agrícola e a venda da produção aconteciam coletivamente. A renda líquida chegava às famílias somente após a dedução da renda total da venda da colheita, das despesas e dívidas incorridas para comprar os insumos agrícolas, e da parte destinada para os fundos mantidos pela comuna. Os camponeses recebiam a renda em grãos e em dinheiro. Os fundos eram um elemento importante nesta organização, porque serviam para financiar os investimentos para a próxima safra. Morais (2011) destaca que as responsabilidades que cabiam às comunas – administração local, coleta local de taxa, provisão de saúde e educação, provisão da produção agrícola, construção, indústria para atividade agrícola e atividades de serviço – representavam uma busca por adaptação ao isolamento internacional e ao enfrentamento de uma possível guerra nuclear.

Naughton (2007) concorda que, entre 1960 e 1970, a agricultura chinesa cresceu, mas ressalta que foi sob um processo de intensificação do uso da terra e de aplicação de nutrientes no solo. E, para superar os efeitos do GLF, Mao Zedong introduziu o *Grain First Campaign* para promover o cultivo de grãos prioritários ao abastecimento alimentar. Foi uma estratégia que visava resultados rápidos. Os agricultores deveriam responder às exigências estatais de produção fixadas em cotas pelo governo nacional, que fixou preços baixos para a compra de grãos, ao mesmo tempo que estavam obrigados a responder a determinadas metas de entrega de total produzido. Era uma forma de fazer frente ao problema clássico da "tesoura", enfrentado por Lênin na URSS (Medeiros, 1999). Naughton (2007) elucida que a política *Grain First* elevou a produção de grãos, em que, de 1955 a 1957 e de 1977 a 1979, a produção anual cresceu em 2,2%, mais rapidamente do que o crescimento populacional, isto é, 0,2% ao ano. Não houve, porém, diversificação da produção agrícola.

A partir de 1978, o início da substituição da operação comunal da terra levou à operação por unidades familiares no sistema de responsabilidade familiar (HRS), e, a partir de 1985, o objetivo do desenvolvimento agrícola foi fomentar novas entidades de negócio sob operação das unidades familiares, de modo a buscar uma nova forma de incentivos ao trabalho, como as empresas de vila (TVEs). Em 1979, porém, houve uma alteração da regulação do trabalho nas comunas – com o documento publicado pelo governo central, "Regulations on the work in Rural People's Comunes", e o documento do PCCh, "Decision of the Central Committee of the CCPh on some questions concerning the acceleration of Agricultural Development" –, o que expressa um entendimento de que a produtividade agrícola aumentaria a partir da concessão de certos incentivos individuais aos agricultores. Essa nova institucionalização, no dia a dia de trabalho dos camponeses, representava abandonar o igualitarismo na divisão dos ganhos com as safras, bem como a centralização, em aspecto mais amplo, permitiria aumentar a escala de produção ao se abandonar a organização por times de trabalho (Ash, 1988).

A produtividade agrícola passou, relativamente, a crescer ainda no início da década de 1970, antes das reformas econômicas em 1978-1979. Por exemplo, de acordo com Walker (1984),[2] a produção

2 A base de dados utilizada pelo autor consistiu em reportagens jornalísticas da época, como do *Tianjin Daily*, anuários das províncias, *USDA Washington* e *TJZY – Zhongguo Tongji Zhaiyao*. O *TJZY* era uma espécie de anuário estatístico de consumo, que aparecia sobretudo em alguns trabalhos acadêmicos (Taylor, 1987; White, 1996) em séries da década de 1980.

de oleaginosas em 1973 era de 786 Kg/hectare, e, em 1983, de 1.257 Kg/hectare – com a produtividade do algodão sem grandes avanços: 518 Kg/hectare em 1973 para 763 Kg/hectare em 1983. Mais tarde, esses resultados foram explicados como sendo efeitos do amadurecimento dos investimentos em irrigação e indústria de insumos para agricultura, realizados por Mao na década anterior.

A revolução comunista e a fundação da RPC aconteceram sob o amparo popular, que compreendia que a reforma agrária – em uma sociedade assentada na agricultura – pretendida e defendida seria o caminho para induzir às mudanças estruturais e reduzir as desigualdades (Milaré e Diegues, 2012). As reformas econômicas em 1978-1979 são exaltadas por alguns autores como responsáveis pelo aumento da produtividade agrícola, do produto agrícola e da renda no campo. Porém, durante a era maoista, uma indústria de insumos agrícolas e a infraestrutura para irrigação foram intensamente desenvolvidas, puxadas pelos investimentos estatais, visto que os gastos com agricultura saíram de RMB 0,9 bilhão, em 1952, para RMB 15,1 bilhões, no fim da era maoista (Milaré e Diegues, 2012). Ash (2010) lembra que, entre 1957 e 1978, no período maoista, a taxa real de crescimento do produto agrícola foi de 3,6% ao ano (média), enquanto entre 1978 e 1997, 6,6%. Ao contrário do período maoista, de acordo com o autor, o crescimento líquido da agricultura, desde 1978, excedeu o crescimento da população.

2.3 As turbulências políticas da era de Mao e reflexos na agricultura

Wheelwright e McFarlane (1970) ponderam as visões "ocidentais" de que o GLF falhou de forma "desastrosa", sendo responsável pela crise que se seguiu entre 1959-1961. Entendem os autores que se tratava de um programa de industrialização pesada, que deveria desencadear uma inflexão em termos de crescimento do produto industrial e de emprego, porém, ocorria em um contexto de socialismo agrário em desenvolvimento, em que não havia transferência de grandes contingentes de mão de obra para a atividade industrial, na zona urbana. A organização em comunas representava uma forma também de resolver a absorção de mão de obra no campo, mas principalmente de construir um "socialismo agrário": "[...] in collective labour, a collective way of life, a method of bringing new activities to the village. They are also a means of improving the division of labor in the agricultural sector" (Wheelwright e McFarlane, 1970, p. 49).

Em 1964, durante o 3º Congresso Nacional do Partido, Zhou Enlai afirmou a necessidade de se proceder às "Quatro Modernizações" para Agricultura, Indústria, Defesa, Ciência & Tecnologia. Em 1964, é lançado o livro *Citações do presidente Mao Tsé-Tung* ou *O Livro Vermelho*, destinado sobretudo ao Exército de Libertação Nacional (ELN). Em 1964 também, são retiradas as insígnias das fardas dos militares do ELN, para reafirmar seu compromisso com o igualitarismo, bem como são realizados os seus primeiros testes com a bomba atômica, aproveitando pesquisas realizadas com a presença de técnicos soviéticos no país (Spence, 1990). Em função do isolamento internacional e da Guerra do Vietnã desde 1964, a China implementou o programa "Terceira Frente", cujo objetivo era criar bases produtivas em áreas remotas do país, reafirmando os propósitos de descentralização produtiva das comunas. Foi interrompido com o início da Revolução Cultural, em 1966.

Em 1961, ademais, pela condição de miserabilidade no campo, Mao induziu à adoção de políticas voltadas para reverter a crise econômica e restaurar dignas condições de vida da população, sobretudo a rural. Liu Shaoqi (na presidência desde 1959, em substituição a Mao) com Deng Xiaoping (secretário-geral do PCCh desde 1957) passaram a ocupar a liderança da condução da cena econômica interna na China. Zhou Enlai, então primeiro-ministro, apoiaria ambos na condução de mudanças relevantes, enquanto Mao perdera um pouco de sua influência interna dentro do PCCh, mantendo-se intacto junto ao ELN. Entendia-se que a recuperação da agricultura era prioridade, e os graves resultados do GLF indicavam ser primordial a mudança de orientação econômica do país. O plano de Recuperação Econômica (1961-1965) consistiu na reintrodução, em algum grau, de mecanismos de mercado na economia chinesa. Todas as 23 mil comunas, em 1961, foram subdivididas em 70 mil – com o tamanho médio, assim, reduzido para 15 mil residentes. A atividade fabril foi encerrada na zona rural, permitindo-se a troca de excedentes agrícolas e a volta de mercados locais. São medidas que consistiram em fortalecer a autonomia dos times de produção, de modo que se permitiu o estabelecimento de contrato de alguns tipos de trabalho agrícola para o nível individual. Fortalecia-se, dentro do PCCh, a proposição de iniciativas – destacando-se Chen Yun – pró-mercado para recuperar a produção de alimentos, sendo necessário combinar planejamento estatal com mercado.

Após a Revolução Cultural, as condições materiais da população não melhoraram. Essas transformações, como observou Oi (1989), não resolveram um ponto essencial: como dividir entre os camponeses os ganhos obtidos com a safra. Quer dizer, complementam Fairbank e Goldman (2006), ao mesmo tempo assegurar alimentos às cidades e renda aos camponeses se constituiu um ponto nevrálgico. O planejamento central determinava os preços e, ao camponês, a quantidade a ser produzida. Os camponeses, em suas respectivas comunas, acessavam alimentos conforme os níveis de produção alcançados nos times de produção aos quais se vinculavam. Além do isolamento internacional, o país começava a década de 1970 com reduzida capacidade de importar, bem como dependente da importação de alimentos (Medeiros, 1999).

Em abril de 1968, após a generalização dos conflitos entre a Guarda Vermelha e facções opositoras em toda a China, realizou-se o 9º Congresso do Partido, em que se definiu uma nova Constituição, assentada no Pensamento de Mao, e a composição do Comitê Central do PCCh ficou a cargo dos militares. Ademais, a intensificação da coletivização durante a Revolução Cultural não produziu os resultados esperados que justificariam a campanha político-ideológica promovida. Leão (2010) relembra: o aumento da produtividade não foi significativo, e houve incidência da fome em grandes proporções, com dependência excessiva da importação de bens de capital e grãos sem que a exportação acompanhasse. Em função do caos político instaurado – deixando o país à beira de uma guerra civil –, reorganizaram-se as forças do Partido em prol de um novo projeto de desenvolvimento, chamado de "Quatro Modernizações". Tratava-se de um projeto iniciado por Zhou Enlai em 1975, voltado para a introdução da abertura da regulação do mercado e de elementos capitalistas para modernizar os 4 pilares: agricultura, indústria, exército e ciência e tecnologia (C&T).

A perspectiva socialista de Mao estava no tipo de relações de produção sob as quais se organizava o sistema produtivo, e, para Deng, a condução do socialismo deveria tomar como ponto de partida o desenvolvimento das forças produtivas. No campo da disputa interna dentro do PCCh, Hua Guofeng representava a continuidade política e econômica do período maoista e, mesmo não havendo acordo dentro do Partido a respeito do projeto a ser adotado, Deng Xiaoping se sobrepôs a Hua Guofeng. O retorno de quadros expurgados durante a Revolução Cultural, bem como a "reabilitação póstuma" de líderes como Liu Shaoqi, contribuíram para fortalecer a ascendência de Deng no Partido.

Deng Xiaoping é restabelecido à vida política em julho de 1977, quando ocorreu o 10º Congresso do PCCh, colapsando Hua Guofeng. Deng conduziu as reformas econômicas de 1978-1979, no entanto não rompeu nem com o legado de Mao nem com a centralidade política do PCCh (Medeiros, 2008). Em geral, Deng se inspirou em tecnologias e métodos usados por potências capitalistas, porém tornando-os chineses em sua estrutura de funcionamento (Shambaugh, 1993). Dessa forma, opôs-se à política de "Dois Quaisquer", apontando que o país precisava se modernizar. Era urgente, ele apregoava, elevar a renda *per capita* e ampliar as capacidades tecnológicas, o que não poderia acontecer se o país se mantivesse isolado internacionalmente e sob a mesma organização econômica de antes. Com uma visão distinta daquela de Mao sobre a condução do socialismo, Deng foi consistente com sua compreensão de que a reforma econômica deveria ocorrer adaptando aspectos de mercado, porém sob as diretrizes do PCCh (Shambaugh, 1993). O programa das "Quatro Modernizações", originalmente proposto por Zhou Enlai, foi continuado por Deng após sua morte. Entre Deng e Mao havia duas perspectivas irreconciliáveis sobre a condução do socialismo, as quais se manifestavam em uma divisão dentro do PCCh quanto à disputa por projetos de desenvolvimento para a China.

3. O legado da era maoista para a agricultura da China

3.1. Considerações sobre o desempenho da agricultura e de políticas agrícolas durante o maoismo

Os dados da Tabela 1 resumem a evolução de alguns indicadores, como PIB agrícola e emprego agrícola, que permitem visualizar uma trajetória positiva de crescimento e expansão setorial da agricultura entre 1975-1978, mesmo com os percalços resultantes do GLF. A agricultura, mesmo com as políticas industrializantes, se mantinha como principal setor da economia chinesa em emprego e PIB.

Tabela 1 - China: evolução, em média anual e %, dos indicadores de desempenho setorial

Itens	1952-1978	1975-1978
PIB agrícola	2,20	5,15
Emprego agrícola	2,02	0,84
Produtividade do trabalho agrícola	0,17	4,27
PIB industrial	9,29	8,82
Emprego industrial	5,84	4,83
Produtividade do trabalho industrial	3,25	3,81
PIB serviços	4,18	7,86
Emprego em serviços	3,20	6,73
Produtividade do trabalho em serviços	0,96	1,05
Produtividade agregada	1,78	4,74

Fonte: Maddison (1998).

De 1950 a 1970, o desenvolvimento agrícola na China tomou, argumentam autores como Gradreau (2019), uma forma de sua particular revolução verde – com a intensificação da irrigação e do uso de fertilizantes e agroquímicos – com uma dinâmica notavelmente doméstica. Uma economia doméstica de grãos e de carne se desenvolveu de forma apartada do engajamento e do capital internacionais. Essa posição é de concordância entre outros estudiosos do tema, como Huang e Gao (2013), que avaliam que a introdução de insumos mais modernos, além do aumento de investimento líquido, trouxe intensidade de modernização em lavouras de arroz, trigo e milho sem intensiva mecanização e opção por latifúndios e monoculturas. Para esses autores, "The dimensions of the increase have been such as to propel a quiet revolution in farming methods" (p. 39).

Conforme os dados da Tabela 2 sugerem, o processo de industrialização na China não representou urbanização acelerada. Entre 1950 e 1970, quando foi implementado o 1º PQ e quando ocorreu o GLF, a participação da população rural permaneceu na casa de 80%. Isso não quer dizer, deve-se ponderar, que toda a população que residia na zona rural se dedicava à atividade agrícola, visto que as comunas concentravam atividades outras que não agrícolas.

Tabela 2 - China: População em áreas urbanas e rurais (1950-1982)

Ano	População Total (Milhares de pessoas)	Urbana		Rural	
		Em milhares de pessoas	Em %	Em milhares de pessoas	Em %
1950	550,80	61,69	11,2	489,11	88,8
1952	574,82	71,63	12,5	503,19	87,5
1957	646,53	99,49	15,4	547,04	84,6
1960	660,25	130,73	19,8	529,52	80,2
1965	725,38	101,70	14,0	623,68	86,0
1970	825,00	102,30	12,4	722,70	87,6
1975	919,70	111,71	12,1	807,99	87,9
1979	970,92	128,62	13,2	842,30	86,8
1981	996,22	138,70	13,9	857,52	86,1
1982	1003,94	144,68	14,4	859,26	85,6

Fonte: Morais (2011).

Entre 1950 e 1970, a área irrigada, bem como a qualidade da irrigação, foram consistentemente expandidas na China. Se na década de 1980 o crescimento da área irrigada passou a apresentar-se estagnado, o crescimento do uso de fertilizantes foi expressivo: de aproximadamente 14 milhões de toneladas, em 1980, chegou a 52 milhões, em 2004. Quanto aos agroquímicos, o uso de fertilizantes orgânicos sempre ocorreu na China. Por outro lado, entre 1973 e 1974, o CE realizou um investimento vultoso no desenvolvimento de uma indústria doméstica de fertilizantes – a produção aumentou de 39 mil toneladas, em 1952, para 8,69 milhões, em 1978 –, assim como de fertilizantes nitrogenados – que partiu de 7 mil toneladas, em 1952, para 257 mil, em 1978 (Milaré e Diegues, 2012). O melhoramento de sementes começou a ocorrer com a criação da *Chinese Academy of Agricultural Sciences* (CAAS) na década de 1950, havendo, na década seguinte, o desenvolvimento de híbridos de diferentes espécies.

Tabela 3 – China: evolução dos investimentos em agricultura (1952-1979)

Ano	Investimento total nacional		Investimento em Agricultura		Investimento em irrigação e conservação da água	
	Em milhões de RMB	%	Em milhões de RMB	%	Em milhões de RMB	%
1952	583	13,3	1,67	3,8	4,11	9,4
1957	1.187	8,6	4,26	3,1	7,30	5,3
1962	1.439	21,3	5,02	7,4	8,27	12,2
1965	2.497	14,6	7,38	4,3	15,15	8,9
1975	3.840	9,8	8,55	0,7	25,66	6,6
1979	5.792	11,6	6,14	1,2	34,96	7,0

Fonte: Riskin (1987).

Os investimentos realizados durante o período maoista conduziram a uma modernização da agricultura a partir de tecnologias voltadas para fertilizantes, irrigação e sementes modificadas. Com as reformas de 1978-1979, o aumento de produtividade agrícola apresentado ocorreu também como resultado dos investimentos em incremento tecnológico, realizados durante o período maoista (Lardy, 1983; Oi, 1986; Ash, 1988). Morais (2011; 2019) destaca que esses incrementos não se traduziram em melhorias das condições de vida material da população rural.

Tabela 4 – China: evolução do uso de insumo agrícola (1957-1979)

Ano	Área cultivada com tratores (%)	Uso de fertilizantes químicos (milhões de toneladas)	Uso de fertilizantes químicos (per mu, Kg)	Produção de pesticidas (mil toneladas)
1957	2,4	1,79	1,0	65
1960	6,8	3,16	2,0	162
1962	8,1	3,1	2,0	88
1965	15,0	8,81	5,7	193
1970	18,0	15,35	10,5	321
1974	26,4	25,55	17,0	371
1975	33,3	26,57	17,8	422
1976	35,1	28,85	19,4	391
1979	42,4	52,47	35,2	537

Fonte: Riskin (1987).

A expressiva melhoria da base técnica para a agricultura durante o período maoista não foi acompanhada por aumento real de renda e redução do *gap* de renda rural-urbano. Alguns autores, como Nolan (1988) e Naughton (2007), depositam a explicação na falta de incentivos materiais para os camponeses, que durante a coletivização seguiam a "remuneração" por pontos de trabalho, dada a organização das comunas (subseção anterior). A coletivização guardava uma busca pela autossuficiência tanto de uma província em relação à outra quanto da importação de alimentos, em detrimento da especialização produtiva e da escala, uma vez que cada comuna deveria produzir todos os bens (Lardy, 1986; Medeiros, 1999). A definição do quê e de quanto produzir em cada comuna não seguia as vocações produtivas regionais, e, à medida que a industrialização se aprofundou no país, as metas foram sendo cada vez mais definidas nacionalmente e não localmente. Assim, a perda de autonomia produtiva do camponês é considerada um motivo para explicar o relativo declínio da produção agrícola na era maoista (Morais, 2011).

Esses efeitos positivos perduraram pelos primeiros anos da década de 1980. Morais (2011) sumariza o contexto vivenciado no campo entre 1979 e 1985, que a autora chama de "breve década de 1980", com os seguintes pontos: (1) Disparada dos preços agrícolas – inicialmente, os subsídios conseguem garantir que os preços nas cidades fiquem estáveis, as empresas estatais (SOEs) permanecem sem demitir e a migração rural-urbana se mantém controlada, o que impedia a segmentação no mercado de trabalho urbano; (2) No rural, há elevação da renda em função sobretudo da expansão das atividades não agrícolas – via empresas de vila (TVEs), as quais se expandiram na esteira do aumento da renda líquida agrícola; (3) Os níveis de desigualdade rural-urbano aumentaram, acentuando – até fins da década de 1990 – os níveis de desigualdade de renda do país, com a desigualdade na zona rural e na zona urbana também em crescimento desde meados da década de 1980, mesmo após os níveis maiores de renda registrados entre 1978 e 1985 (Morais, 2011).

3.2 Reverberações na modernização contemporânea da agricultura da China

Yang e Hisano (2016) enfatizam que, após 1993 até aproximadamente a década de 2010, os investimentos na agricultura escassearam no país. Em 2006, no Congresso Nacional do Povo, o governo declarou que o tratamento dado à agricultura na década de 1990 fez sobressair três grandes problemas – ficaram conhecidos como "three agrarian problems", a saber: (1) aumento das operações de mercado da agricultura sob o *dual-track system*, com dificuldade de estabilizar preços e renda; (2) escala de operação da terra agrícola; e (3) garantir a segurança alimentar e nutricional (SAN).

Sucessivamente, desde meados da década de 2000, os documentos centrais de política, lançados todo início de ano pelo CE, têm como prioridade a agricultura, o que tem se traduzido em aumentos de produtividade. Larson (2013) destacava que o aumento da produtividade agrícola chinesa dependerá de investimentos em melhorias da fertilidade do solo, pela expansão e melhoria do sistema de irrigação, pelo controle da poluição do solo e pelo desenvolvimento de variedades de culturas de maior qualidade. A redução ou eliminação do desnível de renda rural-urbano, bem como as medidas para alívio dos níveis de pobreza no campo, são metas no âmbito da modernização da agricultura. A indústria de insumos modernos para agricultura foi reavivada a partir das plantas forjadas na era maoista, assim como instituições de pesquisa, como a CAAS.

A indústria rural, com o processamento de produtos agrícolas e pecuários, é o aspecto tomado como essencial para agregação do valor e desenvolvimento de novos agentes agrícolas especializados. A fase recente de modernização da agricultura se caracterizaria pelo crescimento do volume anual de produção de produtos de alto valor agregado, como frutas e vegetais, além de pescados, respondendo às mudanças de padrão dietético da população (Huang e Gao, 2013).

Em outro espectro, autores como Zhang e Donaldson (2010) avaliam que relações capitalistas e a diferenciação de classe estão cada vez mais presentes no rural. Novas entidades foram sendo incentivadas como forma de atender às metas da modernização da agricultura e revitalização do rural, tais como: cooperativas especializadas, fazendas estatais, agricultores especializados, empresas *dragon-head* (empresas líderes da industrialização da agricultura) com capitais tanto da própria agricultura (agricultores familiares, migrantes ou não) quanto de não agricultores. Essa organização rural resulta também das medidas de flexibilização, especialmente da política de terras – com a introdução, na segunda metade da década de 2010, do TPRS (*Three Property Rights Separation*), pelo qual se regulamentou a terra em direitos de uso, contrato e gestão – como forma de permitir o aumento da escala de produção, mas mantendo o regime público de propriedade da terra.

Busca-se evitar que agricultura e indústria fiquem em descompasso quanto ao nível de trocas, mão de obra, salário real e nível de renda. As medidas de modernização da agricultura constituem formas também de elevar as condições de vida no campo e garantir que o abastecimento de alimentos (de qualidade e diversificados) nas cidades será provido pela agricultura chinesa.

Referências

ASH, Robert F. "The Chinese Economy after 30 Years of Reform: Perspectives from the Agricultural Sector." *The Copenhagen Journal of Asian Studies*, 28 (1): 36-62, 2010.

______. "The Evolution of agricultural policy." *The China Quarterly*, 116: 529-555, dez. 1988.

BERGÈRE, Marie-Claire. *A economia da China Popular*. Rio de Janeiro: Zahar, 1980.

BERNSTEIN, Henry. "Agrarian Questions Then and Now." *Journal of Peasant Studies*, 24 (1/2): 22-59, 1997.

FAIRBANK, J. K.; GOLDMAN, Merle. *China: uma nova história*. Trad. Marisa Motta. Porto Alegre: L&PM, 2006.

GURLEY, JOHN G. *China's Economy and Maoist Strategy*. Nova Iorque: Monthly Review Press, 1976.

HAIRONG, Yan; YIYUAN, Chen. "Agrarian Capitalization without Capitalism? Capitalist Dynamics from Above and Below in China." *Journal of Agrarian Change*, 15 (3): 366-391, 2015.

HUANG, P.C.C.; GAO, Y. "The Dynamics of Capitalization in Chinese Agriculture: Private Firms, the State, or Peasant Households?" *Rural China: An International Journal of History and Social Science*, 10: 36-65, 2013.

LARDY, Nicholas R. *Agriculture in China's Modern Economic Development*. Cambridge: Cambridge University Press, 1983.

MEDEIROS, C. A. "Desenvolvimento Recente na China." *Revista de Economia Política*, 19 (3): 92-112, 1999.

MILARÉ, L. F. L.; DIEGUES, A. C. "Contribuições da Era Mao Tsé-Tung para a Industrialização Chinesa." *Revista de Economia Contemporânea*, 16 (2): 359-378, mai./ago. 2012.

MORAIS, Isabela Nogueira. "Desenvolvimento Econômico, Distribuição de Renda e Pobreza na China Contemporânea." Tese (Doutoramento em Economia) – UFRJ, Rio de Janeiro, 2011.

NAUGHTON, Barry. *The Chinese economy: transitions and growth*. Cambridge: The MIT Press, 2007.

NOLAN, Peter. *The Political Economy of Collective Farms: An Analysis Of China's Post-Mao Rural Reforms*. Nova Iorque: Routledge, 1988.

OI, Jean Chun. "Peasant Grain Marketing and State Procurement: China's Grain Contracting System." *The China Quarterly*, 106: 272-290, 1986.

______. "Comprehensive Statistical Data and Materials on 50 Years of New China." China Statistics Bureau Press, Pequim, 1999.

RISKIN, Carl. *China's Political Economy: The Quest for Development since 1949*. Oxford: Oxford University Press, 1987.

SHAMBAUG, David. "Deng Xiaoping: The Politician" (Special Issue – Deng Xiaoping: An Assessment). *The China Quarterly*, 135: 457-490, 1993.

WHEELWRIGHT, E. L.; McFARLANE, Bruce. *The Chinese Road to socialism: economics of the Cultural Revolution*. Nova Iorque: Monthly Review Press, 1970.

ZHANG, Qian Forrest; DONALDSON, John A. "China's Agrarian Reform and the Privatization of Land: a contrarian view." *Journal of Contemporary China*, 22 (80): 255-272, 2013.

Diretrizes de Mao Zedong sobre os primeiros anos de planejamento na República Popular da China

Marcelo Fernandes e Miguel Henriques de Carvalho

Compatriotas, a fundação da República Popular da China é proclamada, e o povo chinês agora tem seu próprio Governo Central.

Mao Zedong, 30 de setembro de 1949.

Introdução

O planejamento econômico desempenhou uma função importante no desenvolvimento da economia não apenas nos países socialistas, que dispunham de sistemas econômicos centralmente planificados, mas também em vários países, em particular os periféricos que buscavam a industrialização rápida como saída para reduzir sua distância dos países capitalistas avançados. Este artigo discute a experiência do planejamento econômico da China durante o período em que Mao Zedong (1949-1976) foi sua principal liderança, com destaque para o Primeiro Plano Quinquenal (PPQ), o único durante esta fase do país que foi publicado e que teve um acompanhamento das metas estabelecidas e dos resultados obtidos.

1. O Planejamento Econômico nas Economias Centralmente Planificadas

Karl Marx, em diversas obras, sobretudo em *O Capital*, cujo primeiro livro foi publicado em 1867, examinou o modo de produção capitalista, no qual identifica a exploração da força de trabalho assalariada, o proletariado, pelos detentores dos meios produção, a burguesia (ou classe capitalista), que se apropriava privadamente do excedente social (a "mais-valia", ou "mais-valor"), apontando como tendência a concentração de renda e de riqueza, a exclusão social, com parcela da força de trabalho estruturalmente desempregada (o "exército industrial de reserva") e a ocorrência de crises periódicas.

Como Marx e Friedrich Engels estabelecem no *Manifesto Comunista* de 1848, o modo de produção capitalista deveria ser derrubado pela classe trabalhadora organizada, que, por meio de uma revolução, tomaria o Estado, se convertendo na classe dominante, e gradualmente eliminaria a propriedade privada dos meios de produção, ao centralizá-los no Estado para aumentar o mais rápido possível o desenvolvimento das forças produtivas. Entre as medidas que deveriam ser tomadas, eles indicam no *Manifesto*: (i) expropriação da renda fundiária; (ii) adoção de imposto progressivo; (iii) abolição do direito de herança; (iv) confisco da propriedade dos emigrados e rebeldes; (v) centralização do crédito pelo Estado; (vi) estatização dos meios de comunicação e transporte; (vii) aumento das empresas estatais, utilização de terras improdutivas e melhoria das terras utilizadas, segundo um plano geral; (viii) garantia e obrigatoriedade de emprego a todos; (ix) unificação dos trabalhos agrícola e industrial; e (x) educação pública e gratuita para as crianças e abolição do trabalho infantil (Marx e Engels, 2002 [1848], p. 58).

Como Marx escreveu em *Crítica ao Programa de Gotha* (1875), uma das poucas obras em que discute de forma mais detida suas ideias sobre o socialismo e o comunismo na sociedade socialista (uma fase de transição), "ninguém pode dar nada além de seu trabalho e, por outro lado, nada pode ser apropriado pelos indivíduos fora dos meios individuais de consumo" (Marx, 2012 [1875], p. 31). O direito dos trabalhadores seria proporcional ao seu trabalho, portanto, "o *igual direito* é ainda, de acordo com seu princípio, o *direito burguês*" (*Idem*). Com a sociedade comunista, uma "fase superior" de elevado desenvolvimento das forças produtivas, na qual "todas as fontes da riqueza coletiva jorrariam em abundância", se alcançaria o fim "da subordinação escravizadora dos indivíduos à divisão do trabalho e, com ela, a oposição entre trabalho intelectual e manual" (*Ibidem*, p. 33). Segue Marx: "[...] apenas então o estreito horizonte jurídico burguês poderá ser plenamente superado e a sociedade poderá escrever em sua bandeira: 'De cada um segundo suas capacidades, a cada um segundo suas necessidades!'" (*Idem*). Marx alertou nesta mesma obra que o socialismo não é uma doutrina centrada principalmente na distribuição, ao contrário do que pensava o "socialismo vulgar" da época, que separava a distribuição do modo de produção (*Ibidem*, p. 34).

O planejamento da economia esteve no centro do debate econômico ao longo do século XX, presente sobretudo nos países socialistas, que adotaram o sistema de "economia centralmente planificada". Tal sistema pressupõe, por parte do Estado sob controle da classe trabalhadora organizada, o controle integral (ou algo próximo a isso) dos meios de produção e também a capacidade de alocação da força de trabalho. Isto asseguraria a capacidade de alocar centralmente os recursos segundo as prioridades estabelecidas pelo

Estado. A primeira grande experiência histórica de elaboração e execução de economia centralmente planificada foi na URSS, após a Revolução de 1917, primeiro sob a liderança de Lênin (1917-1924) e posteriormente sob a liderança Stalin, até 1953, sendo o Primeiro Plano Quinquenal realizado entre 1928 e 1932. Os Planos Quinquenais, ou Planos de Cinco Anos, eram uma marca das economias socialistas. Eles definiam os recursos utilizados, as metas de produção e as prioridades para os diferentes setores da economia.

O planejamento socialista se contrasta com a anarquia da produção capitalista, na qual, como regra, as decisões de produção e de investimentos são descentralizadas entre as diversas empresas privadas, controladas pela classe capitalista detentora dos meios de produção, que concorrem entre si para atender o mercado, ao passo que a força de trabalho, separada dos meios de produção, também é convertida em uma mercadoria. Desta forma, em uma economia centralmente planificada a produção de mercadorias, validadas socialmente pelos seus "valores de troca" por meio da "realização no mercado", dá lugar a metas de produção definidas previamente pelo planejamento centralizado do Estado, segundo seus "valores de uso" (Nove, 1990; Ellman, 1990).

O planejamento central adotado nas primeiras experiências socialistas do século XX visava direcionar as ações do governo para atingir o desenvolvimento econômico pela formulação de metas para determinado período, estimativas e organização de prioridades (Kovalik, 1990). A ideia era que os objetivos fossem condizentes e realizáveis no tempo proposto pelos planificadores. Os planos não eram estáticos, mas evolutivos ao longo do tempo. Durante a execução dos planos, inconsistências podiam surgir, fazendo com que as metas fossem reavaliadas e revistas periodicamente. As metas de produção eram estabelecidas a partir de coeficientes técnicos de produção e pelos balanços materiais a eles associados, que definiam para cada setor os insumos necessários à produção de cada produto, de forma a assegurar que a produção planejada atendesse à utilização de recursos planejada (Grossman, 1990). Uma diferença crucial do planejamento econômico nas economias socialistas, em relação ao planejamento exercido nas economias capitalistas, é que, devido à propriedade estatal dos meios de produção, o grau de coordenação do Estado sobre a atividade econômica tende a ser o maior possível, e não apenas um direcionamento a partir de incentivos ao setor privado. Como observou Stalin acerca do planejamento na URSS, "nossos planos não são previsões, mas instruções" (*apud* Ellman, 1990, p. 15).

Os preços (incluindo a maior parte dos preços a varejo) eram fixados centralmente, exercendo um papel passivo no processo de alocação de recursos. Como assinalado por Nove (1990), embora os cidadãos fossem livres para gastar seus salários em bens de lojas estatais com preços fixados pelo Estado, não havia nenhuma conexão direta ou *feedback* desses preços aos preços do atacado recebido pelas empresas ofertantes. Os fundos de depreciação e acumulação, salário e demais rendas também eram definidos centralmente. A taxa de câmbio era controlada pelo Estado para atender as necessidades de importações de bens que estavam de acordo com as decisões dos planejadores (Grossman, 1990).

Outro aspecto importante do planejamento econômico nas economias centralmente planificadas, e que reflete a hierarquia de prioridades adotadas pelo Estado, segundo Kalecki (1977 [1970]), é a distribuição dos recursos destinados à produção de bens de consumo e de investimento. Isso se manifestava na distribuição entre salários e recursos retidos pelas empresas destinadas à acumulação (investimento), que define a taxa de crescimento da economia (a uma dada relação capital-produto). Na medida em que nessas economias o Estado dispõe dos meios para mobilizar todas as forças produtivas disponíveis, incluindo a força de trabalho, há uma oposição entre a parcela de recursos destinada à produção de bens de consumo e de bens de investimento. Isso é diferente da forma de operação normal das economias capitalistas, as quais operaram com desemprego da força de trabalho e capacidade ociosa planejada, o que significa que é possível ampliar o investimento e o consumo simultaneamente (como regra, o investimento, ao elevar a renda disponível, aumenta o consumo).

Portanto, numa economia socialista, trata-se de "um problema de sacrificar o consumo presente pelo consumo futuro" (Kalecki, 1977 [1970], p. 128). Assim, o ritmo de crescimento da acumulação de capital e da disponibilidade de bens de consumo é um dos pontos sensíveis das economias planificadas. Em particular, menciona-se que há necessidade de um excedente agrícola como condição para que haja um deslocamento da força de trabalho e matérias-primas necessárias para a promoção da indústria pesada. Esta, por sua vez, mostra-se necessária para o desenvolvimento do próprio setor agrícola, ao fornecer meios de produção para o setor primário. Esta tensão é especialmente importante quando temos em vista que as experiências socialistas da URSS, na época de Stalin, e da China, no período de Mao, partiram de condições de extrema fragilidade econômica, com elevado atraso tecnológico e baixa oferta de alimentos, e contiveram a expansão do consumo em favor da acumulação de capital, para, desta forma, acelerar a industrialização pesada e ampliar a capacidade produtiva e o potencial de crescimento da economia, em um contexto externo caracterizado pela ameaça constante de agressões militares das potências imperialistas.

A economia centralmente planificada não é mais utilizada atualmente, com exceção da Coreia do Norte e parcialmente em Cuba, que vem tentando reformar sua economia. Os outros três países que se declaram de orientação socialista – China, Vietnã e Laos – adotam uma forma de planejamento em que o mercado tem função reguladora importante na alocação de recursos, o chamado socialismo de mercado. Aqui, o mercado é um complemento do planejamento e sofre interferência dos formuladores de política sempre que estes julgam necessário. As políticas de investimentos das grandes empresas estatais permanecem sob o controle rigoroso do Estado e nem sempre seguem exatamente as "leis do mercado" (Fengen e Enfu, 2017).

2 - Mao Zedong e os Planos Quinquenais

2.1 Estabilizando a Economia (1949-1952)

Pelos objetivos do Partido Comunista da China (PCCh) em sua longa luta revolucionária (1927-1949), este visava não apenas unificar o país e preservar a soberania contra invasões estrangeiras, mas também realizar a reforma agrária e promover a industrialização, objetivos imediatos que já estavam postos antes da proclamação da República Popular da China (RPC). No relatório "Sobre o Governo de Coalizão", publicado em 1945 por ocasião do 7º Congresso Nacional do PCCh, Mao Zedong apontava que:

> A liquidação dos agressores japoneses, a realização da reforma agrária, a emancipação dos camponeses, o desenvolvimento da indústria moderna e o estabelecimento duma China nova, independente, livre, democrática, unificada, próspera e poderosa, eis a única via que pode levar à libertação das forças produtivas da China e obter a aprovação do povo chinês.

Após o triunfo na expulsão dos japoneses, em 1945, e a derrota das forças nacionalistas, em 1949, foi proclamada a RPC em 1 de outubro de 1949, que já teria assim derrotado os três principais inimigos àquela altura: o "imperialismo" (por meio da expulsão dos japoneses e demais interesses estrangeiros no país), o "feudalismo" (em curso com a reforma agrária nas áreas já dominadas pelo PCCh) e o "capitalismo burocrático" (por meio da estatização das grandes empresas ligadas aos setores de transporte, banco e indústria). Com a consolidação do poder pelo PCCh, surgiu uma questão crucial: como iniciar a construção do socialismo em um país com 541,7 milhões de pessoas, das quais cerca de 90% viviam no campo (SSB, 1991), devastado por anos de sucessivas invasões e conflitos internos e, na época, com o maior contingente de pobres do mundo?[1]

Inicialmente, o PCCh empenhou-se em estabilizar a economia, que passava por um processo de altíssima inflação nas cidades e drástica queda da produção agrícola e industrial. Isso ficou a cargo da Comissão Financeira e Econômica (CFE) do Conselho de Administração Governamental. A criação do Banco do Povo da China (BPC) e a do Renminbi (RMB) em 1948, ou seja, antes mesmo da proclamação oficial da RPC, foram instrumentos fundamentais. A CFE formulou a meta econômica nacional trienal para os anos entre 1950 e 1952 e os requisitos gerais de planejamento para a produção de alguns bens primários, assim como investimentos em capital e a administração de receitas e despesas (Yin e Xu, 2022).

Por sua vez, os desafios da construção do socialismo na China aumentaram com o embargo econômico imposto pelos países

---

1 Segundo dados de Maddison (2010), a China, em 1950, contava com uma população 2,4 vezes maior do que a do continente africano inteiro e dispunha de uma renda per capita menor.

capitalistas desenvolvidos, liderados pelos Estados Unidos após a eclosão da Guerra da Coreia (1950-1953), em que a China teve elevadas perdas humanas e materiais, sem contar a ameaça permanente de agressões imperialistas, inclusive com armas nucleares (Carvalho, 2024). Nesse contexto, o PCCh estava diante da necessidade imperiosa de desenvolver o mais rápido possível as forças produtivas e deixar para trás o "Século da Humilhação". Já em junho de 1949, no texto "Sobre a Ditadura Democrática Popular", Mao Zedong anunciava o alinhamento da China sob a liderança do PCCh com o bloco liderado pela URSS, posição que será reiterada diversas vezes por Mao até 1957: "No campo internacional, pertencemos à frente anti-imperialista encabeçada pela União Soviética e, para obter uma verdadeira ajuda amiga, só podemos dirigir-nos a esse lado e não ao lado da frente imperialista".

Após a proclamação da RPC, uma comitiva chinesa liderada por Mao foi à URSS entre o final de 1949 e o início de 1950, o que culminaria na assinatura do "Tratado Sino-Soviético de Amizade, Aliança e Assistência Mútua", válido até 1979. Este acordo, que previa a aliança militar entre os países e a cooperação econômica, será fundamental para os primeiros anos da RPC, assegurando ao país programas de transferência de tecnologia, envio de técnicos, cooperação educacional, além de empréstimos e acesso a bens de capital modernos. À medida que se intensificou a Guerra da Coreia, o apoio soviético à China foi aumentando. Apesar de não existirem fontes oficiais precisas, Zhou Enlai mencionou o envio de cerca de 10.800 técnicos nas áreas de economia, cultura e educação até 1959 (Baichun, Jiuchin e Fang, 2006, p. 143).

Nos primeiros anos, entre 1949 e 1952, foi realizada no campo a generalização da reforma agrária, já em curso nas regiões antes dominadas politicamente pelo PCCh. Este expropriou a elite fundiária e realizou um amplo processo de distribuição de terras em favor da classe camponesa, a qual correspondia a cerca de 90% da população do país (SSB, 1991). Por sua vez, a taxa de câmbio foi estabilizada assim como o nível de preços. Nas cidades, setores como transporte, bancos e grandes indústrias, expressões do "capitalismo burocrático", foram estatizados imediatamente após a revolução, e a atividade industrial e comercial privada remanescente foi preservada em acordo com o Programa Comum (que funcionou até 1954 como uma constituição provisória). Era prevista a existência do setor privado, que deveria ser gradualmente subordinado ao Estado, ao passo que o setor estatal era considerado a "força dirigente da economia nacional". Ao final de 1952, a China havia atingido níveis de produção iguais ou superiores aos verificados antes do início da invasão japonesa de 1937, ano do pico histórico da produção para a maioria dos setores (SSB, 1991).

2.2 O Primeiro Plano Quinquenal (1953-1957)

Com a recuperação do sistema econômico chinês, foram realizados os preparativos para iniciar o Primeiro Plano Quinquenal (PPQ).[2] A construção de uma economia planificada necessitava fortemente de uma base científica para ser executada. O PPQ era o primeiro Plano de médio e longo prazo em larga escala realizado na China, e indiscutivelmente o PCCh não contava com a experiência necessária para conduzir tal tarefa, o que tornou a assistência soviética fundamental para o sucesso na elaboração e execução do plano. Nesse sentido, embora a China em 1949 estivesse mais atrasada economicamente do que a URSS em 1917, os chineses contaram com um apoio técnico

---

2 Para uma análise abrangente do PPQ e das ações de planejamento posteriores tomadas até 1976, ver Yin e Xu (2022, p. 49-132).

para a implementação do planejamento centralizado, que já acontecia desde 1946 nos governos locais do PCCh no Nordeste e Norte da China (Chen e Zofka, 2022) – um apoio técnico que não havia para os soviéticos quando lançaram seu Primeiro Plano Quinquenal, em 1928.

Em 1951, numa reunião ampliada do Bureau Político do Comitê Central do PCCh, foi criado um grupo para a preparação do PPQ, do qual faziam parte: Zhou Enlai, Chen Yun, Bo Yibo, Li Fuchun e Song Shaowen. O Departamento de Planejamento da Comissão Financeira e Econômica ficou responsável pela elaboração do Plano. Em agosto, uma delegação que incluía funcionários de vários setores da economia chinesa visitou a URSS, levando uma série de documentos sobre a situação econômica da China e as diretrizes do PPQ (Yin e Xu, 2022). Stalin leu os documentos e, em 3 de setembro, se reuniu com Zhou Enlai e outros membros da delegação chinesa (*Ibidem*, p. 67). O líder soviético fez algumas observações. Por exemplo, ele ponderou que a meta de crescimento anual da produção industrial de 20% era demasiadamente elevada, sugerindo que fosse reduzida para 15%. E afirmou a disposição da URSS em conceder crédito, equipamentos, transferência de tecnologia, reconstrução e construção de instituições para pesquisa em campos tradicionais como metalurgia, novas tecnologias e todo tipo de assistência para a concretização do PPQ (Chen e Zofka, 2022). Em novembro de 1952, foi formalmente criada a Comissão Estatal de Planejamento, responsável por formular e organizar a execução dos planos. E, a partir de 1953, a RPC iniciou sua construção econômica com a implementação do PPQ (1953-1957).

Segundo Yin e Xu (2022), em 5 de janeiro de 1953, a Comissão de Planejamento do Estado da URSS realizou sua primeira reunião com a delegação chinesa para discutir o PPQ. A comissão soviética concluiu que as metas do Plano eram muito elevadas – em especial, a meta de 10.000 km de ferrovias – e que precisavam ser reduzidas. Por fim, em 13 de maio foi assinado um novo acordo entre os dois países, que previa a concessão de assistência para a construção e reconstrução de projetos industriais ligados à indústria pesada, como ferro, aço, mineração de carvão, refino de petróleo, defesa nacional, além de automóveis e tratores. O PPQ se traduziu em 694 projetos principais, cujo núcleo eram 156 projetos-chave concebidos com a ajuda da URSS, que, além da ajuda financeira para importação de insumos e máquinas, supervisionou o plano,[3] um apoio que a URSS não teve quando iniciou sua planificação, embora fosse menos atrasada em 1928 do que a China em 1953.[4] Uma preocupação do plano foi distribuir parte dos projetos para regiões do interior, dada a concentração da produção industrial na costa.

Como mostram, Yin e Xu (2022), o Comitê Central do PCCh apresentava as propostas para o plano quinquenal, e, como definido desde a Primeira Constituição de 1954, caberia ao Conselho de Estado, o órgão executivo e administrativo mais elevado deste, preparar e implementar o plano quinquenal e as demais ações de planejamento, definindo as tarefas para cada departamento setorial, ao qual as empresas estatais estavam subordinadas. Ao Congresso Nacional competia a revisão e aprovação do plano e a supervisão da sua implementação. Menciona-se também que os procedimentos de formulação do planejamento centralizado da China seguiam o chamado método "desça duas vezes e suba uma vez", que incluía a emissão de cima para baixo de números de controle e indicadores, a submissão de baixo

3 Sobre a transferência de tecnologia da URSS para a RPC até 1966, ver Baichin, Jiuchin e Fang (2006).

4 Em 1953, o PIB per capita da China equivalia a cerca de 40% em relação ao PIB per capita da URSS em 1928, segundo dados de Maddison (2010).

para cima de rascunhos de planos e, então, a aprovação de cima para baixo dos planos para cada setor de atividade.

O documento oficial do PPQ, adotado oficialmente em 1955 (durante a execução do plano) e publicado em 1956, afirmava o seguinte acerca da essencialidade da industrialização pesada, ligada à produção de meios de produção:

> Como disse o camarada Mao Tsé-tung: "Sem indústria, não pode haver uma defesa nacional sólida, nem bem-estar do povo, nem prosperidade e poder nacional". **O objetivo da adoção de uma política positiva de industrialização, isto é, uma política que dê prioridade ao crescimento da indústria pesada, é fornecer uma base material sobre a qual fortaleçamos a nossa defesa nacional, satisfaçamos as necessidades do povo e realizemos a transformação socialista da nossa economia nacional**. É por isso que, ao elaborar o Primeiro Plano Quinquenal de Desenvolvimento da Economia Nacional, **enfatizamos a construção pesada de capital industrial e centramos os nossos esforços em primeiro lugar na construção dos 156 projetos que a União Soviética está nos ajudando a conceber**; é nesta base principal que continuaremos a utilizar, restringir e transformar o setor capitalista da economia nacional e a garantir a consolidação e expansão progressiva do setor socialista. (1956, p. 16; grifos nossos)

Desta forma, o PPQ se encontrava em linha com a Constituição da RPC,[5] que definia que a sociedade socialista marcava um período

---

5 A Constituição de 1954 assegurava o direito ao trabalho, a serviços de assistência social, à saúde e à educação para o conjunto da população, além da igualdade entre homens e mulheres.

de transição, cuja tarefa fundamental era a "industrialização socialista", o que significava o desenvolvimento das forças produtivas e, também, a transformação gradual das relações de produção por meio da "transformação socialista" da agricultura, do artesanato, da indústria e do comércio. Isto é, ao passo que era previsto que a agricultura e os artesanatos individuais (produtores independentes) deveriam ser convertidos em cooperativas (setor semissocialista), a indústria e o comércio capitalistas deveriam ser convertidos em formas de "Capitalismo de Estado",[6] até, enfim, serem estatizados (setor socialista). É importante observar que, em 1952, último anos antes do PPQ, apenas 40% das famílias camponesas se encontravam organizadas em algum tipo de cooperativa, enquanto 28,7% do valor bruto da produção industrial era gerada pelo setor capitalista, 26,9% em formas de "Capitalismo de Estado" e 56% pelo setor estatal.

A ênfase na indústria pesada e o gradualismo da socialização dos meios de produção encontraram ressonância nos escritos de Mao anteriores ao PPQ. A priorização da indústria pesada refletia o objetivo de acelerar a acumulação de capital para que o potencial de crescimento econômico da China fosse elevado. Mao Zedong expressou isso nos seguintes termos, em escritos de 1953 e 1956:

> Há duas espécies de políticas de benefícios. Uma delas preocupa-se com os interesses imediatos do povo. A outra preocupa-se com os seus interesses de longo prazo, como sejam, por

---

6 Segundo Mao (2012 [1953a], p. 137-138), o setor "Capitalista de Estado" assumia três formas: "administração conjunta estatal-privada; encomendas adjudicadas pelo Estado às empresas privadas para transformação de materiais ou produção de mercadorias, fornecendo ao Estado toda a matéria-prima e adquirindo todos os produtos acabados; e encomendas adjudicadas de modo semelhante, com a aquisição pelo Estado não de todos, mas da maior parte dos produtos acabados".

exemplo, a resistência à agressão americana e o apoio à Coreia e a edificação da indústria pesada. A primeira é uma política de menores benefícios e a segunda é uma política de maiores benefícios. [...] Onde devemos então pôr a tônica? Devemos pô-la na política de maiores benefícios. **Neste momento, a tônica da nossa política de benefícios deve assentar na edificação da indústria pesada**. [...] Por outras palavras, se bem devamos aumentar o bem-estar do povo, não devemos tentar aumentá-lo demasiado, e, conquanto devamos conceder algo nesse sentido, esse algo não pode ser exagerado. Exagerar a política de menores benefícios à custa da política de maiores benefícios é desviar-se da linha correta. (Mao Zedong, 2012 [1953], p. 146; grifos nossos)

A indústria pesada é o fator principal na edificação do nosso país. Já é uma coisa bem assente que é necessário desenvolver prioritariamente a produção dos meios de produção. [...] O problema que se nos põe atualmente é o de continuar a ajudar de modo conveniente a proporção entre os investimentos feitos na indústria pesada, por um lado, e na agricultura e indústria leve. (*Idem*, 2012 [1956], p. 341; grifos nossos)

Sobre o gradualismo da conclusão da transformação socialista dos meios de produção, em 1953 Mao afirmou o seguinte:

A linha geral ou a tarefa geral do Partido no período de transição é fundamentalmente a de levar a cabo a industrialização do país e a transformação socialista da agricultura, do artesanato e da indústria e comércio capitalista no prazo de dez ou quinze anos, ou mesmo um pouco mais. Esta linha geral é o farol que ilumina o nosso trabalho em todos os campos. Não nos afastemos desta linha geral, pois

> doutra maneira surgirão erros de "esquerda" ou de direita. [...] **Nós propusemos uma transição gradual para o socialismo**. Esta formulação é melhor. Quando dizemos "gradual", queremos dizer que os passos nesse sentido se prolonguem por mais de quinze anos e pelos doze meses de cada ano. **Andar depressa é um desvio para o lado da "esquerda"; ficar parado significa decair demasiado para a direita**. Devemos opor-nos aos desvios de "esquerda" e de direita e fazer uma transição gradual até que o conjunto do processo seja completado. (*Idem*, 1953, p. 109-110; grifos nossos)

Por fim, menciona-se o diagnóstico de Mao da centralidade do apoio estrangeiro, à época do PPQ, sobretudo o apoio do bloco socialista liderado pela URSS para superar o atraso tecnológico. Mas, ao mesmo tempo, Mao menciona a possibilidade de aprender com os países capitalistas também, embora estivesse àquela altura em um plano secundário.

> **Para transformar a China em um país industrializado, devemos estudar seriamente a experiência de vanguarda da URSS**. A União Soviética edifica o socialismo há quarenta anos e a sua experiência é bastante valiosa entre nós. Vejamos quem projetou e equipou para nós tantas fábricas importantes: os Estados Unidos? A Inglaterra? Não, nenhum deles. Apenas a União Soviética o fez, porque é um país socialista e é nossa aliada. **Além da URSS, alguns países irmãos da Europa Oriental dispensam-nos igualmente o seu auxílio. É incontestável que devemos estudar a experiência positiva de todos os países, socialistas ou capitalistas**. Mas o essencial é, mesmo assim, aprender com a União Soviética. (*Idem*, 1957, p. 501; grifos nossos)

Dessa forma, em consonância com as diretrizes do pensamento de Mao, também expressas na Constituição de 1954, o PQQ privilegiou a industrialização pesada e a acumulação de capital. Como mostra a Tabela 1, do montante de recursos destinados durante o PPQ, era previsto que 40,9% seriam investidos na indústria. Dos recursos destinados ao "investimento em construção de capital" (um dado aproximado para a Formação Bruta de Capital Fixo), foi destinado aos departamentos de indústrias que produziam meios de produção 88,8% do total, enquanto para as indústrias de bens de consumo, 11,2% (PPQ, 1956, p. 31).

Tabela 1 – Distribuição dos Gastos Totais durante o Primeiro Plano Quinquenal (1953-1957)

	RMB milhões	% total
Dep. industriais	31.320	40,9
Dep. de agricultura, conservação de água e silvicultura	6.100	8,0
Dep. de transporte, correio e telecomunicação	8.990	11,7
Dep. de comércio, bancário e de estocagem	2.160	2,8
Dep. cultural, educacional e de saúde pública	14.270	18,6
Serviços de utilidade pública urbana	2.120	2,8
Capital Circulante para Departamentos Econômicos	6.900	9,0
Revisão dos equipamentos nos departamentos econômicos	3.600	4,7
Outros itens econômicos	1.180	1,5

Fonte: PPQ (1956, p. 28).

Entre os destaques, mencionamos a construção em Changchun da *First Automotive Works* (FAW), primeira fábrica automotiva moderna da China, que depois de três anos em construção produziu o primeiro automóvel em julho de 1956, o Jiefang CA-10 truck, cópia de um modelo soviético (Yin e Xu, 2022). Segundo as estimativas de Rawski (1981), o PPQ conseguiu superar as metas para o valor bruto da produção, conforme podemos observar na

Tabela 2, o que se traduziu no atendimento das metas físicas específicas para cada produto. O sucesso econômico do PPQ em termos de crescimento do PIB e do PIB per capita é evidente: a China cresceu entre 1953 e 1957, respectivamente, 7,7% e 5,3%, acima da média para o período entre 1952 e 1978, quando os crescimentos foram de 6,2% e 4,1% (NBS, 2024).

Tabela 2 – China: dados da produção industrial observados e planejados antes (1952) e depois (1957) do Primeiro Plano Quinquenal (1953-1957)

	Valor bruto da produção (milhões de yuans)			
	1952	1957	1957	1957
Indicadores (unidades)	**Observado**	**Planejado**	**Observado**	**% do plano**
Indústria (excluindo artesanais)	27.010	53.560	65.020	121,4
Setor produtor	10.730	24.303	34.330	141,0
Maquinaria	1.404	3.470	6.177	178,0
Produtos químicos	864	2.271	4.291	188,9
Setor produtor menos maquinário e químicos	8.462	18.562	23.862	128,5

Fonte: Rawski (1981, p. 39).

2.3 A "virada à esquerda" de Mao Zedong

A partir de 1955 e 1956, como mostram os dados do SSB (1974 [1960], p. 29-32), verificou-se uma inflexão substancial no processo de "socialização" dos meios de produção, que foi acelerado drasticamente, visando simultaneamente elevar as forças produtivas e elevar o seu nível de consciência socialista, como discutido por Mao para as "cooperativas agrícolas" (1955). Assim, no campo, a participação de camponeses organizados em cooperativas foi de 64,9% em 1955 para 96% em 1956, processo conduzido pelo governo chinês e que não enfrentou severas resistências. O setor artesanal seguiu a mesma tendência, de forma que 91,5% dessas atividades se organizavam em cooperativas em 1956 e o restante em atividades individuais. Por sua vez, até 1956, no setor manufatureiro, presente nos meios urbanos, a propriedade estritamente capitalista da indústria foi suprimida, convertendo-se em empresas estatais, que correspondiam naquele ano a 67,5% do valor bruto da produção industrial, ou no chamado sistema misto privado-estatal, que correspondia aos restantes 22,5%. O setor de comércio seguiu um caminho parecido ao da indústria, com as vendas no varejo distribuídas da seguinte forma: setor estatal, 65,7%; setor estatal-capitalista, 31,6%; e setor privado, 2,7%.

Em 1956, entre 15 e 27 de setembro, foi realizado o 8º Congresso Nacional do PCCh, o primeiro desde a fundação da RPC, em 1949 (o 7º Congresso foi realizado em 1945). Na resolução do congresso sobre o Relatório Político do Comitê Central, sob responsabilidade de Liu Shaoqi, é afirmado o seguinte:

> **A transformação socialista que temos levado a cabo na agricultura, no artesanato e na indústria e comércio capitalistas destina-se a alterar a propriedade capitalista e o sistema de propriedade privada dos pequenos produtores – a raiz do capitalismo.** Uma vitória decisiva já foi conquistada nesta transformação socialista. **Isto significa que a contradição entre o proletariado e a burguesia no nosso país foi basicamente resolvida**, que a história do sistema de exploração de classe, que durou vários milhares de anos no nosso país, chegou no todo a um fim, e que o sistema social do socialismo foi, em geral, estabelecido na China. [...] No entanto, **a maior contradição em nosso país já é aquela entre a demanda do povo pela construção de um país industrial avançado e as**

> **realidades de um país agrícola atrasado**, entre a necessidade do povo por um rápido desenvolvimento econômico e cultural e a incapacidade da nossa atual economia e cultura para atender a essa necessidade. (Grifos nossos)

O Segundo Plano Quinquenal (SPQ), cuja elaboração fora iniciada em 1955, foi apresentado por Zhou e discutido na primeira sessão do 8º Congresso Nacional do PCCh. Antes, em 6 de fevereiro, Zhou já tinha alertado para a tendência de um avanço precipitado da industrialização, com a escassez grave de alguns materiais de construção. Zhou teria mostrado preocupação, dizendo que o entusiasmo pelo socialismo nunca deveria ser atenuado, porém que não se pode acelerar sua construção de maneira indiscriminada (Yin e Xu, 2022). O SPQ ainda receberia sugestões da URSS. Em 19 de junho de 1956, Li Fuchun esteve à frente de uma delegação chinesa a Moscou, justamente para debater o Plano e negociar ajuda com os dirigentes soviéticos. A visão dos dirigentes soviéticos, respondida oficialmente ao PCCh, era de que as metas do SPQ eram muito ambiciosas e deveriam ser revistas (Yin e Xu, 2022; Chen e Zofka, 2022).

Em 1957, lançada a Campanha das Cem Flores e a Campanha Anti-direitista que se seguiu, intensificou-se em Mao a preocupação com o "revisionismo", a persistência da luta de classes no país. Mao se opôs publicamente a esta interpretação desde o final de 1957, enfatizando a permanência da luta de classes no país e a existência de "duas estradas", uma capitalista e outra socialista – a contradição "principal" no período de transição socialista vivenciada pela China:

> **[A]o prosseguir pela era de transição do capitalismo para o socialismo, a principal (ou fundamental) contradição é a contradição entre o proletariado e a burguesia, entre o**

> **socialismo e o capitalismo.** Assim, nas relações sociais e nas relações interpessoais houve uma resolução fundamental, mas não houve uma resolução completa. Os latifundiários, os camponeses ricos, os contrarrevolucionários e os maus elementos endossam o capitalismo, e aqueles que exploram as pessoas endossam o capitalismo. Esta é também uma contradição entre a burguesia e o proletariado. A luta entre os dois caminhos será resolvida após um longo período de luta. "Principal" e "fundamental" têm o mesmo significado. [...] **As resoluções do 8º Congresso do Partido declaram que a principal contradição é a contradição entre o sistema social avançado e as forças produtivas atrasadas. Falando razoavelmente, não se pode falar dessa maneira.** (Mao Zedong, 2020 [1957b], p. 407; grifos nossos)

Internamente a partir de 1957, a centralidade da "luta de classes" e da "restauração do capitalismo" e o combate aos "revisionistas" tornaram-se uma preocupação crescente de Mao, e contribuem para explicar as opções políticas tomadas nas duas décadas seguintes. No plano externo, foi também por volta desta época o início dos atritos com a URSS, sob a liderança de Khrushchov (1953-1964). No XX Congresso do Partido Comunista (PCUS), no chamado "Discurso Secreto", ele lançou profundas críticas a Stalin e às políticas adotadas no país durante sua liderança (1922-1953), alterando no período seguinte a orientação política até então vigente, com repercussões relevantes sobre o sistema político e econômico soviético, e também sobre o bloco dos países socialistas, assim como na orientação política dos partidos comunistas em todo o mundo.

Visando a um só tempo acelerar o desenvolvimento das forças produtivas e aprofundar a construção do socialismo, o SPQ foi abandonado no início de 1958. Isso se deu com o lançamento do programa Grande Salto Adiante, com o aumento das metas de produção agrícola e industrial previstas no SPQ, que coincidiu com a adoção do sistema de comunas no país. As comunas foram formadas a partir da integração de cooperativas em unidades produtivas maiores, o que almejava promover três objetivos simultaneamente: i) a radicalização da ordem social socialista em favor de relações de produção mais igualitárias, com a aproximação da agricultura com a indústria, do trabalho intelectual com o manual, da gestão com a execução de tarefas, ao passo que promoviam no campo a expansão do atendimento da saúde e educação básica; ii) o desenvolvimento das forças produtivas; e iii) a descentralização da atividade econômica. O Grande Salto propunha uma aceleração do desenvolvimento das forças produtivas suficiente para também acelerar o período de transição socialista e a passagem ao comunismo (Carvalho, 2024).

A adoção das comunas no campo resultou em um deslocamento de parte da força de trabalho dedicada à agricultura para outras atividades, como obras de infraestrutura e produção industrial, especialmente aço em pequenas siderúrgicas. O efeito dessa medida, que coincidiu com a ocorrência de intempéries climáticas ao redor do país (inundações e secas), foi o declínio drástico da oferta de alimentos, provocando uma extrema crise econômica no país entre os anos de 1959 e 1961. A produção de grãos caiu 15% em 1959 e 28,5% em 1960 (SSB, 1991). O nível de atividade econômica caiu 5,6% em 1960 e 27,3% em 1961 (NBS, 2024).

Após 1958, as tensões entre a China, liderada por Mao, e a URSS, liderada por Khrushchov, se intensificaram, embora até 1959 o comércio entre os dois países correspondesse a cerca de metade do fluxo comercial da China. As crescentes diferenças em torno do movimento socialista internacional e as críticas feitas entre eles levaram a URSS a retirar unilateralmente seus técnicos da China em 1960. Levaram também à interrupção dos acordos de cooperação técnica, inclusive do programa nuclear (embora a China tivesse subsídios suficientes para alcançar em 1964 a tecnologia da bomba atômica), e ao declínio rápido das relações comerciais entre os dois países, com impactos severos sobretudo sobre o setor externo chinês, dada sua forte dependência do comércio com a URSS. Desta formação, a grave crise econômica que se abateu é correlata ao declínio rápido das relações diplomáticas e comerciais com a URSS após 1960.

A partir de 1962, o Grande Salto foi abandonado, sendo realizada a Conferência dos Sete Mil Quadros, na qual foi feito um balanço da situação, de forma que Liu Shaoqi afirmou que 70% dos desastres se devem à ação humana e 30% aos desastres naturais, enquanto Mao se manifestou posteriormente indicando as proporções inversas (He, 2015, p. 432).

Entre 1963 e 1965, foi realizada uma série de ações na direção de reajustamento e recuperação da economia chinesa, com o retorno da força de trabalho à agricultura – força de trabalho que havia sido deslocada para outras atividades. Assim, nos anos seguintes, o país gradualmente retornou ao nível de atividade econômica registrado em 1958, algo que alcançou apenas em 1965. Nesse ano houve o início do programa "Terceira Frente", que teve como tarefa ampliar o deslocamento de produção industrial para áreas remotas no interior do país e equipá-las militarmente. Isso se deu em um contexto de acirramento da Guerra Fria na Ásia, com a intervenção norte-americana no Vietnã após 1964 (em que a China apoiou as forças comunistas), e também de conflitos fronteiriços que ocorreram pontualmente com a Índia (1962). Por outro lado, a China seguiu ampliando sua capacitação militar, realizando o primeiro teste com bomba atômica em 1964, que resultou do programa nuclear feito em parceria com a URSS, mas que foi interrompido em 1959 (Baichun, Jiuchin e Fang, 2006). Em 1969, a China faria seus primeiros testes com bomba de hidrogênio.

Desde 1959, com a Conferência de Lushan, e devido às críticas feitas pelo Ministro da Defesa Peng Dehuai ao Grande Salto (que levaram ao seu afastamento e sua substituição por Lin Biao), as tensões no interior do PCCh em torno da liderança de Mao se agravaram. Especialmente durante o período de recuperação, entre 1963 e 1965, a tensão entre Liu Shaoqi (que contava com o apoio de Deng Xiaoping à época) e Mao Zedong (apoiado por Lin Biao) aumentou. Em 1966, essa cisão culminou com o lançamento da Grande Revolução Cultural Proletária. Até 1969 sobretudo, essa revolução levou a uma nova fase de instabilidade política interna, com expurgos políticos (incluindo Liu e Deng), impactos sobre o sistema de planejamento econômico do país e interrupção temporária de uma parcela das atividades industriais e educacionais nas cidades. O Terceiro Plano Quinquenal, previsto para o período entre 1966 e 1970, não foi lançado. O nível de atividade econômica caiu em 1967 e 1968, mas em 1969 já se encontrava em nível superior ao pico histórico de 1966 (Carvalho, 2024).

A China que se encontrava, ao longo da segunda metade da década de 1960, isolada das duas principais potências, EUA e URSS, ampliou sua aproximação com os chamados países não-alinhados, particularmente na África, assim como estabeleceu contato com a França em 1964. O auge da Revolução Cultural ampliou as tensões entre a China e a URSS, principalmente após a invasão desta à Tchecoslováquia em 1968. Os incidentes militares na fronteira entre as duas nações, às margens do Rio Ussuri, em 1969, foram a expressão máxima da rivalidade entre elas (*Idem*).

Foi nesse contexto que se deu o início da aproximação entre a RPC e os EUA, em 1971: em julho, Kissinger, então Secretário de Defesa dos EUA, viajou secretamente à China, em setembro ocorreu o "Incidente Lin Biao"[7] e em outubro a RPC ingressou na ONU em substituição à Taiwan (República da China), inclusive ocupando o assento no Conselho de Segurança. Em 1972, uma comitiva oficial dos EUA, com o Presidente Nixon à frente, visitou a RPC, sendo assinado o "Comunicado de Shanghai", passo-chave para a normalização diplomática entre os dois países em 1979. Após 1972, a RPC estabeleceu relações diplomáticas com uma série de países capitalistas, incluindo o Japão, que se tornou nos anos seguintes o seu principal parceiro comercial (*Idem*).

O Quarto (1971-1975) e o Quinto (1975-1980) Planos Quinquenais também não serão publicados, sendo apenas esboçados (Yin e Xu, 2022). Entre 1973 e 1976, as lutas no interior do PCCh ingressaram numa nova etapa, com as forças políticas que enfatizavam a luta de classes e o perigo da restauração capitalista, e que tiveram um papel ativo durante a Revolução Cultural de um lado e, de outro, uma frente capitaneada por Deng Xiaoping, que defendia, como objetivo prioritário, o desenvolvimento das forças produtivas, retomando o caminho percorrido até 1956, de outro.

---

7 O "Incidente Lin Biao" refere-se a uma suposta tentativa de golpe de Lin, que teria fugido em um avião com destino à URSS, mas seu avião não chegou ao destino, caindo na Mongólia Exterior.

3 - Legado: a herança da economia centralmente planificada para a China atual

Após as mortes de Zhou Enlai e Mao Zedong em 1976, durante o breve interregno sob a liderança de Hua Guofeng, a Revolução Cultural foi oficialmente encerrada e a ala que a liderou presa, sob a acusação de crimes cometidos neste movimento. Isto abriu espaço para que a frente do PCCh liderada por Deng Xiaoping assumisse o controle do Partido, dando início a profundas transformações anunciadas em dezembro de 1978, por ocasião da 3ª Plenária do 11º Congresso do PCCh.

A partir deste momento, a China passou a seguir a estratégia denominada "Uma Tarefa Central, Dois Pontos Básicos", que contém os elementos essenciais do chamado "Socialismo com Características Chinesas". A tarefa prioritária a ser alcançada seria o desenvolvimento das forças produtivas, as chamadas Quatro Modernizações (Agricultura, Indústria, Ciência & Tecnologia e Defesa), ao passo que deveria se apoiar, politicamente, na autoridade central do PCCh e, na esfera econômica, num gradual processo de integração à economia internacional – aproveitando-se do amplo reconhecimento diplomático internacional que a China dispunha –, e com a adoção de mecanismos de mercados, mantendo-se o setor estatal como a "força motriz" do sistema econômico chinês. Conforme a tarefa de "modernização" era alçada à condição de objetivo prioritário, passava a prevalecer oficialmente a compreensão de que a "luta de classes perdurará ainda por muitos anos dentro de certos limites", como afirmado na Constituição de 1982, vigente até hoje.

Dessa forma, entre 1980 e 2024, a China vem sistematicamente implementando planos quinquenais, que desde o Sexto (1981-1986) são publicizados, com metas setoriais e um grau crescente de complexidade, ao passo que o país vem atingindo um extraordinário crescimento econômico. Após décadas de rápido crescimento e de transformação da sua estrutura produtiva, a China atingiu a partir de 2008 o posto de segunda maior economia do mundo e os padrões de vida da população foram elevados substancialmente, com uma redução sem precedentes da pobreza, como o próprio Banco Mundial (2022) reconheceu em um recente relatório a partir da metodologia utilizada pela entidade.

Por outro lado, apesar das profundas transformações institucionais que se seguiram nas últimas décadas, associadas à crescente presença do setor privado na economia, o setor estatal chinês segue sendo a "força motriz", dominante em uma série de setores estratégicos, entre os quais o sistema financeiro. Essas grandes empresas estatais atingiram uma escala de operação gigantesca, com atuação inclusive em outros países. Registra-se o notável desempenho do setor externo chinês, sujeito a estritos controles estatais, o que permitiu ao país se tornar o maior exportador do mundo, o segundo maior importador e o maior detentor de Reservas Internacionais – cerca de US$ 3,3 trilhões –, atravessando sucessivas crises internacionais de forma relativamente segura.

O período em que Mao Zedong esteve à frente da RPC, apesar das crises que enfrentou, deixou como legado a unificação do país, com sua soberania amplamente reconhecida no meio internacional e com a autoridade política exercida pelo PCCh, além dos importantes avanços econômicos realizados, que permitiram a elevação da tendência de crescimento, o avanço da industrialização pesada e a capacitação militar do país. Tais avanços elevaram substancialmente as condições básicas de vida da população. Por fim, o "socialismo com características chinesas", adotado após 1978, pode ser visto como um retorno à estratégia adotada nos anos iniciais da RPC, sob a liderança de Mao, plasmados na PPQ (1953-1957) e na Primeira Constituição de 1954. Como vimos, nesta época as autoridades chinesas preconizavam um gradualismo nas transformações socialistas dos meios de produção, prevendo a existência de um setor privado subordinado ao Estado, cabendo ao setor estatal o papel de liderança da economia chinesa e tendo como objetivo central a modernização do país, materializada naquela época na industrialização pesada.

Referências

BAICHUN, Zhang; JIUCHUN, Zhang; FANG, Yao. "Technology Transfer from the Soviet Union to the People's Republic of China, 1949-1966." *Comparative Technology Transfer and Society*, 4 (2): 105-171, ago. 2006.

CARVALHO, Miguel Henriques de. "Inserção externa e crescimento econômico da China entre 1949 e 1978." Tese (Doutorado em Economia) – Programa de Pós-Graduação em Economia da UFRJ, Rio de Janeiro, 2024.

CHEN, Tao; ZOFKA, Jan. "The Economy of the Sino-Soviet Alliance." *Jahrbuch für Wirtschaftsgeschichte*, 63 (2): 575-610, 14 out. 2022.

ELLMAN, Michael. "Socialist planning." In: EATWELL, John; MILGATE, Murray; NEWMAN, Peter (orgs.). *The New Palgrave: Problems of the planned economy*. Londres: The Macmillan Press, 1990, p. 13-21.

FENGEN, Du; ENFU, Cheng. "Socialist Economic System with Chinese Characteristics as the Inheritance and Development of Scientific Socialism – A Critique of Three Popular Misunderstandings." *World Association for Political Economy*, 11: 66-95, 2017.

GROSSMAN, Gregory. "Command economy." In: EATWELL, John; MILGATE, Murray; NEWMAN, Peter (orgs.). *The New*

Palgrave: Problems of the planned economy. Londres: The Macmillan Press, 1990, p. 58-62.

HE, Henry Yuhuai. *Dictionary of the Political Thought of the People's Republic of China*. Londres e Nova Iorque: Routledge, 2015.

KALECKI, Michal. "Teorias do Crescimento em Diferentes Sistemas Sociais." In: *Crescimento e ciclo das economias capitalistas*. Organizado, introduzido e traduzido por Jorge Miglioli. São Paulo: HUCITEC, 1977 [1970], p. 123-130.

KOVALIK, Tadeusz. "Central planning." In: EATWELL, John; MILGATE, Murray; NEWMAN, Peter (orgs.). *The New Palgrave: Problems of the planned economy*. Londres: The Macmillan Press, 1990, p. 42-50.

MADDISON, Angus. "Maddison Data Base 2010." Disponível em: https://www.rug.nl/ggdc/historicaldevelopment/maddison/releases/maddison-database-2010.

MARX, Karl. *Crítica do Programa de Gotha*. Seleção, tradução e notas por Rubens Enderle. São Paulo: Boitempo, 2012 [1875].

______; ENGELS, Friedrich. *Manifesto Comunista*. Trad. Álvaro Pina. Organização e introdução de Osvaldo Coggiola. São Paulo: Boitempo, 1998 [1848].

NATIONAL BUREAU OF STATISTICS OF CHINA (NBS). "National Data." Disponível em: https://data.stats.gov.cn/english/easyquery.htm?cn=C01.

NOVE, Alec. "Planned economy." In: EATWELL, John; MILGATE, Murray; NEWMAN, Peter (orgs.). *The New Palgrave: Problems of the planned economy*. Londres: The Macmillan Press, 1990, p. 186-197.

RAWSKI, Thomas. *China's Transition to Industrialism. Producer Goods and Economic Development in the Twentieth Century*. Ann Arbor: The University of Michigan Press, 1981.

STATE STATISTICAL BUREAU (SSB). *Ten Great Years: Statistics of the Economic and Cultural Achievements of the People's Republic of China*. Introdução de Feng-hwa Mah. Bellingham: Western Washington State College, 1974 [1960].

______. *Statistical Yearbook of China, 1990*. Nova Iorque: Praeger, 1991.

WORLD BANK. "Four Decades of Poverty Reduction in China: Drivers, Insights for the World, and the Way Ahead." World Bank Group, 2022.

YIN, Jun; XU, Jia. *China's Plan for Economic and Social Development: A Review from the 1st to 14th Five-Year Plan*. Singapura: Springer, 2022.

ZEDONG, Mao. "Sobre o Governo de Coalizão." *Marxists.org*, publicado originalmente em 1945. Disponível em: https://www.marxists.org/portugues/mao/1945/04/24.htm.

______. "Sobre a Ditadura Democrática Popular." *Marxists.org*, publicado originalmente em 1949. Disponível em: https://www.marxists.org/portugues/mao/1949/mes/ditadura.htm.

______. "A nossa grande vitória na guerra de resistência contra a agressão americana e no apoio à Coreia e as nossas tarefas futuras." In: *Obras Escolhidas de Mao Tsé-Tung*. 3. ed. São Paulo: Alfa-Omega, v. 5, 2012 [1953a], p. 141-147.

______. "O único caminho para a transformação da indústria e comércio capitalistas." In: *Obras escolhidas de Mao Tsé-Tung*. 3. ed. São Paulo: Alfa-Omega, v. 5, 2012 [1953b], p. 137-140.

______. "Refutemos os pontos de vista desviacionistas de direita que se afastam da linha geral." In: *Obras escolhidas de Mao Tsé-Tung*. 3. ed. São Paulo: Alfa-Omega, v. 5, 2012 [1953c], p. 109-111.

______. "Sobre as dez grandes relações." In: *Obras escolhidas de Mao Tsé-Tung*. 3. ed. São Paulo: Alfa-Omega, v. 5, 2012 [1956b], p. 339-365.

ZEDONG, Mao. "Da justa solução das contradições no seio do povo." In: *Obras escolhidas de Mao Tsé-Tung*. 3. ed. São Paulo: Alfa-Omega, v. 5, 2012 [1957a], p. 459-502.

______. "Talk at the Enlarged Third Plenary Session of the 8th Central Committee of the CCP." In: *Selected Works of Mao Tse-Tung*. 2. ed. Paris: Foreign Language Press, v. 7, 2020 [1957b], p. 403-408.

Documentos oficiais

"The Common Program and Other Documents of The First Plenary Session of The Chinese People's Political Consultative Conference." Pequim: Foreign Languages Press, 1950 [1949].

"Constitution of the People's Republic of China (Adopted on September 20, 1954 by the First National People's Congress of the People's Republic of China at its first session)." Pequim: Foreign Languages Press, 1954.

"First Five-Year Plan for Development of the National Economy of the People's Republic of China in 1953-1957." Pequim: Foreign Languages Press, 1956.

"The Constitution of the People's Republic of China (Adopted on December 4, 1982 by the Fifth National People's Congress of the People's Republic of China at its fifth session)." Pequim: Foreign Languages Press, 1983 [1982].

"Resolution of the Eighth National Congress of the Communist Party of China on the Political Report of the Central Committee." In: *Eighth National Congress of the Communist Party of China*. Pequim: Foreign Languages Press, v. 1, 1956, p. 115-134.

Breve nota sobre o desempenho socioeconômico da China durante o Período Maoista (1949-1978)

Miguel Henriques de Carvalho

Introdução

O objetivo do presente capítulo é apresentar um breve balanço das transformações econômicas da República Popular da China (RPC), ou China, para o período entre 1949 e 1978, o chamado Período Maoista. Essas quase três décadas correspondem ao intervalo de tempo em que Mao Zedong foi a principal liderança política do país, desde a fundação da RPC, em 1 de outubro de 1949, até sua morte, em 9 de setembro de 1976, e também o curto interregno sob a liderança de Hua Guofeng. Hua manteve as mesmas diretrizes econômicas vigentes no país até dezembro de 1978, quando Deng Xiaoping se tornou o principal dirigente do PCCh, anunciando o início das Reformas Econômicas e, assim, inaugurando uma nova fase do país.

O período entre 1949 e 1978 demarcou uma continuidade no nível das estruturas internas de poder na China, na qual o Partido Comunista (PCCh) consolidou sua autoridade política e a preservação da soberania do país, expressa na preservação da sua unidade territorial e no crescente reconhecimento diplomático das demais nações. No entanto, este período apresentou importantes inflexões na orientação da política interna levada a cabo pelo Estado chinês, com repercussões relevantes sobre o conjunto do país, ao passo que, no plano internacional, a RPC também apresentou distintos padrões de inserção externa nos quadros da Guerra Fria, caracterizada pela bipolaridade representada pelo antagonismo entre os blocos liderados pelos Estados Unidos da América (EUA) e pela União das Repúblicas Socialistas Soviéticas (URSS).

Na esfera econômica, o Período Maoista também representou uma interrupção da tendência de declínio material do país, observado no chamado "Século da Humilhação" (1839-1949), tanto em termos absolutos, mas, sobretudo, frente às principais potências industriais da época. A partir de 1949, a China, à época um país essencialmente agrícola e rural, esteve organizada sob um sistema econômico centralmente planificado, no qual o Estado dispõe sobre o domínio dos meios de produção, obtendo, até 1978, importantes realizações no meio econômico. Tais realizações foram expressas na aceleração do crescimento da renda per capita, no avanço do processo de industrialização, na ampliação da rede de infraestrutura e na melhoria das condições básicas de vida do conjunto da população, em que pese as graves crises pelas quais o país passou.

As transformações econômicas da China no Período Maoista foram condicionadas por três fatores: (i) o elevado atraso econômico inicial, sendo que, após sucessivas agressões estrangeiras e conflitos internos durante o "Século da Humilhação", o país dispunha de um amplo setor dedicado à agricultura de subsistência; (ii) a hierarquia de prioridade estabelecida pelo governo chinês, algo particularmente relevante em uma economia centralmente planificada; (iii) o padrão de inserção externa da economia chinesa, por restringir (ou tornar possível) o acesso a tecnologias e bens (sobretudo meios de produção) e serviços não produzidos pelo país. A partir de um exame preliminar desses elementos, segue-se a análise das principais tendências de longo prazo da economia chinesa entre 1949 e 1978, e suas repercussões sobre alguns indicadores sociais.

1. O Século da Humilhação (1839-1949)

O triunfo da Revolução Chinesa em 1949 pôs fim a um longo período de instabilidade política, declínio econômico e perdas humanas que marcaram a China, inaugurado com a derrota para os britânicos na Primeira Guerra do Ópio,[1] em 1839, e demarcando o período chamado "Século da Humilhação". Nesse período, o país sofreu sucessivas agressões estrangeiras, a assinatura de "tratados desiguais" que culminariam na perda de soberania política da China em favor de estrangeiros de determinadas porções do país, bem como a intensificação de conflitos internos.[2]

Assim, após o fim da Primeira Guerra do Ópio, em 1842, seguiu-se a Rebelião Taiping (1851-1854),[3] a Rebelião Nian (1853-1868), a Segunda Guerra do Ópio (1856-1860), a Revolta Dungan (1861-1877), a Primeira Guerra Sino-Japonesa (1894-1895),[4] a Guerra Sino-Francesa (1894-1895) e a Guerra dos Boxers (1899-1900). Em 1911, ocorreu a Revolução Xinhai, liderada por Sun Yat-sen, principal autoridade do Partido Nacionalista (Kuomintang), que pôs fim à Dinastia Qing e ao regime imperial no país, dando início no ano seguinte à República da China e marcando uma nova

---

1 A vitória britânica resultou na assinatura do Tratado de Nanquim, que impôs, entre outras penalidades à China, a abertura de cinco portos ao livre comércio, incluindo o comércio de ópio, e extraterritorialidade para os britânicos que estivessem no país, além da cessão da ilha de Hong Kong para a Grã-Bretanha.

2 Para uma análise desses conflitos, ver, por exemplo, Spence (1990) e Fairbank e Goldman (2006).

3 Segundo Spence (1990, p. 805), é estimada a morte de 20 milhões de pessoas nessa rebelião.

4 Essa guerra resultou na cessão da ilha de Taiwan ao Japão, bem como no reconhecimento da independência da Coreia.

fase política. Seguiu-se a esta, a partir de 1916, a "Era dos Senhores da Guerra", período de conflitos internos intensos em que lideranças regionais se opunham à autoridade central recém-instalada.

Em seguida ao advento da Revolução Russa, em 1917, e ao fim da Primeira Guerra Mundial, em 1918, eclodiu o Movimento de Quatro de Maio, em 1919. Foi uma mobilização estudantil e popular de amplas proporções, provocado pela assinatura do Tratado de Versalhes, que, entre outras determinações, permitiu ao Japão manter os territórios na Província de Shandong que haviam sido devolvidos pela Alemanha. Seguiu-se, em 1921, a formação do PCCh, em cuja reunião de fundação Mao Zedong participou como delegado. Inicialmente, sob orientação da URSS, o PCCh foi um aliado do Partido Nacionalista, que tinha à frente naquele momento Chiang Kai-shek. O PCCh e o Partido Nacionalista lutaram juntos contra os Senhores da Guerra, o que culminou, em 1928, na reunificação do país em torno da autoridade do Partido Nacionalista.

No entanto, um ano antes do fim definitivo da "Era dos Senhores da Guerra", o Partido Nacionalista voltou-se contra o PCCh, e, a partir de 1927, teve início a Guerra Civil Chinesa, opondo os dois partidos em uma batalha que perdurou pelos anos seguintes.[5] Até 1937, desdobrou-se a 1ª Fase da Guerra Civil, quando o Japão, que já ocupava desde 1931 a região da Manchúria, atacou a região costeira do país, deflagrando a 2ª Guerra Sino-Japonesa, que durou

5 Um dos momentos mais marcantes dessa guerra foi a Longa Marcha, na qual o PCCh, em uma rota de fuga, trilhou uma longa jornada a pé de cerca de 10.000 km entre o Soviete de Jiangxi, na parte sul do país, até uma nova base em Yan'an, na Província de Shaanxi, ao norte. Das cerca de 80 mil pessoas que começaram a marcha, apenas cerca de 8 a 9 mil concluíram todo o percurso (Spence, 1990, p. 405-410).

até 1945. Entre 1937 e 1945 foi selada uma trégua entre as forças nacionalistas, lideradas por Chiang Kai-shek, e as forças comunistas, lideradas por Mao Zedong, que contaram com o apoio direto das forças Aliadas, em particular os Estados Unidos, a partir de 1941, nos quadros da Segunda Guerra Mundial. A URSS também passou a atuar diretamente no conflito após agosto de 1945, tendo um papel decisivo na expulsão dos japoneses do território.[6]

Ao final da Segunda Guerra Mundial as forças comunistas já controlavam amplas porções do território chinês, sobretudo na região norte. A partir de março de 1946 tem início a 2ª Fase da Guerra Civil Chinesa, opondo novamente as forças nacionalistas e comunistas. Estas sairiam definitivamente vitoriosas em 1 de outubro de 1949, quando foi proclamada a República Popular da China, ao passo que as forças nacionalistas se refugiaram na ilha de Taiwan, dando prosseguimento à República da China, contando com amplo apoio norte-americano e ocupando o assento na ONU destinado à China.

À luz das informações fornecidas por Maddison (2010), a Tabela 1 traz os dados referentes às taxas de crescimento anuais compostas do PIB per capita, verificando-se que, apesar do ligeiro crescimento obtido pela China de 0,09% (entre 1870 e 1913) para 0,34% (entre 1913 e 1936), de forma tendencial o país apresentou uma tendência de declínio do PIB per capita, que caiu em média 0,22% entre 1820 e 1950, sendo a única região ou país a apresentar esse comportamento de queda.

---

6 Segundo Elleman (2001, p. 215), as estimativas japonesas e chinesas ultrapassam os 5 milhões de mortos decorrentes da 2ª Guerra Sino-Japonesa, além de um número massivo de refugiados.

Tabela 1 – Taxa de crescimento anual composta do PIB per capita real[1] em países/regiões e períodos selecionados entre 1820 e 1950 (% a.a.)

	1820-1870	1870-1913	1913-1936[3]	1936-1950[4]	1820-1950
China	-0,25	0,09	0,34	-1,24	-0,22
1. Ásia	**-0,10**	**0,53**	**0,94**	**-2,21**	**0,16**
1.1 Leste Asiático	-0,12	0,52	n.d.	n.d.	0,11
1.1.1 Índia	0,00	0,54	0,15	-0,51	0,12
1.1.2 Japão	0,19	1,48	2,11	-0,67	0,81
1.2 Oriente Médio	0,40	0,79	n.d.	n.d.	0,83
2. América Latina e Caribe	**-0,04**	**1,86**	**0,96**	**2,65**	**1,00**
2.1 Brasil	0,20	0,30	1,85	1,33	0,73
3. África	**0,35**	**0,56**	**n.d.**	**0,90**	**0,58**
4. Europa	**0,94**	**1,33**	**0,14**	**1,07**	**1,01**
4.1 Europa Ocidental	0,99	1,34	0,81	0,41	1,04
4.2 Europa Oriental	0,63	1,39	0,56	0,70	0,87
5. Antiga URSS	**0,63**	**1,07**	**1,27**	**1,56**	**1,10**
6. Western Offshoots[2]	**1,41**	**1,81**	**0,60**	**1,90**	**1,58**
6.1 EUA	1,34	1,82	0,69	1,90	1,57
Média Mundial	**0,54**	**1,31**	**0,93**	**0,76**	**0,89**

Fonte: Maddison (2010). Elaboração própria.

1. Medido em US$ internacionais constantes de 1990.
2. Western Offshoots inclui EUA, Canadá, Nova Zelândia e Austrália.
3. Para Ásia, África, América Latina e Caribe, Europa Oriental e a média mundial, a taxa de variação anual composta se refere ao período 1913-1940.
4. Para Ásia, África, América Latina e Caribe, Europa Oriental e a média mundial, a taxa de variação anual composta se refere ao período 1940-1950.

Como a Tabela 2 mostra, em 1820 o PIB per capita da China era relativamente próximo ao da média da Ásia, Oriente Médio, América Latina e Caribe, África e Leste Europeu, todas regiões que dispunham de economias essencialmente agrícolas, e que já se encontravam em uma posição inferior à observada na Europa Ocidental e nos EUA. No entanto, em 1950, ao passo que o nível do PIB per capita da China diminuiu, sobretudo quanto ao valor observado em 1913, quase todas as demais regiões e países apresentaram uma melhora, ainda que em proporções bastante desiguais, aumentando expressivamente a diferença da China para os países que se industrializaram no período entre 1820 e 1950, em particular o Japão. Por outro lado, a Índia, sob jugo colonial britânico entre 1858 e 1947, apresentou um ligeiro crescimento, muito abaixo da média mundial, mas superior ao registrado na China.

Tabela 2 – Evolução do PIB per capita real de países/regiões em anos selecionados entre 1820 e 1950 (US$ internacionais constantes de 1990)

	1820	1870	1913	1950
CHINA	600	530	552	448
1. ÁSIA	**581**	**553**	**695**	**715**
1.1 Leste Asiático	580	546	681	667
1.1.1 Índia	533	533	673	619
1.1.2 Japão	669	737	1.387	1.921
1.2 Oriente Médio	607	742	1.042	1.776
2. AMÉRICA LATINA E CARIBE	**691**	**676**	**1.494**	**2.510**
2.1 Brasil	646	713	811	1.672
3. ÁFRICA	**420**	**500**	**637**	**889**
4. EUROPA	**1.084**	**1.727**	**3.045**	**4.021**
4.1 Europa Ocidental	1.194	1.953	3.457	4.569
4.2 Europa Oriental	683	937	1.695	2.111
5. ANTIGA URSS	**688**	**943**	**1.488**	**2.841**

6. Western Offshoots[1]	1.202	2.419	5.233	9.268
6.1 EUA	1.257	2.445	5.301	9.561
Média mundial	666	870	1.524	2.111

Fonte: Maddison (2010). Elaboração própria.

1. Western Offshoots inclui EUA, Canadá, Nova Zelândia e Austrália.

Como os dados da Tabela 3 mostram, em 1820 a China dispunha de 33,0% do PIB e de 36,6% da população do mundo. Porém, até 1950, sua participação na população e no PIB mundiais caiu, respectivamente, para 21,6% e para apenas 4,6%. Em contraste, os EUA, a maior economia naquele ano, dispunham de 27,3% do PIB mundial, com apenas 6,0% da população total.

Tabela 3 – Evolução da participação da população e do PIB mundial dos países/regiões selecionados em 1820, 1870 e 1950 (% do total)

	População (% do total)			PIB[1] (% do total)		
	1820	1870	1950	1820	1870	1950
China	36,6	28,1	21,6	33,0	17,1	4,6
1. Ásia	68,2	60,3	54,8	59,5	38,4	18,6
2. América Latina e Caribe	2,1	3,2	6,5	2,2	2,5	7,8
3. África	7,1	7,1	9,0	4,5	4,1	3,8
4. Europa	16,3	18,9	15,6	26,5	37,5	29,6
5. Antiga URSS	5,3	7,0	7,1	5,4	7,5	9,6
6. Western Offshoots[2]	1,1	3,6	7,0	1,9	10,0	30,7
População mundial total (bilhões de pessoas)	1,0	1,3	2,5			

Fonte: Maddison (2010). Elaboração própria.

1. Medido em US$ internacionais constantes de 1990.
2. Western Offshoots inclui EUA, Canadá, Nova Zelândia e Austrália.

2. Evolução Política da República Popular da China entre 1949 e 1978

Desde o início da RPC, em outubro de 1949, o Estado chinês se orientou a atingir três objetivos que devem ser vistos como interligados, a saber: (i) A preservação da integridade territorial (o que inclui a recuperação dos territórios de Taiwan, Hong Kong e Macau) sob a autoridade política exercida pelo PCCh; (ii) A formação de uma sociabilidade mais igualitária, assentada em novas relações sociais de produção. Isso incluía o fim do domínio senhorial no campo e a expropriação de grandes monopólios privados na área de transportes, bancos, indústria e comércio, assim como a eliminação das forças "imperialistas" no país, que deveriam ser substituídas por formas coletivizadas ou estatais de propriedade dos meios de produção; (iii) O desenvolvimento das forças produtivas, o que se traduzia, em um primeiro estágio, no avanço prioritário da industrialização pesada, de forma a ampliar o potencial produtivo e militar do país, assim como a elevar os padrões de vida do conjunto da população chinesa.

Entre 1949 e 1952, temos uma primeira fase de consolidação do regime, o que abarcou a generalização da reforma agrária no campo,[7] a estatização parcial dos meios de produção, incluindo o sistema de transportes e a atividade financeira doméstica, e a centralização das relações econômicas com o exterior, além da estabilização dos preços. A produção agrícola e industrial, por sua vez, retorna em 1952 ao nível observado antes da invasão japonesa, em 1937, para a maioria dos bens. Externamente, esse período marca a consolidação da parceria entre a China e a URSS, ampliada a partir

7 Segundo Walder (2015, p. 334), é estimada no começo da década de 1950 a morte de 1 a 2 milhões de pessoas em decorrência da reforma agrária e de campanhas para suprimir os contrarrevolucionários.

da intervenção decisiva das tropas do Exército de Libertação Popular (ELP) da RPC na Guerra da Coreia (1950-1953),[8] o que resultou no não reconhecimento diplomático da RPC por parte dos EUA e outros países capitalistas, reforçando a dependência comercial e financeira da China do bloco liderado pela URSS.

Contando com amplo apoio soviético, a China implementou o Primeiro Plano Quinquenal entre 1953 e 1957, que priorizou a industrialização pesada, produtora de "meios de produção" como aço, ferro, cimento, fertilizantes, material elétrico, material mecânico e material de transporte. Por sua vez, sobretudo a partir de 1955, houve uma aceleração da "socialização" dos meios de produção. Isso de forma que, até 1957 no campo, a produção agrícola passou a estar quase que inteiramente organizada na forma de cooperativas. Nas cidades, o setor privado foi suprimido, com a atividade industrial e comercial (além das atividades financeiras e de transportes) sob o domínio de empresas estatais. E o setor artesanal urbano foi organizado na forma de cooperativas. Desse modo, o planejamento centralizado executado pelo Estado chinês controlava os meios de produção, definindo os preços e as metas de produção para cada setor. Entre 1954 e 1955, ocorreu a Primeira Crise do Estreito de Taiwan, na qual foi firmado um acordo de defesa mútua entre a República da China (Taiwan) e os EUA.

No início de 1958, o Segundo Plano Quinquenal, previsto para o período entre 1958 e 1962, é abandonado, sendo substituído pela campanha do Grande Salto Adiante, apoiado no sistema de comunas, por sua vez criadas a partir do reagrupamento das cooperativas

8 De acordo com Elleman (2001, p. 251), as estimativas de chineses mortos durante a Guerra da Coreia variam entre 450 mil e 1 milhão (ou até 1,42 milhão entre mortes do lado chinês e norte-coreano).

agrícolas em unidades maiores, que deveriam ter maior grau de autossuficiência econômica e militar. O objetivo era simultaneamente elevar as forças produtivas, a partir do aumento das metas de produção agrícola e industrial, e transformar nas comunas as relações de produção em favor da maior aproximação das atividades industriais e agrícolas, trabalho manual e intelectual, e gerência e realização de tarefas. Do ponto de vista da produção, o principal efeito foi o deslocamento de parte da força de trabalho de atividades agrícolas para não agrícolas, intensificado pela ocorrência de fortes intempéries climáticas, o que resultou na drástica redução da oferta interna de alimentos, levando a uma grave crise econômica e elevadas perdas humanas.[9] O programa seria abandonado no início de 1962.

A crise econômica vivenciada pela China coincidiu com o crescente distanciamento econômico e diplomático entre o país e a URSS (que não chegam a romper oficialmente em nenhum momento), marcado por alguns episódios de atrito, como a aproximação soviética dos EUA no final da década de 1950, criticada por Mao, a Segunda Crise do Estreito de Taiwan (1958), e a recusa soviética em ceder a tecnologia da bomba atômica, interrompendo o acordo de cooperação nuclear, também em 1958. Somam-se a isso as divisões acerca do movimento comunista internacional, a oposição da China à tese de "transição pacífica" para o socialismo, as críticas feitas a Stalin por Khrushchov em 1956 e o chamado "social-imperialismo" praticado pela URSS contra os demais países socialistas, de forma a agredir a soberania política destes. Assim, em 1960, a URSS retirou

9 Como mostra Kung (2022), há diferentes estimativas acerca de quantas mortes foram provocadas direta e indiretamente pelo Grande Salto Adiante. Segundo o autor, em geral, as estimativas situam-se na faixa de 23 a 30 milhões, cujo limite superior duplica a reivindicação do governo de 15 milhões.

seus técnicos da China, sendo observada a rápida redução da corrente de comércio entre elas nos anos seguintes.

Entre 1962 e 1965 foram tomadas pelo Estado chinês medidas para a recuperação da atividade econômica, sobretudo a atividade agrícola, com o retorno da parcela da força de trabalho antes deslocada para atividades não agrícolas. Em 1964, ano em que a China conseguiu lograr êxito em seu primeiro teste com bomba atômica, o governo lançou a campanha da "Terceira Frente", que durou até 1980 e que tinha como objetivo deslocar para o interior do país uma parcela das atividades industriais e militares, sob o pretexto de preparar a China para uma eventual agressão externa. Este eixo foi fundamental aos preparativos do Terceiro Plano Quinquenal, a vigorar para o período entre 1966 e 1970 – mas o plano não foi seguido. Ao longo da década de 1960, a China intensificou sua aproximação diplomática com países da África e da Ásia, mas, também, com países capitalistas – aproximação materializada, neste caso, com o reconhecimento diplomático da França em 1964. Em1962, houve um conflito fronteiriço de curta duração entre China e Índia. A partir de 1964 os EUA intensificaram sua participação direta na Guerra do Vietnã (1964-1973), de forma que a China e a URSS passaram a apoiar com armas e mantimentos as forças comunistas envolvidas no conflito.

Em 1966, sob a liderança de Mao, foi promovida a Grande Revolução Cultural Proletária, que resultou numa grande mobilização e movimento de contestação no país, com impactos principalmente sobre as populações urbanas, incluindo atividades educacionais e industriais. Resultou também no afastamento de lideranças políticas do PCCh, que tinham ganhado maior destaque no período de reajustamento e que foram associadas à "restauração do capitalismo" no país, dentre elas Deng Xiaoping. Isso culminou, nos anos de 1967 e 1968, no declínio da atividade econômica no país, já revertido em 1969. O auge da Revolução Cultural foi encerrado com a decretação da Lei Marcial ao final de 1969, sendo imposto pelo ELP o fim das insurreições internas.[10] Coincide no final da década de 1960 o aprofundamento das tensões entre a China e a URSS, que resultaram em conflitos fronteiriços de curta duração às margens do Rio Ussuri, entre março e setembro de 1969, com desdobramento para a fronteira de Xinjiang.[11]

Nesse contexto de acirramento das tensões entre China e URSS, verificou-se a reaproximação diplomática entre a China e os EUA, sendo um marco importante a visita secreta de Kissinger, então Secretário de Segurança norte-americano, à China em julho de 1971, sucedida, em fevereiro de 1972, pela visita oficial do Presidente Richard Nixon ao país e pela assinatura do Comunicado de Xangai. Ainda em outubro de 1971, a China foi admitida na ONU em substituição a Taiwan (República da China), assumindo o assento destinado ao país no Conselho de Segurança do órgão, o que abriu caminho para o reconhecimento diplomático de diversos países, entre os quais os países capitalistas da Europa e o Japão (1972) – com os EUA, isto ocorreria apenas em 1979.

Internamente, Deng Xiaoping foi reabilitado politicamente em 1973, e as tensões em torno das duas alas do PCCh se agravaram – uma liderada por ele, formada por camadas do ELP voltadas ao desenvolvimento prioritário das forças produtivas, e a outra ala ligada à Revolução Cultural. Em 1974, houve um esforço maior para o planejamento e a execução do Quinto Plano Quinquenal, com ênfase

---

10 Segundo Walder (2015, p. 334), morreram entre 1,1 e 1,6 milhão de pessoas em decorrência das ações da Revolução Cultural (incluindo a repressão exercida pelo ELP para contê-la) entre 1966 e 1971.

11 Segundo Elleman (2001, p. 270), é estimada a perda de 800 chineses e de 80 soviéticos no auge do conflito, em março de 1969.

no avanço da indústria pesada, em particular o setor petrolífero. Em 1976, a morte de Zhou Enlai, em janeiro, e de Mao Zedong, em setembro, além do terremoto no mês de julho em Tangshan,[12] a leste de Pequim, assinalam o fim desta fase política na China.

O indicado por Mao a assumir o posto de principal líder político do PCCh e do governo da China era Hua Guofeng. Uma das primeiras ações de Hua foi decretar o fim da Revolução Cultural, em outubro de 1976, a qual se seguiu a prisão das alas mais diretamente ligadas a ela. Hua indicou, inicialmente, a continuidade das medidas herdadas do período anterior sob o lema "Dois Quaisquer", segundo as quais o PCCh defenderia resolutamente quaisquer decisões políticas tomadas por Mao e manteria quaisquer instruções deixadas por ele. Porém, Deng Xiaoping, ao arregimentar apoio político dentro do PCCh e também junto ao ELP, conseguiu prevalecer politicamente. Dessa forma, por ocasião da 3ª Plenária do 11º Congresso do PCCh, em dezembro de 1978, Deng anunciou uma inflexão de grandes proporções no interior do PCCh, com o início das Reformas Econômicas, alçando como tarefa prioritária o desenvolvimento das forças produtivas, o que se traduziria em diversas iniciativas que se distanciavam da continuidade proposta por Hua, como o fim das comunas, o retorno da propriedade familiar no campo e a abertura da China aos investimentos estrangeiros nas Zonas Econômicas Especiais.

Esta brevíssima recapitulação é suficiente para destacar as principais inflexões políticas, tanto no plano externo como interno, e que condicionaram o desempenho econômico da China entre 1949 e 1978.

---

12 Conforme apurado em Fairbank e Goldman (2006, p. 370-371), o terremoto de Tangshan levou à morte cerca de 250 mil pessoas e feriu outras 160 mil.

3. Padrão de Inserção Econômica Externa da China entre 1949 e 1978

O padrão de inserção econômica externa exerce um papel determinante sobre as condições de crescimento econômico de cada país, na medida em que define as possibilidades de acesso a bens e serviços dos quais não dispõem. Isso se torna ainda mais crucial no caso de países atrasados, como a China, os quais, partindo de uma base econômica essencialmente agrícola, almejam superar a condição de atraso tecnológico do seu sistema econômico frente às potências industriais.

Em decorrência das distintas orientações da política externa da China durante o Período Maoista, o padrão de inserção externa do país pode ser subdividido em três fases: (i) Fase de Aliança com a URSS (1949-1957) – esse período é caracterizado pela ampla e crescente corrente de comércio (soma das exportações e importações) entre a China e o bloco soviético; (ii) Fase de Parcial Isolamento Internacional (1958-1970) – a partir de 1958, deterioram-se as relações diplomáticas entre a China e a URSS, com repercussões negativas sobre o comércio entre as duas nações desde 1960; (iii) Fase de Aproximação com o Bloco Liderado pelos EUA (1971-1978) – essa fase é marcada pela aceleração da corrente de comércio da China com os países capitalistas, em particular o Japão.

O Gráfico 1 mostra a evolução da corrente de comércio de bens da China entre 1952 e 1978,[13] sendo mostrado o relativo equilíbrio comercial preservado em todo o período, assim como as três fases anteriormente mencionadas.

---

13 Como mostrado em Carvalho (2024), entre 1952 e 1978, as transações das exportações e importações de bens corresponderam a cerca de 84% do total das transações econômicas exteriores da RPC.

Gráfico 1 – China: evolução anual das Exportações e Importações de Bens entre 1952 e 1978 (US$ milhões)

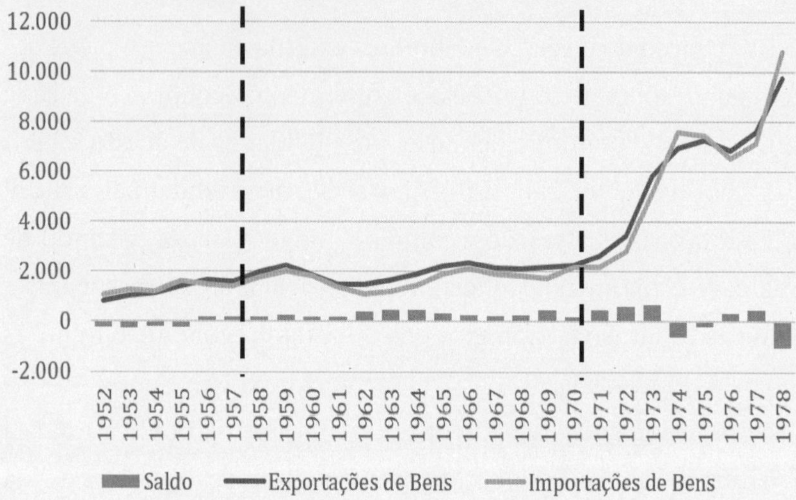

Fonte: SSB (1982). Elaboração própria.

Como podemos verificar no Gráfico 2, a participação das exportações e importações de bens como porção do PIB, a qual se situou entre 3% e 4% no período 1952-1957, caiu tendencialmente na fase 1958-1970 para 2-3%. Após 1971, a participação de ambas aumenta, situando-se a partir de 1973 entre 4% e 5%. É importante mencionar que, embora a proporção das importações em relação ao PIB fosse relativamente diminuta, elas exerceram um papel-chave para a economia chinesa por permitirem ao país acelerar sua taxa de crescimento, sobretudo ao ampliar a oferta interna de bens de capital (muitos dos quais a China era incapaz de produzir) e, assim, acelerar a taxa de acumulação (taxa de investimento) do país. Por seu turno, as exportações cumprem a função de financiar as importações, algo que se tornou ainda mais importante no contexto de estreitos canais de endividamento externo disponíveis para a China no período entre 1949 e 1978.

Gráfico 2 – China: evolução da proporção das Exportações e Importações de Bens como porção do PIB entre 1952 e 1978 (% PIB)

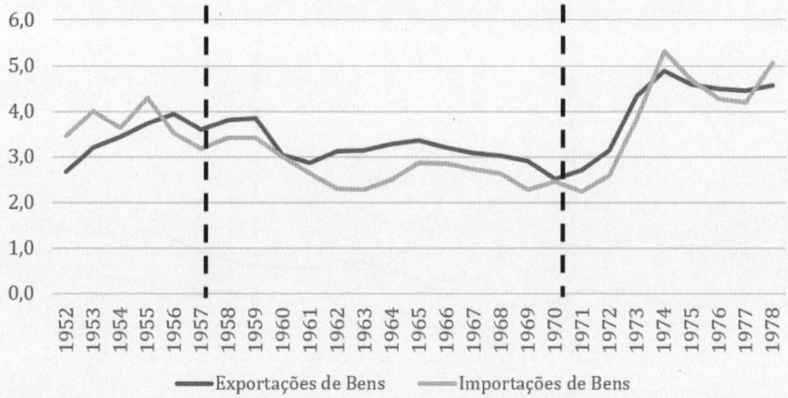

Fonte: NBS (2024) e SAFE (2024). *Apud* Carvalho (2024).

Como os gráficos 3 e 4 mostram, podemos verificar até 1959 o domínio das relações comerciais da China com a URSS e com os demais países da Europa Oriental. A partir de 1960, à medida que declina a importância soviética no comércio exterior chinês, no caso das exportações, cresce o papel exercido pelo Japão e por Hong Kong, que funcionou como um relevante canal de reexportações chinesas para o resto do mundo, particularmente de bens têxteis (Carvalho, 2024). Em relação às importações, ao longo da década de 1960, os principais parceiros comerciais da China foram as economias da Europa Ocidental e o Japão, tendência mantida até 1978 – canais a partir dos quais a China pôde acessar tecnologias estrangeiras após o declínio das relações com o bloco soviético.

Gráfico 3 - China: evolução anual da composição das Exportações de Bens por principais países de destino entre 1950 e 1980 (% do total)

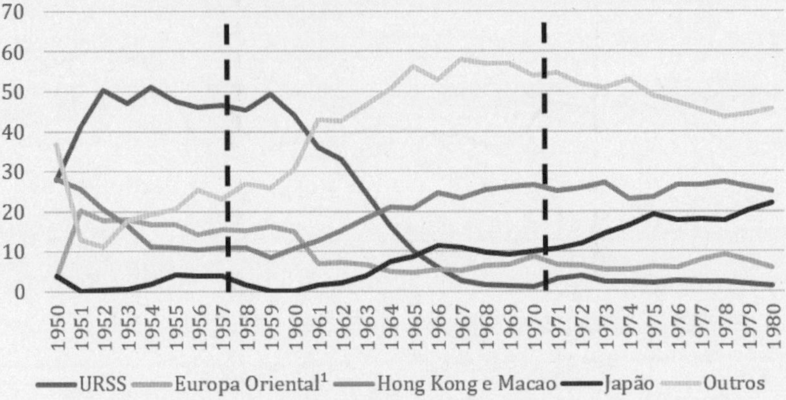

Fonte: SSB (1982). Elaboração própria.

1. Aqui, Europa Oriental inclui apenas os seguintes países: Romênia, Hungria, Tchecoslováquia, Polônia, Alemanha Oriental (República Democrática da Alemanha) e Iugoslávia.

Gráfico 4 - China: evolução anual da composição das Importações de Bens por principais países de origem entre 1950 e 1978 (% do total)

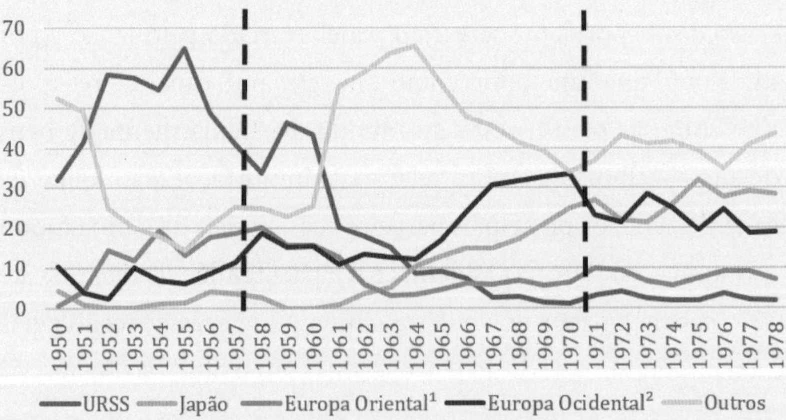

Fonte: SSB (1982). Elaboração própria.

1. Aqui, Europa Oriental inclui apenas os seguintes países: Romênia, Hungria, Tchecoslováquia, Polônia, Alemanha Oriental (República Democrática da Alemanha) e Iugoslávia.
2. Aqui, Europa Ocidental inclui apenas os seguintes países: Alemanha Ocidental (República Federativa da Alemanha), França, Itália, Reino Unido e Suíça.

A composição das importações chinesas por categoria de bens foi dominada, como o Gráfico 5 mostra, pelos meios de produção, que se situaram em 80,4% do total das importações, em média. Isso apenas foi revertido brevemente durante o período de reajustamento (1962-1965), após o Grande Salto Adiante (1958-1961), quando aumentou a importação de alimentos. Quanto às exportações, como o Gráfico 6 mostra, na fase de aliança com a URSS preponderava a exportação de bens agrícolas e, ao longo das décadas de 1960 e 1970, cresceu a participação de produtos industriais e minerais, como petróleo, e de produtos agrícolas processados, incluindo têxteis.[14]

Gráfico 5 – China: evolução da composição das Importações de Bens por categoria de bem, segundo a classificação do SSB (1982) (% do total das Importações de Bens)

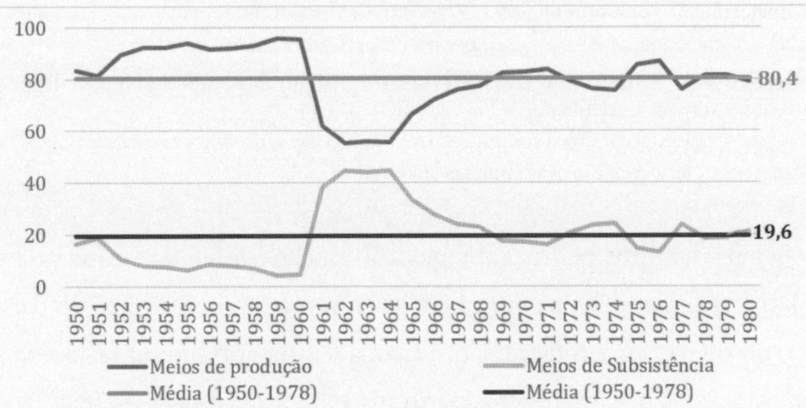

Fonte: SSB (1982). Elaboração própria.

---

14 Para uma análise detalhada do comércio exterior da China entre 1949 e 1978, ver Carvalho (2024).

Gráfico 6 – China: evolução anual das Exportações de Bens por categoria de produto (% do total das Exportações de Bens)

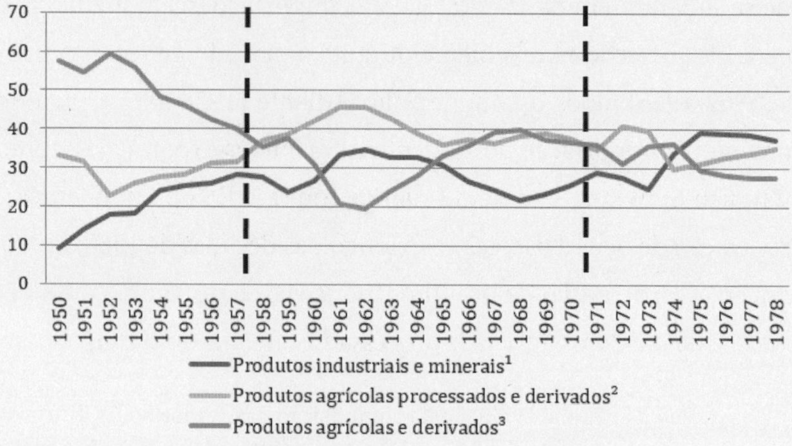

Fonte: SSB (1982). Elaboração própria.

1. Inclui metais e produtos minerais, máquinas e instrumentos, produtos químicos, medicina ocidental, louças, fibras químicas e produtos de fibras químicas.
2. Inclui alimentos processados em grãos e óleos comestíveis, têxteis, produtos nativos, produtos animais e artesanato.
3. Inclui grãos, algodão, óleo comestível, ovos, gado e aves, produtos aquáticos, vegetais e frutas secas, laca crua e drogas chinesas em estado bruto.

Os distintos padrões de inserção internacional da China guardam correspondência com a taxa de crescimento econômico do país, como o Gráfico 7 mostra. Com isso, a China apresentou taxas mais elevadas de crescimento nos períodos 1952-1957 e 1971-1978, quando foi verificada uma maior taxa de crescimento das exportações e importações. Por outro lado, entre 1958 e 1970, que corresponde à fase de parcial isolamento internacional da China, foi registrada uma taxa menor de expansão das exportações e importações, assim como uma taxa menor de crescimento econômico, indicativo do papel central exercido pela restrição externa ao potencial de crescimento econômico chinês ao longo do Período Maoista.

Gráfico 7 – China: evolução da taxa de crescimento anual composta das Exportações e Importações em termos nominais, e do PIB real,[1] entre 1952 e 1978 (% a.a.)

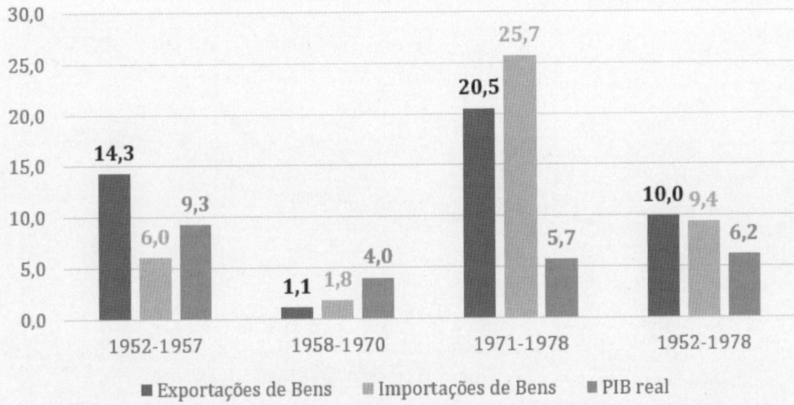

Fonte: Exportações e Importações de Bens (SSB, 1982); PIB real (NBS, 2024).

1. Medido em preços comparáveis.

4. Crescimento Econômico, Industrialização e Padrões de Vida

O período entre 1949 e 1978 apresentou uma aceleração do crescimento econômico chinês em relação ao período predecessor significativo, à luz de dados oficiais e também de outras estimativas feitas por observadores internacionais, como o Gráfico 8 mostra. Apesar das divergências existentes entre essas estimativas em relação à magnitude do crescimento observado, acerca da tendência de longo prazo e das inflexões observadas há uma notável semelhança entre as fontes. Como a Tabela 4 mostra, o PIB cresceu a uma taxa rápida entre 1952 e 1957, seguida pela grave crise do Grande Salto Adiante (1958-1961), uma fase de recuperação (1962-1965), a crise durante o auge da Revolução Cultural (1968-1969) e, por fim, um aumento da taxa de crescimento após 1970, interrompida pontualmente em 1976 pelos efeitos do terremoto de Tangshan.

Gráfico 8 – China: evolução da taxa de variação anual do PIB, segundo estimativas, entre 1949 e 1978 (1952 = 100,0)

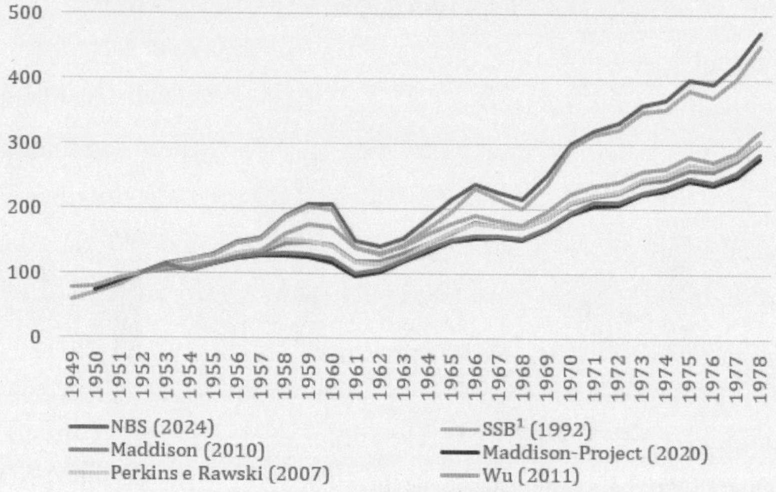

Fonte: Carvalho (2024).

1. Contabilizada até 1991 para a China, a Renda Nacional, segundo o SSB (1991, p. xxxi), é aproximadamente equivalente ao Produto Material Líquido (PML) da ONU. Os dados para o período entre 1949 e 1952 foram extraídos de SSB (1985, p. 34).

Tabela 4 – China: evolução da taxa de variação real anual composta do PIB, em períodos selecionados entre 1949 e 1978 (% a.a.)

	Medidas oficiais		Maddison (2010)	Maddison Project (2020)	Perkins e Rawski (2007)	Wu (2011)
	PIB (NBS, 2024)	Renda Nacional[1] (SSB, 1992)				
1949-52	n.d.	19,3	n.d.	n.d.	n.d.	9,0
1953-57	7,7	7,6	6,0	3,2	5,7	5,2
1958-61	-7,5	-9,1	-6,8	-9,0	-8,2	-4,8
1962-65	15,1	14,7	11,0	13,3	12,9	10,5
1966-68	-4,9	-6,9	-2,4	-0,8	-2,0	-4,0
1969-70	19,3	23,3	12,2	13,7	12,8	13,9
1971-75	5,6	5,1	4,5	4,7	4,9	4,5
1976[2]	-1,6	-2,7	-0,6	-3,2	-1,4	-3,1
1977-78	11,7	12,3	10,9	11,7	10,1	11,7

Fonte: Carvalho (2024).

1. Contabilizada até 1991 para a China, a Renda Nacional, segundo o SSB (1991, p. xxxi), é aproximadamente equivalente ao Produto Material Líquido (PML) da ONU. Os dados para o período entre 1949 e 1952 foram extraídos de SSB (1985, p. 34).
2. Taxa de variação anual.

Como a Tabela 5 mostra, à luz da base de dados fornecida por Maddison (2010), a mesma utilizada na seção 2 deste capítulo, verifica-se que, entre 1950 e 1978, a China apresentou uma taxa de variação anual composta para o PIB de 4,9% a.a., para uma população de 2,0% e para um PIB per capita de 2,8% – acima da Índia, da média da América Latina e da África, e relativamente próximo à média mundial, que atingiu nesse estágio uma fase de prosperidade maior do que a verificada antes ou depois. Dessa forma, o Período Maoista marca a interrupção das tendências observadas durante o "Século da Humilhação" (1839-1949), de rápido declínio absoluto e relativo da China em comparação à média mundial.

Tabela 5 – Comparação internacional: taxa de variação real anual composta do PIB e do PIB per capita,[1] entre 1950 e 1978 (% a.a.)

	PIB	POPULAÇÃO	PIB PER CAPITA
China	4,9	2,0	2,8
1. Ásia	5,8	2,1	3,7
1.1 Leste Asiático	4,3	2,3	2,0
1.1.1 Japão	8,2	1,1	6,9
1.1.2 Taiwan	9,6	3,0	6,0
1.2 Índia	3,8	2,1	1,6
2. Oriente Médio	7,2	2,8	4,2
3. América Latina	5,3	2,7	2,5
3.1 Brasil	6,7	2,8	3,7

4. África	4,3	2,5	1,8
5. Europa Ocidental	4,4	0,6	3,7
6. Europa Oriental	4,7	1,0	3,6
7. Antiga URSS	4,4	1,4	3,0
8. Western Offshoots[2]	3,8	1,4	2,4
8.1 Estados Unidos	3,8	1,4	2,4
Média Mundial	4,6	1,9	2,7

Fonte: Maddison (2010). Elaboração própria.

1. Medido em US$ internacionais constantes de 1990.
2. Western Offshoots inclui EUA, Canadá, Nova Zelândia e Austrália.

Em 1949 a China era um país essencialmente rural e agrícola. Em 1952, pelo primeiro dado disponível (NBS, 2024), o país tinha 90% da população no campo e 83% da população dedicada às atividades do Setor Primário. Entre 1952 e 1978, o crescimento econômico da China foi liderado pela expansão do setor industrial, que cresceu substancialmente mais rápido que os demais setores. Por outro lado, foi um período marcado pela quase estagnação do setor agrícola, como o Gráfico 9 mostra. Dessa forma, o Período Maoista foi caracterizado por um avanço da industrialização, de modo que o Setor Secundário, composto pela indústria de transformação e construção, cresceu a uma taxa mais rápida do que os demais setores ao longo desse período, aumentando tendencialmente sua participação no PIB, como o Gráfico 10 mostra. Isso foi intensificado durante o Grande Salto Adiante (1958-1961), mas logo foi revertido, de forma que apenas em 1970 o Setor Secundário se tornou aquele com a maior parcela do PIB. Essas tendências se coadunam com a evolução da produtividade do trabalho setorial, que aumentou entre 1952 e

1978: 4,8% no Setor Secundário, 3,5% no Setor Terciário e apenas 0,1% no Setor Primário (NBS, 2024 *apud* Carvalho, 2024).

Gráfico 9 – China: evolução anual do PIB e dos Setores de Atividade entre 1952 e 1978 (1952 = 100,0)[1]

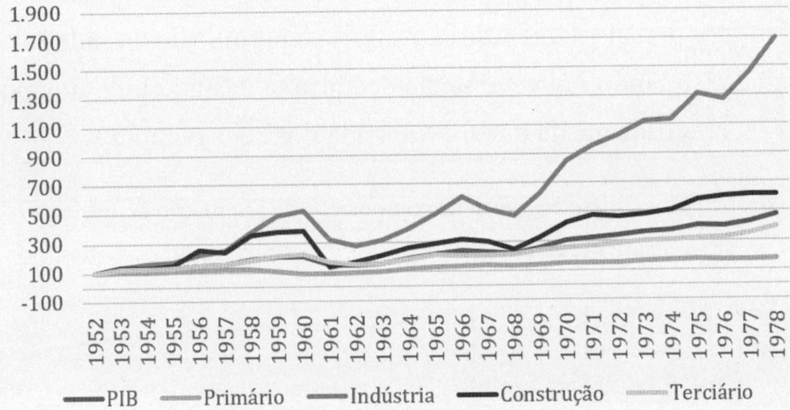

Fonte: NBS (2024). Elaboração própria.

1. Medido em preços comparáveis.

Gráfico 10 – China: evolução da composição do PIB por setores entre 1952 e 1978 (% do PIB medido a preços correntes)

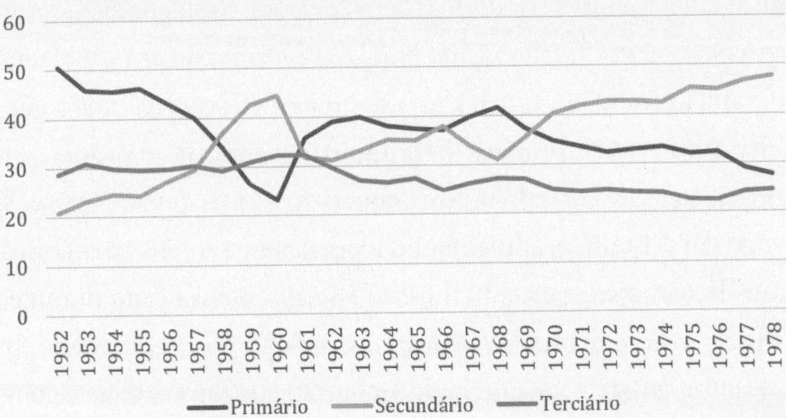

Fonte: NBS (2024). Elaboração própria.

O aumento da participação do Setor Secundário no PIB não foi acompanhado por um aumento equivalente da população ocupada neste setor, pois a maioria da população seguiu empregada no Setor Primário, como o Gráfico 11 mostra. No entanto, observa-se o declínio tendencial da população ocupada no Setor Primário em favor dos demais setores, destacando-se o período do Grande Salto Adiante, quando houve uma queda abrupta dessa população após 1958, mas uma queda que foi revertida nos anos seguintes.

Gráfico 11 – China: evolução da composição da população ocupada por setor de atividade, entre 1952 e 1978 (% da população ocupada)

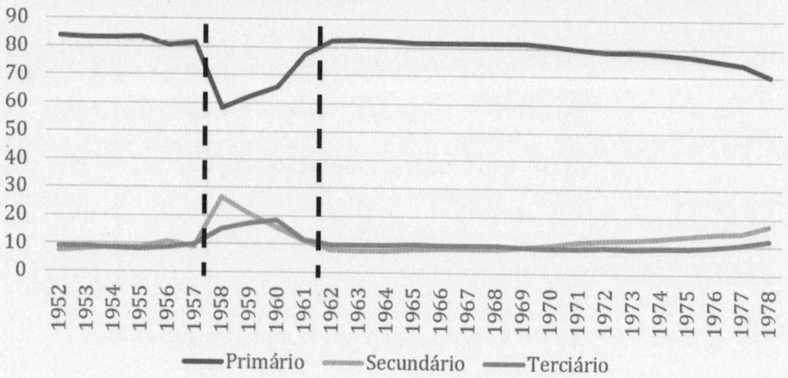

Fonte: SSB (1991). Elaboração própria.

A ênfase na industrialização durante o Período Maoista se refletiu no avanço prioritário da indústria pesada, composta pelo setor de bens de capital. Assim, entre 1952 e 1978, o Valor Bruto da Produção da indústria pesada cresceu a uma taxa anual composta de 13,8%. Isso enquanto a indústria leve, ligada à produção de bens de consumo, cresceu a uma taxa de 9,7% a.a. (SSB, 1991 *apud* Carvalho, 2024). O avanço da industrialização pesada se refletiu na expansão da rede de infraestrutura no país. As malhas ferroviárias e rodoviárias aumentaram de cerca de 20 mil quilômetros, em 1949, para quase 50 mil quilômetros, em 1978. As rotas aéreas aumentaram de cerca de 20 mil quilômetros para mais de 140 mil. Oleodutos e gasodutos somados, quase inexistentes em 1949, atingiram cerca de 8 mil quilômetros em 1978 (SSB, 1991). Por outro lado, a despeito dos avanços da industrialização durante o Período Maoista em diferentes ramos de atividade, a produção de aço per capita era, em 1978, de cerca de 7% em comparação ao consumo norte-americano. E o consumo de energia elétrica per capita era de cerca de 4,5% em relação à média dos países de alta renda, e de 16,1% em relação à média mundial (Banco mundial, 2024).

A prioridade conferida à indústria pesada se refletiu também no comportamento da taxa de investimento (Formação Bruta de Capital Fixo) da China, que cresceu tendencialmente ao longo do período, saindo de cerca de 10%, em 1952, para em torno de 30%, em 1978, como o Gráfico 12 mostra, o qual também destaca a inflexão do Grande Salto Adiante (1958-1961).

Gráfico 12 – China: evolução anual da composição do PIB pela ótica da demanda, entre 1952 e 1978 (% do PIB)

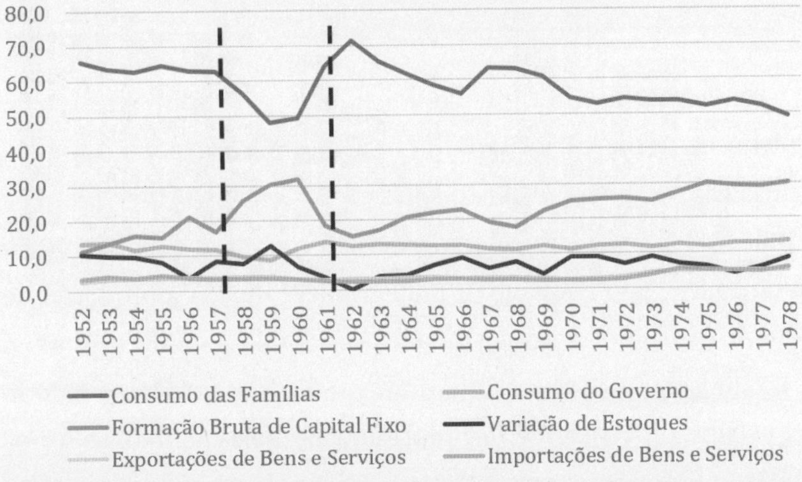

Fonte: NBS (2024) e SAFE (2024, *apud* Carvalho, 2024). Elaboração própria.

Ao lado da restrição do balanço de pagamentos ao crescimento econômico da China – restrição analisada na seção anterior –, a estagnação da produtividade agrícola foi o principal fator limitante para tal crescimento no Período Maoista. Como o Gráfico 13 mostra, a produção física de grãos per capita se encontrou, em 1978, apenas um pouco acima do valor observado em 1956. Por outro lado, durante os anos do Grande Salto Adiante (1958-1961), quando foi acelerada a industrialização pesada, o deslocamento da força de trabalho da agricultura, somado à incidência de desastres naturais, levou à redução acentuada da produção per capita de grãos. Em contraposição, entre 1949 e 1978, verificou-se a elevação do consumo de bens industrializados per capita, tanto para bens não duráveis, como têxteis e alimentos industrializados, quanto para bens duráveis, como bicicletas, relógios e aparelhos de rádio. Tal consumo se acelerou nesse período, embora permanecesse em níveis internacionalmente baixos (SSB, 1991).

Gráfico 13 – China: evolução anual da produção física de grãos per capita entre 1949 e 1978 (kg per capita)

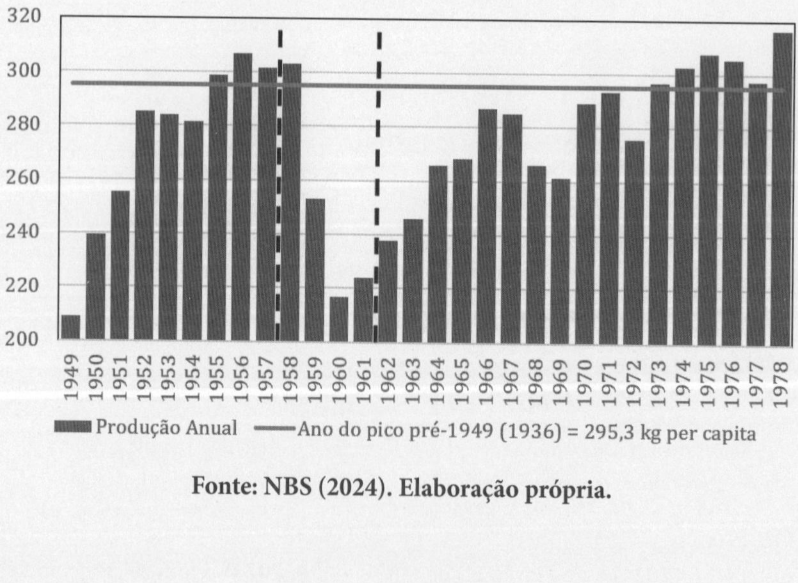

Fonte: NBS (2024). Elaboração própria.

O Período Maoista também se caracterizou por substanciais avanços nas áreas da educação e da saúde, que foram ampliadas não apenas nas cidades, mas também no campo, fornecidas pelo sistema de comunas. Esse sistema estabelecia o registro de domicílio conhecido como *hukou*, que determinava que uma pessoa adulta e sua família teriam direito ao trabalho, ao salário e ao provisionamento de serviços básicos, como saúde, educação, moradia e pensão, somente em seu local de origem. Isso ajuda a explicar o motivo pelo qual a população rural, que de cerca de 90%, em 1949, caiu para cerca de 80%, em 1958, manteve-se relativamente constante até 1978 (Carvalho, 2024).

Assim, em relação à educação, como a Tabela 6 mostra, foi registrado um aumento expressivo da taxa de matrícula na escola primária e no ensino secundário.

Tabela 6 – China: evolução de alguns indicadores da área de educação básica, em anos selecionados entre 1952 e 1978

	Taxa de matrícula na escola primária (%)	Concluídos do ensino primário que ingressaram no ensino secundário (%)	Proporção aluno/ professor nas escolas primárias
1952	49,2	96,0	35,6
1957	61,7	44,2	34,1
1962	56,1	45,3	27,6
1965	84,7	82,5	30,1
1970	n.d.	71,2	29,1
1975	96,8	90,6	29,0
1978	95,5	87,7	28,0

Fonte: "Comprehensive Statistical Data and Materials on 50 Years of New China" (China State Statistical Bureau, 2000), *apud* Zhang e Kanbur (2005, p. 141).

No caso da saúde, aumentaram os leitos e o número de profissionais por pessoa, tanto no campo quanto na cidade, como a Tabela 7 mostra. Isso teve um grande impacto na mortalidade infantil: a proporção de 131,8 mortes a cada mil nascidos vivos, em 1950, caiu para 51,5, em 1978. Tal melhora se traduziu em um aumento substancial da expectativa de vida na China, que saiu de 43,7 anos em 1950 – inferior à média mundial (46,5 anos) – para 63,2 anos em 1978 – superior à média mundial (59,7) (ONU, 2024). Os avanços na saúde permitiram que a China praticamente dobrasse sua população entre 1949 e 1978, saindo de 541,7 milhões para 962,6 milhões (NBS, 2024).

Tabela 7 – China: evolução de alguns indicadores da área de saúde básica, em anos selecionados entre 1952 e 1978

	Leitos hospitalares para cada 1.000 pessoas (cidade)	Leitos hospitalares para cada 1.000 pessoas (campo)	Profissionais de saúde para cada 1.000 pessoas (cidade)	Profissionais de saúde para cada 1.000 pessoas (campo)
1952	1,46	0,08	2,71	0,95
1957	2,08	0,14	3,60	1,22
1962	3,88	0,45	5,07	1,50
1965	3,78	0,51	5,38	1,46
1970	4,03	0,85	4,71	1,22
1975	4,46	1,23	6,70	1,41
1978	4,70	1,41	7,50	1,63

Fonte: "Comprehensive Statistical Data and Materials on 50 Years of New China" (China State Statistical Bureau, 2000), ***apud*** **Zhang e Kanbur (2005, p. 141).**

Por fim, observa-se que, embora as comunas tenham ampliado a provisão de serviços de educação e saúde no campo, e a sociedade chinesa apresentasse níveis bastante reduzidos de desigualdade intra-campo e intra-cidade, foi preservada uma desigualdade significativa entre o meio urbano e o rural. Entre 1952 e 1978, o consumo per capita das famílias rurais cresceu em média 1,8% a.a., ao passo que o das famílias urbanas cresceu 2,3% a.a. (SSB, 1991, *apud* Carvalho, 2024). Conforme estudo do Banco Mundial (1981, p. 56), em 1979 na China, a taxa média entre a renda per capita urbana e a rural era de 2,2, e o índice de Gini da China era de 0,33 (*Ibidem*, p. 64).

Em síntese

O Período Maoista (1949-1978), a despeito das inflexões registradas, logrou êxito em unificar o país e preservar sua integridade territorial, com sua soberania reconhecida internacionalmente, sob a autoridade política do PCCh. Economicamente, partindo de uma situação de extrema defasagem, e apesar das inflexões observadas, em particular a crise econômica durante o Grande Salto Adiante, este período marca o início da industrialização no país, com ênfase na indústria pesada, a retomada do crescimento econômico e a melhoria dos padrões de vida da população, em que pese as dificuldades enfrentadas em relação ao setor externo, sobretudo quando a China esteve afastada dos blocos liderados pela URSS e pelos EUA, e, também, em que pese a produtividade agrícola, que se manteve praticamente estagnada. Estas serão justamente as duas áreas cujas alterações marcaram o início das Reformas Econômicas iniciadas em 1978.

Referências

BANCO MUNDIAL. "China: Socialist Economic Development. The Main Report" (Report no. 3391-CHA). East Asia and Pacific Regional Office, 1981. Disponível em: https://documents1.worldbank.org/curated/zh/892681468215689422/pdf/multi0page.pdf.

______. "World Development Indicators." World Bank Group, 2024. Disponível em: https://databank.worldbank.org/source/world-development-indicators.

CARVALHO, Miguel Henriques de. "Inserção externa e crescimento econômico da China entre 1949 e 1978." Tese (Doutorado em Econômia) – PPGE-IE, UFRJ, Rio de Janeiro, 2024.

ELLEMAN, Bruce. *Modern Chinese Warfare, 1795-1989*. Nova Iorque: Routledge, 2001.

FAIRBANK, John King; GOLDMAN, Merle. *China: uma nova história*. Trad. Marisa Motta. Porto Alegre: L&PM, 2006.

KUNG, James Kai-sing. "The Political Economy of China's Great Leap Famine." In: MA, Debin; GLAHN, Richard Von. *The Cambridge Economic History of China. Volume II. 1800 to the Present*. Cambridge: Cambridge University Press, 2022, p. 642-684.

MADDISON, Angus. "Maddison Data Base 2010." Disponível em: https://www.rug.nl/ggdc/historicaldevelopment/maddison/releases/maddison-database-2010.

NATIONAL BUREAU OF STATISTICS OF CHINA (NBS). "National Data." Disponível em: https://data.stats.gov.cn/english/easyquery.htm?cn=C01.

ORGANIZAÇÃO DAS NAÇÕES UNIDAS (ONU). "Population Division Data Portal." United Nations, 2024. Disponível em: https://population.un.org/dataportal/data/indicators/61/locations/860/start/1950/end/2030/metadata/metadataindicators?df=47689105-204b-40dc-ab86-cf31998d03dd.

SPENCE, Jonathan. *The Search for Modern China*. Nova Iorque: W. W. Norton and Company, 1990.

STATE ADMINISTRATION OF FOREIGN EXCHANGE (SAFE). "Data and Statistics." Disponível em: https://www.safe.gov.cn/en/DataandStatistics/index.html.

STATE STATISTICAL BUREAU (SSB). "Statistical Yearbook of China, 1981." Hong Kong: Economic Information & Agency, 1982.

STATE STATISTICAL BUREAU (SSB) *Statistical Yearbook of China, 1985*. Oxford: Oxford University Press, 1985.

______. *Statistical Yearbook of China, 1990*. Nova Iorque: Praeger, 1991.

WALDER, Andrew. *China Under Mao: A Revolution Derailed*. Cambridge: Harvard University Press, 2015.

ZHANG, Xiaobo; KANBUR, Ravi. "Spatial inequality in education and health care in China." *China Economic Review*, 16 (2): 189-204, 2005.

A questão internacional em Mao Zedong: das origens aos impactos atuais

Diego Pautasso e Isis Paris Maia

Introdução

A questão internacional é um elemento central na obra de Mao Zedong. Sua abordagem nunca dissociou os desafios nacionais, sobretudo aqueles ligados ao desenvolvimento e à soberania, à luta anti-imperialista e aos invasores estrangeiros, bem como, posteriormente, à inserção externa do país.

A história da China sob a liderança de Mao se deu em meio a "águas turbulentas", seja durante a Segunda Guerra, seja na Guerra Fria. No primeiro momento, uma luta contra a dominação estrangeira, pondo fim ao Século de Humilhações e a uma completa desorganização nacional. No segundo, após a Revolução de 1949, uma tortuosa reconstrução nacional no contexto regional onde se expressavam, de forma mais aguda, as rivalidades entre as duas superpotências (Estados Unidos e União Soviética). Nessa espécie de *fronteira quente* do mundo bipolar, as tarefas de reconstrução nacional e garantia da independência não eram nem um pouco triviais.

Entre erros e acertos, Mao contribuiu para manter o regime, garantir a soberania e buscar alternativas ao desenvolvimento. Sua flexibilidade tática permitiu que se aliasse à União Soviética, depois buscasse um caminho próprio no Terceiro Mundo e ainda, subsequentemente, se aproximasse dos Estados Unidos. Até hoje, o movimento de aproximação de Pequim e Washington, saindo dos excessos da Revolução Cultural e do isolamento internacional decorrente do cisma sino-soviético, causa perplexidade. Afinal, a aliança entre Mao e Nixon é talvez a maior manobra político-diplomática da história, ao lado do Pacto Molotov-Ribbentrop (Hitler-Stalin). Em ambos os casos, os países estavam na defensiva e, lendo a correlação de forças, forjaram uma estratégia capaz de derrotar o inimigo principal para saírem fortalecidos de um quadro absolutamente adverso. No caso da China, um giro diplomático, continuado por Deng por meio da política de Reforma e Abertura, que, diferente do que muitos imaginavam, não resultou na restauração capitalista. Ao contrário, o país de hoje se apresenta cada vez mais vigoroso e, principalmente sob o governo de Xi Jinping, vem reforçando os elementos políticos caros à Revolução de 1949 e ao legado de Mao Zedong.

1. Mao Zedong e a questão internacional

A criação do Partido Comunista Chinês (PCCh) – como a grande maioria dos demais – derivou da Terceira Internacional (Cominter) de 1919, organizada por Lênin. Foram Grigori Voitinsky e Yang Mingzhai os responsáveis enviados à China para construir o partido fundado em 1921, tendo Chen Duxiu como secretário-geral. Nesse período, Mao Zedong formou um grupo de jovens comunistas em Hunan (Spence, 1995). Desde então, até sua morte em setembro de 1976, Mao se entrelaçou ao PCCh e à história da China de maneira indelével.

Como veremos, a questão internacional está presente em toda a obra e trajetória de Mao Zedong, originalmente ligada à luta anti-imperialista. Essa era a contradição principal e a amálgama política para a libertação nacional. Sob Sun Yat-sen, o Kuomintang se aproximou dos comunistas, mas, após sua morte em 1925, os grupos reacionários passaram a liderar o partido. Com Chiang Kai-shek, o Kuomintang (nacionalistas) chegou ao poder em 1927 e recrudesceu a perseguição ao Partido Comunista Chinês (PCCh), como ficou evidente no massacre de Xangai em 1927. Ainda assim, Mao buscou colocar em primeiro plano a prioridade de derrotar os inimigos estrangeiros. Para ele, não haveria reconstrução nacional e desenvolvimento sem independência e soberania.

A Reunião do Comitê Central do Partido Comunista da China (PCCh), realizada em 1935, foi responsável por formular a política de estabelecimento de uma *frente única* nacional e do Pacífico, de resistência contra a agressão japonesa e fascista. Mao (1975a) sentenciou, em "Sobre a Tática na Luta Contra o Imperialismo Japonês", que "o avanço atual da luta à escala nacional contra os invasores japoneses, e o avanço do movimento antifascista à escala mundial" se estenderão por toda a China e pelo mundo. Ciente do caráter reacionário de segmentos do Kuomintang, Mao (1975e) reforçou em "Lutemos para Incorporar as Massas por Milhões na Frente Única Nacional Anti-Japonesa", escrito em 1937, o objetivo imperativo de "derrotar o imperialismo japonês num esforço comum", mobilizando todos que estejam "a favor da resistência".

O que se observa é a clareza do líder chinês em mapear a correlação de forças, como expressou Mao (1975b) em "A Etapa Atual do Desenvolvimento das Contradições Internas e Externas da China". Segundo ele, a contradição com o Japão passou a ser a principal em face das contradições internas, gerando um rearranjo das relações políticas entre as classes no país e a aliança com o Kuomintang "sob três condições (cessação dos ataques às bases de apoio revolucionárias, garantia do direito do povo à liberdade, e armamento do povo)". Em outras palavras, Mao (1975b) enfatizou que era necessário derrotar os inimigos que têm trabalhado para sabotar a unidade e a guerra de resistência ao Japão, no caso, "os imperialistas japoneses, os colaboracionistas, as facções pró-japonesas e os trotskistas". Essa política resultou em um acordo entre o Partido Comunista e o Kuomintang em abril de 1937, enquanto o Japão escalava a guerra e formava o seu governo-fantoche (*Manchukuo*) na Manchúria.

Essa leitura entrelaçada das questões internacional e nacional levou Mao (1975c) a enfatizar, em "O Papel do Partido Comunista da China na Guerra Nacional", que "o patriotismo constitui uma aplicação do internacionalismo na guerra de libertação nacional". Segue ele afirmando que não é possível qualquer dissociação entre a "vitória da China e a derrota do imperialismo". Em suma, Mao promoveu uma aclimatação do marxismo que foi decisiva para a frente unida e a consequente guerra de resistência contra o Japão entre 1937 e 1945. Essa adaptação à realidade chinesa contribuiu para o entrelaçamento do PCCh às massas camponesas e à tradição histórica milenar do país (Fairbank e Goldman, 2006, p. 297-301).

Em 1945, tão logo se desenhava o fim da Segunda Guerra Mundial e a derrota japonesa, as lideranças do PCCh esboçaram um ajuste de sua política. Mao (1975d) escreveu no texto "Sobre o Governo de Coalizão" que, ao concluir-se a derrota "dos agressores japoneses, torna-se necessário proceder a reformas democráticas em todo o país" e lograr a "abolição da ditadura kuomintanista" através da "formação de um governo democrático de coalizão". Ou seja, ele destacou que o objetivo de fundo é a libertação nacional anti-imperialista e a superação da opressão feudal. Daí caberia à direção do PCCh uma revolução democrático-burguesa capaz de desenvolver as forças produtivas.

Após a rendição japonesa, que implicou desmobilizar mais de 2,15 milhões de soldados e 1,75 milhão de civis japoneses, a guerra civil voltou a escalar entre comunistas e nacionalistas, os últimos contando com apoio crescente dos Estados Unidos. O Kuomintang estava enfraquecido por conflitos políticos e pela crescente crise econômica, com desabastecimento e inflação. Enquanto isso, os comunistas realizavam reforma agrária e reorganizavam os territórios sob seu domínio, que estavam em posse de japoneses ou de colaboracionistas, o que fortaleceu o apoio dos camponeses. Tudo isso concorreu para que a vitória militar fosse conclusiva e o Kuomintang se refugiasse em Taiwan (Spence, 1995).

O desfecho da Revolução em 1 de outubro de 1949 levou Mao Zedong a formular a política de "inclinar-se para um lado", implicando que a China se uniria à União Soviética, aos países democráticos populares e às massas de outros países para formar uma frente única internacional. Com efeito, ato contínuo, em dezembro de 1949, o presidente Mao e o primeiro-ministro Zhou Enlai visitaram a União Soviética, no que resultou, em fevereiro de 1950, na assinatura do Tratado Sino-Soviético de Amizade, Aliança e Assistência Mútua. Para além da identidade político-ideológica, Mao reiterou o interesse nacional chinês e deixou claro que os privilégios russos na China cessariam. Os russo teriam que evacuar Lüshun e Dalian até 1952, territórios apropriados em 1898 e reafirmados em Yalta (1945) após a derrota japonesa (Spence, 1995).

No caso da Guerra da Coreia, Mao fez um balanço das tendências estratégicas para além da inviolabilidade do Paralelo 38, que dividia a Península Coreana em esferas de influência soviética (norte) e estadunidense (sul), desde a Conferência de Potsdam de julho de 1945. A ofensiva chinesa foi também uma estratégia defensiva contra a projeção estadunidense e seu entorno regional, enquanto Washington enviava a Sétima Frota para o Estreito de Taiwan, visando separar a ilha do controle de Pequim. O esforço da China em libertar a Coreia do imperialismo estadunidense não se concretizou por completo, mas afirmou a Nova China sob Mao como uma potência militar capaz de assegurar seus interesses imediatos, de se projetar como liderança no movimento comunista na Ásia e de responder ao cerco dos Estados Unidos. Mesmo sendo mais vulnerável na relação triangular com os soviéticos e os estadunidenses, Mao explorou a hostilidade das potências nucleares para lograr certa autonomia (Kissinger, 2011, p. 141-156).

Logo após o fim do conflito na Península, Mao ordenou o bombardeio das ilhas Quemoy e Matsu, no estreito de Taiwan, a cerca de 3 quilômetros do continente, consideradas a sua primeira linha de defesa. Ao mesmo tempo, Washington ampliava o cerco com a criação de uma aliança militar chamada Organização do Tratado do Sudeste Asiático (SEATO) em 1954, com países da região (Filipinas, Tailândia, Austrália, Nova Zelândia e Paquistão) e tradicionais aliados (França e Reino Unido). Mais uma vez, a estratégia de Mao foi política: no caso, não era ocupar as ilhotas, mas sim impedir Taiwan de romper sua ligação com o continente e reafirmar sua reivindicação de uma "China única" – e, quiçá, tensionar Moscou a apoiar o programa nuclear chinês. Na Crise do Estreito de 1958, mais uma vez Pequim buscou testar o apoio estadunidense à Ilha, colocar à prova a aliança soviética e reafirmar o papel global da China (Kissinger, 2011, p. 160-165, 178-179).

O forte envolvimento da China na Guerra da Coreia, além do bombardeio do Exército da População Popular (ELP) às ilhas do Estreito, demonstraram que a China não aceitaria que Taiwan se tornasse um problema insolúvel. Mesmo com a assinatura do tratado de defesa mútua entre Washington e Taipé, Pequim manteve a lógica de negociar enquanto luta. Apesar da fraqueza relativa, houve uma estratégia comum por detrás dos conflitos em que a China se envolveu sob a liderança de Mao no entorno regional, como as Crises do Estreito de Taiwan de 1954 e 1958, a Guerra da Coreia em 1950-1953, o confronto de fronteira com a Índia em 1962, o conflito com os soviéticos ao longo do rio Ussuri em 1969 e 1971, e a Guerra Sino-Vietnamita de 1979. Esta estratégia envolvia a *deterrência ofensiva* por meio de uma ação preventiva, "não tanto para derrotar o adversário militarmente quanto para desferir um golpe psicológico que o leve a desistir". Isto é, a abordagem maoista articulava um "golpe súbito seguido rapidamente de uma fase política", combinando "visão de longo alcance e elementos psicológicos" com vista a produzir a dissuasão de ameaças militares (Kissinger, 2011, p. 114-115, 142, 220).

2. Dos Cinco Princípios à Teoria dos Três Mundos

Sob a liderança de Mao, a diplomacia chinesa passou por importantes mudanças, de modo que conflito, competição, coexistência e cooperação passavam a depender do lugar e do ator. Segundo Gillespie (2012), logo após a Revolução de 1949 há uma aproximação com a União Soviética, ao mesmo tempo que Pequim forjou os Cinco Princípios de Coexistência Pacífica e o espírito de Bandung para atuar juntos aos países que buscavam escapar da bipolaridade. Com a ruptura sino-soviética, a ênfase se deslocou para o emprego de táticas revolucionárias e conflitos com as nações vizinhas. E o final da Era Mao marcou outro giro diplomático, que passou pela aproximação sino-estadunidense e por um crescente pragmatismo.

Logo após a Revolução Chinesa de 1949, Mao se inclinou na direção de uma aliança socialista com a União Soviética, percebendo Moscou como polo do novo campo socialista, crucial para sua reconstrução e para contrabalançar o poder dos Estados Unidos. A China visava recuperar territórios perdidos no Extremo Oriente e retomar o domínio sobre partes do Tibete, Xinjiang e Mongólia, além de lidar com disputas fronteiriças com a Índia em Aksai Chin e na Linha McMahon. Fato é que Mao foi implacável em recuperar o que considerava a "China histórica", parte subtraída através de "tratados desiguais", e em evitar o cerco por qualquer potência "independente da ideologia, que no seu entender estivesse conquistando muitas 'pedras' do *wei qi* em torno da China" (Kissinger, 2011).

Ao se reunir com membros da Delegação do Governo Indiano em dezembro de 1953, Zhou Enlai formulou os Cinco Princípios de Coexistência Pacífica, conforme estabelecido no Tratado Panchsheel, assinado em 29 de abril de 1954, entrando no léxico do Direito Internacional.[1] São eles o respeito mútuo pela integridade territorial e pela soberania, não agressão, não interferência nos assuntos internos, igualdade e benefício mútuo, e coexistência pacífica.

Tais postulados diplomáticos foram decisivos na Conferência de Bandung, realizada na Indonésia em abril de 1955 com a presença de vinte e nove países afro-asiáticos, resultando na criação do Movimento dos Países Não-Alinhados e no neutralismo terceiro-mundista. Assim, a diplomacia chinesa passou a atuar nessa arena como *locus* privilegiado da luta anti-imperialista. Mas a crescente

---

1 É possível saber mais neste documento publicado pelo Conselho Econômico e Social das Nações Unidas: https://legal.un.org/avl/pdf/ls/McWhinney_outline_PS.pdf ("Outline - Peaceful Coexistence and Contemporary International Law").

radicalização interna (Campanha Antidireitista [1957] e o Grande Salto Adiante [1958-1961]) limitou a ascendência do país, pois a moderação de Bandung deu lugar a uma linha revolucionária, engajando-se nos movimentos de libertação nacional.

Essa mudança da política externa chinesa encontra raízes na ruptura sino-soviética. O ponto-chave foi o XX Congresso do Partido Comunista da União Soviética e o discurso de Khrushchov denunciando Stalin em 1956. A China de Mao não aceitava a submissão aos soviéticos e se negou a aderir ao Pacto de Varsóvia, criado em 1955. O país também não aceitou as limitações ao desenvolvimento de seu programa nuclear, enquanto a União Soviética e os Estados Unidos uniram forças para impedir a China de desenvolver armas nucleares. Como sublinhou Losurdo (2004), Mao perseguiu com determinação esse objetivo sem se intimidar com as ameaças de Washington, pois sabia que era elemento-chave da própria emancipação e soberania chinesa – objetivo de nuclearização conquistado em 1964.

A escalada das divergências e rusgas levou à retirada de toda a ajuda econômica e técnica dos soviéticos na China, o que implicou a retirada unilateral de 1.390 dos seus especialistas e na consequente ruptura de mais de 600 acordos em julho de 1960. O resultado foi um contexto dramático para a China, uma vez que o Grande Salto Adiante não produziu os objetivos esperados e, ao mesmo tempo, os conflitos separatistas se agudizaram em Xinjiang, Taiwan e Tibete. Paralelamente, eclodiu uma guerra fronteiriça com a Índia (1962), cujo mote era a disputa por territórios. Mao, em face do insucesso em evitar os avanços indianos e o derramamento de sangue, optou mais uma vez por um ataque militar repentino para garantir o antigo status fronteiriço. A rivalidade sino-indiana contribuiu para aprofundar as divergências com os soviéticos e fortalecer o apoio de Moscou a Delhi.

Ao romper com a União Soviética, Mao alterou a compreensão da ordem mundial, dos "Dois Mundos da Guerra Fria", para uma teoria que privilegiava uma "zona intermediária", se opondo tanto ao imperialismo estadunidense quanto ao revisionismo soviético. Mao declarou que o campo de batalha se deslocava para a vasta zona que separava os dois polos rivais, formada por países periféricos e pelas vastas colônias e semicolônias da Ásia, África e América Latina (Yin, 2018), dando origem à Teoria dos Três Mundos e, com efeito, buscando construir um espaço para a China na arena internacional sem a sombra das superpotências.

O enfrentamento ao "revisionismo" de Khrushchov se expressou em uma mudança de paradigmas da China. No âmbito internacional, a diplomacia chinesa tornou-se crescentemente radical e ideológica, convergindo e apoiando o gigantesco levante anticolonial no Terceiro Mundo na década de 1960. No âmbito interno, a Revolução Cultural visava a superação do atraso, mas que resultou problemática em função do voluntarismo e do enfraquecimento das mediações do Estado e do Partido (Losurdo, 2004, p. 64, 151).

O golpe sangrento de 1965 na Indonésia marcou o início do fim deste engajamento chinês na periferia. Na verdade, a complexidade e a diversidade dos interesses nacionais dos países do Terceiro Mundo, além da projeção de poder das duas superpotências, estreitaram o campo de atuação da China. Internamente, durante a Revolução Cultural em 1966, o país mergulhou num verdadeiro frenesi ideológico sectário contra certas tradições culturais, bem como contra inimigos domésticos e estrangeiros, desencadeando uma onda de expurgos que o levou à beira da guerra civil. Internacionalmente, o cenário regional ficou adverso: a demonstração de poder soviético na Tchecoslováquia (1968) e na fronteira da China

(1969); o ressentimento do vizinho indiano que cada vez mais estreitava suas relações com o rival soviético; e a crescente mobilização dos Estados Unidos no Vietnã e em apoio a vizinhos da China, como Taiwan e Filipinas (Kissinger, 2011, p. 196-205).

Em face das adversidades regionais, da escalada dos conflitos internos no contexto da Revolução Cultural e do crescente isolamento internacional, Mao soube redefinir a inserção externa da China. A própria escalada das rusgas sino-soviéticas na fronteira em 1969 serviu para catalisar a aproximação sino-estadunidense. O fato é que Mao explorou esse quadro adverso para forjar um giro diplomático inesperado: a aproximação com os Estado Unidos justamente sob a gestão do republicano Nixon. Uma reavaliação objetiva da correlação de forças levou a uma política mais realista e pragmática, e à normalização das relações diplomáticas sino-estadunidenses nos anos 1970.

Um de seus documentos mais importantes foi o Comunicado de Xangai sino-estadunidense, de 1972, no qual Washington admite que "todos os chineses de ambos os lados do Estreito de Taiwan sustentam que existe apenas uma só China e que Taiwan é parte da China" e ainda afirma que defende um "acordo pacífico da questão de Taiwan pelos *próprios chineses*" (grifo meu).[2] Na mesma linha, os Comunicados de 1978 e 1982, bem como a Lei de Relações com Taiwan (1979) e as Seis Garantias (1982), reconhecem a posição de Pequim de *uma só China* e a rejeição ao uso da força para resolver o litígio. Por um lado, a posição de Washington garantiu, através de ambiguidade estratégica, que fossem mantidas as relações com Taiwan, bem como o suporte militar para a ilha e certa estabilidade no Estreito. Por outro, foi essa aproximação, sob a liderança de Mao e Zhou, que garantiu a

2 Ver a íntegra do documento, disponível em: http://www.taiwandocuments.org/communique01.htm ("Shanghai Communiqué", Taiwan Documents Project [TDP]).

Pequim o conceito-chave de *uma só China*, responsável por estreitar progressivamente as possibilidades de separatismo de Taiwan.

No mesmo contexto da aproximação sino-estadunidense, Mao formulou a já anteriormente citada Teoria dos Três Mundos, oficialmente pronunciada por Deng Xiaoping na Sexta Sessão Especial da Assembleia Geral da ONU, em 10 de abril de 1974.[3] A Teoria definiu as duas superpotências (Estados Unidos e União Soviética) como Primeiro Mundo; a Europa, o Japão, o Canadá e a Austrália como Segundo Mundo; e a periferia do sistema internacional, incluindo a China, como Terceiro Mundo. Nitidamente, Mao percebeu a importância de matizar a aproximação pragmática com os Estados Unidos ao reforçar sua identidade com os países da periferia do sistema. Esse movimento representou também um distanciamento da orientação externa baseada na afinidade ideológica e no engajamento junto a movimentos revolucionários, em consonância com a reorientação (desradicalizada) da política doméstica baseada na Reforma e Abertura.

3. Ecos de Mao na diplomacia chinesa atual

O fim da Era Mao, com a morte do líder chinês em 1976, não representou a interrupção de seu legado; pelo contrário, os ecos de sua influência se apresentam de diversas maneiras na diplomacia da China atual, como veremos. A própria reorientação econômica e política do país, conduzida por Deng Xiaoping a partir das Reformas, tem na origem a própria retificação iniciada por Mao Zedong, durante o fim da Revolução Cultural e a aproximação sino-estadunidense.

---

3 Para ler o discurso de Deng Xiaoping na íntegra, acesse este link: https://www.marxists.org/reference/archive/deng-xiaoping/1974/04/10.htm ("Speech By Chairman of the Delegation of the People's Republic of China, Deng Xiaoping, At the Special Session of the U.N. General Assembly", *Marxists.org*).

Nesse contexto, foi elaborada a nova Constituição em 1982, que reiterou diversas vezes que a modernização socialista deveria ser guiada pelo "Partido Comunista da China e a inspiração do marxismo-leninismo e do Pensamento Mao Zedong".[4] Mais recentemente, em termos legais, foi publicada em 2023 a nova "Lei das Relações Exteriores da República Popular da China".[5] Nesse documento, com 7 capítulos e 45 artigos, é facilmente identificável os pressupostos da Era Mao sob a atual diplomacia chinesa. Já nos Princípios Gerais é enfatizada a centralidade da soberania, da paz e do desenvolvimento no mundo, além das questões relativas à China, como a segurança nacional, o rejuvenescimento e o caráter socialista do país. Tanto o Pensamento de Mao Zedong quanto os Cinco Princípios perpassam a maior parte da nova Lei.

O novo léxico da diplomacia chinesa tem recuperado elementos históricos, adaptando-os à nova realidade do país e do sistema internacional. Assim como a tradicional e milenar Rota da Seda ganhou sua versão contemporânea, a "Iniciativa Cinturão e Rota" e os Cinco Princípios da Coexistência Pacífica também têm sido parte da narrativa chinesa. Vejamos como, em 2015, Xi Jinping utilizou esse léxico na Cimeira Ásia-Africana, combinando passado e presente. Ele disse que a centralidade do espírito de Bandung se liga a "novos elementos, consistentes com a mudança dos tempos", tendo em vista promover "um sistema internacional mais justo e equitativo", de modo a "abandonar

---

4 Para ver detalhes da Constituição da República Popular da China de 1982, consulte o link disponível em: https://china.usc.edu/constitution-peoples-republic-china-1982 (USC US-China Institute).

5 Para ver a íntegra da Lei no site da Xinhua, consulte o link disponível em: https://english.news.cn/20230628/28c7aedd386440ba9c370eb22476d430/c.html ("The Law on Foreign Relations of the People's Republic of China", *XinhuaNet*).

pensamentos ultrapassados, como a mentalidade da Guerra Fria", e "enfrentar desafios globais, como o terrorismo, os riscos para a saúde pública, a segurança cibernética e as alterações climáticas".[6]

Nitidamente, a diplomacia da China tem buscado forjar novas ideias-força para orientar sua inserção internacional. Em 2012, Hu Jintao criou o conceito de *comunidade global de futuro partilhado*. Esse conceito defende um mundo caracterizado pela abertura e inclusão, equidade e justiça, coexistência harmoniosa, diversidade e aprendizagem mútua, e unidade e cooperação.[7] Seu sucessor, Xi Jinping, lançou em 2021 a nova Iniciativa de Desenvolvimento Global (GDI) na Assembleia Geral das Nações Unidas.

A China está pavimentando um *projeto chinês de globalização*, cujo núcleo é a Iniciativa do Cinturão e Rota (Pautasso, 2019). Essa iniciativa fortalece o envolvimento sistêmico da China com o Sul Global – envolvimento oriundo da Conferência de Bandung (Liu, 2022) e do Grupo dos 77, surgido em 1964. O robustecimento da cooperação Sul-Sul está articulado a outras iniciativas diplomáticas, tais como BRICS+, FOCAC, RCEP, OCX, Fórum China-CELAC e tantas outras. Com efeito, a China reitera a convergência de desafios comuns e de identidades com os demais países em desenvolvimento, ao passo que busca impulsionar a conformação de um mundo multipolar.

É impossível não notar os ecos da contribuição de Mao Zedong na política externa da China. Primeiro, a flexibilidade política, capaz

---

6 Para ver o discurso de Xi Jinping, consulte o link disponível em: https://www.fmprc.gov.cn/mfa_eng/wjdt_665385/zyjh_665391/201504/t20150430_678308.html (Ministry of Foreign Affairs of The People's Republic of China).

7 Para ver o documento do Gabinete de Estado com Propostas e Ações, publicado em 2023, consulte o link disponível em: https://www.fmprc.gov.cn/eng/zxxx_662805/202309/t20230926_11150122.html (Ministry of Foreign Affairs of The People's Republic of China).

de identificar a mudança da correlação de forças internacionais, inclusive modulando o lugar dos Estados Unidos para sua inserção externa. Segundo, o entendimento de que os Cinco Princípios e a atuação junto aos países periféricos é a chave para se contrapor ao polo *hegemon* (Estados Unidos). Terceiro, a consolidação da política de *uma só China* garantiu o status de Pequim sobre Taiwan mesmo com as diversas tensões que se seguiram, como a crise de 1996.

Definitivamente, estamos diante de uma personalidade que não cabe em abordagens simplistas e eivadas de paixões. Mesmo um conservador como Kissinger, porém *expert* no país oriental, reconheceu que Mao tinha arraigado comprometimento ideológico e, ao mesmo tempo, frieza e pragmatismo geopolítico, de modo que conseguiu pegar um país "arrasado pela guerra e o conduzira habilmente entre facções domésticas antagônicas, superpotências hostis, um Terceiro Mundo ambivalente e vizinhos desconfiados". Fato é que a China sobreviveu "a guerras, tensões e dúvidas enquanto sua influência crescia e, no fim, tornou-se uma superpotência emergente, cuja forma de governo comunista sobreviveu ao colapso do mundo comunista" (Kissinger, 2011, p. 314).

Em síntese

A China que se alça à condição de potência mundial, e que lidera diversas iniciativas diplomáticas, encontra elementos de *continuidade* evidentes entre o legado da Revolução e de seu líder maior, Mao Zedong, e a atualidade sob Xi Jinping. As próprias mudanças se assentam na flexibilidade política da diplomacia chinesa, consoante com suas capacidades e com a correlação de forças internacionais – também um eco da herança de Mao.

Nesse sentido, o pragmatismo da diplomacia chinesa após as Reformas não representa ruptura alguma com o legado do Mao, responsável por este giro na virada dos anos 1960-1970, tampouco é antagônico à ideologia que deita raízes na Revolução de 1949. Ao contrário, essa postura tem sido a forma de articulação do interesse nacional da China e da construção socialista com a inserção internacional. Ou seja, a leitura feita por Mao, posteriormente conduzida por Deng, é de que a China estava numa defensiva e, portanto, deveria conduzir uma política externa *low profile*. À medida que a China foi se fortalecendo, sua *realpolitik* foi se adequando à capacidade de projetar seu interesse e de liderar iniciativas diplomáticas internacionais.

Com efeito, desde a virada do século XXI, e sobretudo sob Xi, o protagonismo da China vem crescendo em diversas arenas, fóruns, processos de integração, entre outros. Se daí deriva a crescente hostilidade dos Estados Unidos em relação à China e às transições sistêmicas em curso, deriva também a clareza de Pequim acerca do imperativo de fortalecimento da cooperação Sul-Sul. Assim, o internacionalismo deixa de ser aquele exaltado dos anos 1960 para se expressar na forma de uma interação com a periferia que impulsione o desenvolvimento e a soberania. E nessa adequação da política externa às mudanças conjunturais e estruturais do sistema internacional, também encontramos os ecos das contribuições de Mao Zedong.

Referências

FAIRBANK, John; GOLDMAN, Merle. *China: uma nova história*. Porto Alegre: L&PM, 2006.

GILLESPIE, Sandra. "Diplomacy on a South-South dimension: the legacy of Mao's three-worlds theory and the evolution of

Sino-African relations." In: SLAVIK, H. *Intercultural communication and diplomacy*. Malta: Diplo Foundation, 2004, p. 109-130.

KISSINGER, Henry. *Sobre a China*. Rio de Janeiro: Objetiva, 2011.

LIU, Hong. "China engages the Global South: From Bandung to the Belt and Road Initiative." *Global Policy*, 13 (1): 11-22, 2022.

LOSURDO, Domenico. *Fuga da História?* Rio de Janeiro: Revan, 2004.

PAUTASSO, Diego. "A Nova Rota da Seda e seus desafios securitários: os Estados Unidos e a contenção do eixo Sino-Russo." *Estudos Internacionais*, 7 (2): 85-100, ago. 2019.

SPENCE, Jonathan. *Em busca da China moderna*. São Paulo: Companhia das Letras, 1995.

YIN, Han. "On the Philosophical Perspective of Mao Zedong's International Strategic Theory." In: *Proceedings Of The 2Nd International Conference On Economics And Management, Education, Humanities And Social Sciences*. [s.l.]: [s.n.], 2018, p. 202-205. Disponível em: https://doi.org/10.2991/emehss-18.2018.41.

ZEDONG, Mao. "Sobre a Tática na Luta Contra o Imperialismo Japonês." In: *Obras Escolhidas de Mao Zedong*. Pequim: People's Press, t. 1, 1975a, p. 249-294.

______. "A Etapa Atual do Desenvolvimento das Contradições Internas e Externas da China." In: *Obras Escolhidas de Mao Zedong*. Pequim: People's Press, t. 1, 1975b, p. 445-480.

______. "O Papel do Partido Comunista da China na Guerra Nacional." In: *Obras Escolhidas de Mao Zedong*. Pequim: People's Press, t. 2, 1975c, p. 319-347.

______. "Sobre o Governo de Coalizão." In: *Obras Escolhidas de Mao Zedong*. Pequim: People's Press, t. 3, 1975d, p. 315-429.

______. "Lutemos para Incorporar as Massas por Milhões na Frente Única Nacional Anti-Japonesa." In: *Obras Escolhidas de Mao Zedong*. Pequim: People's Press, t. 1, 1975e, p. 481-497.

PARTE III

Sobre o Pensamento de Mao Zedong

O Pensamento de Mao Zedong foi tão diverso quanto complexo. Implicou aclimatar o marxismo à longa história chinesa e aos desafios do seu tempo. Enfrentou com formulações originais cada contradição política. O Pensamento de Mao, consagrado na Constituição chinesa desde 1982, tratou de muitos temas em sua vasta obra. Nessa Parte, quatro capítulos abordam temas como a guerra e a paz, a arte e a cultura, bem como os imperativos da organização político-partidária. E essa é apenas uma luz sobre um campo inexplorado, quando não tratado de forma caricata.

Mao Zedong: o Clausewitz do século XX

Luiz Eduardo Motta

1. Mao Zedong e a teoria da guerra

O título deste artigo foi extraído de uma citação cujo autor é conhecido devido às suas posições políticas, notadamente alinhadas ao campo da direita: Carl Schmitt. No entanto, Schmitt, ao escrever o seu texto – hoje um clássico – *Teoria do partisan*, introduziu no campo da filosofia e da ciência política uma nova problemática, até então pouco conhecida, sobre o papel político do guerrilheiro. Além disso, Schmitt reconheceu a contribuição de Mao Zedong à teoria da guerra, dando um novo olhar sobre a guerra de guerrilhas e a guerra popular. E essa contribuição de Mao à problemática da guerra foi um dos principais aspectos de sua obra, que abordou desde temas filosóficos até questões concernentes às classes sociais da China, o papel do partido revolucionário, a transição socialista etc.

Raymond Aron chama a nossa atenção para seu desconhecimento do quanto Mao Zedong conhecia, de fato, diretamente a obra do general prussiano, possivelmente o tendo conhecido por meio das citações de Lênin (Aron, 1986, p. 98). Embora Aron sugira que Mao tivesse uma intimidade maior com os preceitos estabelecidos por Sun Tzu (Aron, 1986, p. 99), o próprio Mao afirmou que o seu conhecimento da obra do estrategista chinês era superficial, o conhecendo de modo indireto (Mao Zedong, 2015, p. 164). Isso nos leva a deduzir que boa parte da sua contribuição teórica e estratégica da guerra popular adveio da sua experiência na guerra contra o Kuomintang e os invasores japoneses. De qualquer forma, há aspectos das teses de Clausewitz presentes na obra de Mao Zedong, ainda que o líder chinês trouxesse novas contribuições à teoria da guerra.

Para Clausewitz, a arte da guerra é composta de três elementos articulados entre si: a violência, o acaso e a política. Como afirma Clausewitz, "a violência constitui, portanto, o meio; o fim será impor a nossa vontade ao inimigo" (Clausewitz, 1979, p. 73). Mais adiante, ele destaca que "a guerra é um ato de violência e não há nenhum limite para a manifestação desta violência" (Clausewitz, 1979, p. 75). O acaso é para Clausewitz um dos elementos centrais da problemática da guerra: "A guerra é o domínio do acaso" (Clausewitz, 1979, p. 107). A natureza pode jogar a favor ou contra determinado exército, como também há a fortuna resultante de uma tomada de decisão precipitada, ou a chegada de um novo elemento imprevisível (a morte de um comandante, a exemplo do Imperador Constâncio II, que acabou por indicar para sua sucessão o seu primo Juliano, que estava travando uma guerra contra ele pela liderança do Império romano). Como ele diz, "nenhuma atividade humana depende tão completamente e universalmente do acaso como a guerra. O acidental e a sorte desempenham, pois, com o acaso, um grande papel na guerra" (Clausewitz, 1979, p. 85).

Já o elemento político é o motor da guerra. Nenhuma guerra – seja interna ou externa – é materializada sem uma motivação política, seja de caráter geopolítico ou ideológico. Há, portanto, o primado da política sobre a arte (ou prática) da guerra. Como ele observa em *Da guerra*: "A guerra duma comunidade – de nações inteiras e, particularmente, de nações civilizadas – surge sempre de uma situação política, e só resulta de um motivo político. Aí está por que razão a guerra é um ato político" (Clausewitz, 1979, p. 86). Mais adiante, Clausewitz enuncia a sua máxima de que a guerra é a continuação da política: "A guerra não é somente um ato político, mas um verdadeiro instrumento político, uma continuação das relações políticas, uma realização destas por outros meios" (Clausewitz, 1979, p. 87).

Dos três elementos centrais da guerra, é a política que Clausewitz mais destaca ao longo de sua obra. Ao abordar que a guerra é a continuação da política por outros meios no livro I (*A natureza da guerra*), Clausewitz retoma essa definição no livro VIII (*O plano de guerra*) e lhe dá destaque em várias passagens como essa que vemos a seguir: "As guerras só são, como já o dissemos, manifestações da própria política. A subordinação do ponto de vista político ao da guerra seria absurdo, visto que foi a política que preparou a guerra; a política é a faculdade intelectual, a guerra só é o instrumento, e não o inverso. Subordinar o ponto de vista militar ao ponto de vista político é, portanto, a única coisa que se pode fazer" (Clausewitz, 1979, p. 739).

O conceito de guerra, portanto, atinge outro patamar se comparado às contribuições precedentes à obra de Clausewitz, como *A arte da guerra* de Sun Tzu e *A arte da guerra* de Maquiavel, mais centradas nas questões estratégicas e de formação militar, ainda que os elementos implicantes da natureza na guerra estejam presentes em Sun Tzu. Mas o diferencial, a descontinuidade epistemológica de Clausewitz em relação a essas obras, é a centralidade e o primado da política sobre a guerra, o que oferece um novo campo conceitual para a problemática da guerra. Como observa precisamente André Glucksmann, em Clausewitz "o campo de batalha se converte em um lugar teórico elevado" (Glucksmann, 1969, p. 33).

Retomando a contribuição de Mao Zedong à teoria da guerra, a problemática da política ultrapassa a de Clausewitz quando aponta que o exército também exerce uma função política na prática da guerra. Raymond Aron demarca essa contribuição original de Mao Zedong em seu estudo sobre a obra de Clausewitz:

> A unidade da política e da guerra, na teoria maoísta da revolução armada ou da guerra civil, ultrapassa amplamente o que Clausewitz escreveu e mesmo pensou. O exército empreende a transformação social - essência do projeto revolucionário - durante as próprias hostilidades. A ação política e a militar se completam, se multiplicam uma pela outra, ainda que o pêndulo se arrisque sempre a tender mais para um lado do que para o outro. Quanto à dualidade, equívoca em Clausewitz, entre o objetivo militar e o fim político - inevitavelmente equívoca já que varia segundo as guerras -, esta dá lugar à unidade. O aniquilamento das forças inimigas permanece sendo o fim - pela primeira vez nos dois sentidos da palavra - da guerra. Mas este aniquilamento equivale à tomada do poder pelo povo em armas ou pelas classes operárias camponesas unidas no partido comunista. (Aron, 1986, p. 102)

Aron tem razão em sua observação quanto à contribuição original da teoria da guerra, ao incorporar o papel do partido político e do exército popular como um sujeito político no processo de politização das grandes massas, algo inexistente nos exércitos modernos analisados por Clausewitz (notadamente o exército francês a despeito da sua base popular), e mesmo no campo do marxismo. Mao Zedong introduz o princípio leninista do Partido ao exército revolucionário como centro mobilizador das massas desorganizadas em meio ao processo revolucionário.

Mas antes de tratar da questão do partido e do exército revolucionário, e de sua distinção quanto à teoria foquista guevarista, é necessário tratar das contribuições de Mao Zedong ao significado do conceito de guerra, e da relação deste com a política.

A contribuição de Mao Zedong à teoria da guerra encontra-se nos seguintes textos: "Problemas estratégicos da guerra revolucionária na China" (1936), "Problemas estratégicos da guerra de guerrilhas contra o Japão" (1938), "Sobre a guerra prolongada" (1938), "Problemas da guerra e da estratégia" (1938). Há uma clara interligação entre esses quatro textos, sendo que três foram escritos no mesmo ano, 1938.

"Problemas estratégicos da guerra revolucionária na China" é o texto em que Mao mais fundamenta o sentido conceitual da guerra, e onde nos oferece um diálogo direto com Clausewitz em seus aspectos teóricos. E, para isso, ele parte do ponto de vista do marxismo para analisar a problemática da guerra, pois, como afirma: "O método marxista é, ao mesmo tempo, um binóculo e um microscópio quer no plano político, quer no domínio militar" (Mao Zedong, 2011, p. 371). Isso significa que a guerra tem de ser entendida no seu todo, e não como um aspecto meramente isolado.

As leis da guerra revolucionária estão inseridas nas leis da guerra num plano geral. Como ele afirma, "devemos estudar não só as leis da guerra em geral, mas também as leis específicas da guerra revolucionária e ainda as leis particularmente específicas da guerra revolucionária na China" (Mao Zedong, 2011, p. 296). A guerra é definida desde o surgimento da propriedade privada e das classes sociais, e assim é a forma suprema de luta para resolver as contradições, em determinada etapa do seu desenvolvimento, entre classes, nações, Estados ou grupos políticos.

Embora esse texto anteceda o clássico ensaio filosófico de Mao, "Sobre a contradição", de 1937,[1] podemos perceber a sua aplicabilidade no entendimento da sua teoria sobre a problemática da guerra. A

1 André Glucksmann (1969, p. 318) também faz uma observação a respeito do emprego da teoria das contradições para o entendimento da estratégia militar empregada por Mao Zedong.

guerra envolve um conjunto de contradições internas e externas, e esse é o ponto de partida para a compreensão do todo que envolve a guerra.

Como observa Mao Zedong, "a guerra revolucionária, seja uma guerra revolucionária de classe ou uma guerra revolucionária nacional, além das condições e natureza da guerra em geral, tem as suas condições e natureza próprias, estando, por isso, submetida às leis da guerra em geral e, igualmente, às leis específicas" (Mao Zedong, 2011, p. 297). Portanto, a guerra revolucionária tem como ponto de partida uma matriz conceitual, o que vem a ser a guerra em geral, que contém os conceitos de estratégia, tática, guerra de movimento, guerra de posição etc. Todavia, esses conceitos têm de ser vistos à luz da guerra revolucionária, e na particularidade da formação social chinesa.

Assim sendo, a guerra revolucionária travada na China não poderia se espelhar mecanicamente em outras experiências pretéritas, a exemplo da Revolução Russa. Na seguinte passagem, Mao Zedong faz uma crítica a toda concepção mecanicista na questão da guerra:

> Se encararmos o lugar onde se desenrola a guerra, cada país, cada nação, e em particular um grande país, uma grande nação, tem as suas particularidades e, por consequência, as leis da guerra em cada país, em cada nação, têm também as suas particularidades, não podendo ser transpostas mecanicamente dum país para outro. (Mao Zedong, 2011, p. 300)[2]

2 Vo Nguyen Giap possivelmente conhecia esses textos militares de Mao Zedong. Contudo, ele afirmava as particularidades do Vietnã em sua aplicabilidade: "A luta armada no Vietnam reflete naturalmente as leis da luta armada revolucionária em geral, comportando, entretanto, particularidades e leis que lhe são próprias" (Giap, 1968, p. 61).

Há, para Mao Zedong, em relação aos revolucionários, como também para os seus adversários, uma mudança no que concerne às técnicas, táticas e estratégias, haja vista que as condições próprias de cada guerra variam de um estágio para outro. Todas as leis de condução da guerra mudam segundo o desenvolver da História e segundo a transformação da própria guerra. Como ele próprio afirma, "nada é imutável no mundo" (cf. Mao Zedong, 2011, p. 301).

Em sua contribuição à teoria da guerra, Mao Zedong estabelece uma distinção fundamental no conceito desta, ao demarcar a oposição entre uma guerra justa e uma injusta. Como ele afirma, "a guerra, esse monstro que faz com que os homens se matem, acabará por ser eliminada pelo próprio desenvolvimento da sociedade humana. [...] A História só registrou duas espécies de guerras: as guerras justas e as guerras injustas. [...] Todas as guerras contrarrevolucionárias são injustas, todas as guerras revolucionárias são justas. [...] O estandarte da guerra justa da humanidade é o estandarte da salvação da humanidade" (Mao Zedong, 2011, p. 302). De acordo com Mao, somente com a supressão das classes e do Estado, as diversas sociedades encontrariam o caminho da paz sem as guerras. De acordo com essa passagem, "ao estudarmos as leis da guerra revolucionária, nós partimos da aspiração de suprimir todas as guerras. Nisso reside a diferença entre nós, os comunistas, e os representantes de todas as classes exploradoras" (Mao Zedong, 2011, p. 303).

Essa afirmação entre as guerras justas e injustas é uma contribuição inovadora de Mao Zedong à problemática da guerra constituída por Clausewitz. Neste, tal conceito adquire uma neutralidade axiológica, o que inexiste na teoria da guerra de Mao, já que, se a guerra é a continuação da política por outros meios, isso abarca a guerra como uma luta de opressores e oprimidos, a exemplo das guerras anticoloniais de libertação nacional, como as travadas na Ásia e na África, assim como a resistência às ditaduras militares na América Latina, ou contra o nazifascismo. A guerra tem uma acepção política, e também ideológica, em sua materialidade. Isso aponta o seu caráter progressista ou não progressista.

Mao Zedong retoma a fórmula de Clausewitz de que a guerra é a continuação da política por outros meios. Como era um autor realista, Mao não exclui a violência da prática política. Como ele afirma em seu texto "A guerra prolongada", desde os tempos mais antigos, nunca houve guerra que não tivesse caráter político. É o que nos diz na seguinte passagem desse texto:

> Quando a política se desenvolve até uma certa etapa para além da qual já não pode prosseguir segundo os meios habituais, a guerra estala para remover da estrada política os obstáculos. [...] Quando os obstáculos são removidos e o objetivo político é atingido, a guerra termina. [...] Pode portanto dizer-se que a política é guerra sem derramamento de sangue, e a guerra, a política sangrenta. (Mao Zedong, 2011b, p. 242-243)

Em "Relatório sobre uma investigação feita no Hunan a respeito do movimento camponês", Mao Zedong demarca claramente o papel da violência na prática política revolucionária: "Uma revolução não é o convite para um jantar, a composição de uma obra literária, a pintura dum quadro ou a confecção dum bordado; ela não pode ser assim tão refinada, calma e delicada, tão branda, tão afável, tão cortês, comedida e generosa. Uma revolução é uma insurreição, é um ato de violência pelo qual uma classe derruba a outra" (Mao Zedong, 2011, p. 28).

A política revolucionária, portanto, incorpora dentro de si a violência. A guerra revolucionária expressa materialmente a violência política. Quando se encerra o diálogo entre duas partes adversas, o recurso da violência toma o primado da prática política. E essa lição de Mao Zedong foi incorporada por diversas organizações revolucionárias dos chamados países do Terceiro Mundo nos anos 1960/1970, principalmente a partir da perspectiva da guerra prolongada. Isso será visto a seguir na próxima parte deste capítulo.

2. Guerra popular prolongada e sua divergência com o foquismo

Os anos 1960 foram marcados por vários acontecimentos no campo da esquerda marxista, como a vitoriosa Revolução Cubana, as lutas de libertação na África e a ruptura sino-soviética. Esses fatos incidiram num debate interno nas organizações comunistas, já que geraram divergências quanto à via pacífica ao socialismo que era defendida pela União Soviética. Tanto a Revolução Cubana quanto a oposição da China ao caminho pacifista defendido pela URSS geraram uma série de rachas nos partidos comunistas em escala global. A resultante disso foi a opção por dois caminhos pela via da luta armada: o foquismo inspirado na Revolução Cubana e a guerra popular prolongada de inspiração chinesa.

Tomando a América Latina como exemplo, vimos o surgimento de diversas organizações reivindicando o legado dessas duas experiências revolucionárias. Na Argentina, o Partido Comunista Revolucionário (PCR) e a Vanguarda Comunista (VC) defendiam a via chinesa, enquanto os agrupamentos peronistas revolucionários, como os Montoneros, as Forças Armadas Peronistas (FAP) e as Forças Armadas Revolucionárias (FAR), juntamente com o Exército

Revolucionário do Povo (ERP), de origem trotskista, a despeito de suas diferenças, tinham como inspiração o modelo revolucionário cubano. Já na Colômbia, o Partido Comunista (Marxista-Leninista) e o Exército Popular de Libertação (EPL) adotaram a via chinesa, enquanto o Exército de Libertação Nacional (ELN) se baseou na Revolução Cubana. Já no Peru, a tendência maoista foi constituída pela dissidência do Partido Comunista do Peru (depois Peruano) - Bandera Roja (PCP-ML), que, por sua vez, teve como dissidência o Partido Comunista do Peru - Sendero Luminoso (PCP-SL).[3]

Já no Brasil, sobretudo a partir de 1964, aconteceram várias evasões no interior do Partido Comunista Brasileiro (PCB). A primeira, e que precedeu o golpe de março de 1964, foi a do Partido Comunista do Brasil (PCdoB), que em 1965 se aproximou do Partido Comunista Chinês e começou a defender a via da guerra popular prolongada, inspirada na Revolução Chinesa. Depois de 1964, sucederam-se várias dissidências no interior do PCB. As mais significativas foram a Ação de Libertação Nacional (ALN), o Movimento Revolucionário 8 de Outubro (MR-8) e o Partido Comunista Brasileiro Revolucionário (PCBR). Essas organizações, sobretudo a ALN e o MR-8, se inspiraram no foquismo cubano. Somadas a essas organizações, embora não oriundas do PCB, mas sim da Organização Revolucionária Marxista Política Operária (Polop), a Vanguarda Popular Revolucionária

---

3 Sobre o PCR e a VC argentinas, veja Rupar (2014 e 2015); sobre os Montoneros e as demais organizações armadas argentinas, veja Motta (2021), Lanusse (2007), Langhi (2008), Gillespie (2008) e Donatello (2010); sobre o ERP, veja Pozzi (2004) e De Santis (2010); sobre as FARC, veja Ramos (2015); sobre o EPL, veja Rosero (2013); sobre o ELN, veja Pérez (2012); sobre o PCP-SL, veja Degregori (2018), Poole e Rénique (2018), e Sanchez e Ríos (2018); sobre o maoismo na América Latina, veja Urrego (2016).

(VPR) e a Vanguarda Armada Revolucionária - Palmares (VAR-Palmares) também defendiam a via foquista.[4]

O maoismo,[5] como o guevarismo, tornou-se uma referência teórica de peso para essas novas organizações. É importante destacar que o termo "maoismo" é oriundo dessas dissidências dos Partidos Comunistas tradicionais, visto que na China a expressão que se empregava (e ainda se emprega) é "Pensamento Mao Zedong". O conceito de maoismo tornou-se um suporte teórico e político para essas organizações que se opunham às diretrizes dos partidos comunistas vinculados ao Partido Comunista Soviético. Ademais, além da defesa da via armada inspirada na guerra popular prolongada, a emergência da Revolução Cultural na China, em 1966, tornou-se um modelo de transição revolucionária a ser adotado como referência de uma experiência socialista concreta.

No Brasil, além do PCdoB, outras organizações adotaram o maoismo como principal referência teórica e política. Oriundas do PCdoB, vieram a Ala Vermelha (PCdoB-AV) e o Partido Comunista Revolucionário (PCR). Contudo, a absorção do maoismo por essas duas organizações foi de forma eclética, haja vista que a Ala Vermelha tentou fundir a guerra popular prolongada com o foquismo guevarista, enquanto o PCR se limitou à região do Nordeste brasileiro, em ações de queimadas a canaviais, e não adotou na prática a guerra popular prolongada. Já a Ação Popular, de origem cristã e, posteriormente, ao incorporar o maoismo como sua principal referência – e a despeito de apoiar a guerra popular prolongada em seu programa –,

---

4 Sobre o PCdoB e as organizações maoistas do Brasil, veja Motta (2023), Reis (2007), Campos Filho (2012), Dias (2017) e Salles (2020); sobre a ALN, MR-8, PCBR, VPR e VAR-Palmares, veja Gorender (1987).

5 Sobre o conceito de "maoismo", veja Golfin (1971), Marmor (1976) e Naves (2005).

não realizou nenhuma ação militar e acabou por enfatizar como sua principal prática política, inspirada na Revolução Cultural Chinesa, a de encaminhar a sua militância para as fábricas e para o campo e, dessa forma, constituir ações políticas com o operariado e com os camponeses. Posteriormente, a maior parte da militância da AP-ML foi incorporada ao PCdoB. Com efeito, o PCdoB foi a única organização brasileira de inspiração maoista que levou a cabo a estratégia da guerra popular prolongada,[6] ainda que não tenha sido plenamente desenvolvida durante a Guerrilha do Araguaia.

O fato é que, tanto no Brasil quanto em diversas formações sociais, especialmente da América Latina, essas organizações travaram um debate interno sobre qual seria a melhor forma de estratégia de luta armada. Seria o foquismo defendido por Che Guevara (e sistematizado por Régis Debray, em seu clássico livro *Revolução na revolução?*), ou seria a guerra popular prolongada, defendida por Mao Zedong em sua experiência chinesa?

A tese foquista de Ernesto Che Guevara[7] encontra-se principalmente em seu livro *A guerra de guerrilhas*, de 1960, e em textos esparsos nos quais ele tratou de estratégia militar. Já o livro *Revolução na revolução?* de Régis Debray, publicado em 1967, sistematizou

---

6 Quando afirmo que o PCdoB foi a única organização brasileira inspirada nas teses militares de Mao Zedong, não significa que houve a concretização de uma guerra popular prolongada no Brasil nos anos 1970. A Guerrilha do Araguaia (1972-1974), por ter sido descoberta pelos aparatos repressivos das forças armadas ainda na sua fase inicial, acabou, na prática, sendo uma guerrilha de caráter defensivo, não obstante tivesse havido apoio da massa campesina da região do Araguaia no sul do estado do Pará. Contudo, a baixa adesão dos camponeses à resistência armada dos guerrilheiros acabou por liquidar a Guerrilha do Araguaia.

7 Sobre Ernesto Che Guevara, veja o livro de Pericás (2023).

e popularizou a estratégia do foquismo, causando bastante impacto em diversas organizações guerrilheiras na América Latina.

A tese do foquismo se baseia na afirmativa de que um foco de guerrilheiros estabelecido no campo levaria à conflagração da luta armada, e, assim, a massa camponesa iria aderir à guerrilha. Desse modo, outros focos iriam se constituir nesse processo até a formação de um exército popular.

Para o entendimento dessa catalisação quanto ao foco guerrilheiro atrair as massas exploradas do campesinato, temos de partir da premissa de que o guerrilheiro é um ator político, o que não o confundiria com um bandoleiro.[8] Como observa Che Guevara, "nem sempre há que se esperar que se deem todas as condições para a revolução: o foco insurrecional pode criá-las" (Guevara, 1980, p. 13). Noutra passagem, Guevara define o caráter de vanguarda política da guerrilha: "É importante destacar que a luta guerrilheira é uma luta de massas, é uma luta popular: a guerrilha como núcleo armado é a vanguarda combatente do mesmo, sua grande força reside na massa da população" (Guevara, 1980, p. 15).

Mais adiante, Guevara define o papel político do guerrilheiro: "Teremos que chegar à conclusão inevitável de que o guerrilheiro é um reformador social que empunha as armas respondendo ao protesto irado do povo contra os seus opressores e que luta para mudar

---

8 Como observa Carl Schmitt em seu clássico *Teoria do partisan*: "Deve-se perseverar nesse caráter intensamente político do *partisan*, pois este tem que ser diferenciado do ladrão e do criminoso comuns, cujos motivos estão voltados para o enriquecimento pessoal. [...] O *partisan* combate em uma frente política, e é precisamente o caráter político de sua ação o que novamente confere a validade ao sentido original do termo *partisan*. A palavra deriva de 'partido' e remete ao vínculo com um partido ou grupo beligerante, politicamente ativo ou de alguma forma em combate" (Schmitt, 2009, p. 162).

o regime social que mantém todos os seus irmãos desarmados na ignomínia e na miséria. [...] o guerrilheiro é antes de tudo um revolucionário agrário, interpreta os desejos da grande massa camponesa de ser dona da terra, dona de seus meios de produção" (Guevara, 1980, p. 16). A guerra de guerrilhas, para Guevara, é a vanguarda política por excelência. Ela é quem cria as condições subjetivas de cunho revolucionário para a massa camponesa, e com o objetivo da tomada de poder. Nesse aspecto, encontramos em Guevara o primado das ações guerrilheiras na formação de uma consciência revolucionária nas massas, e substituindo o partido revolucionário.

E é em Debray que encontramos uma crítica mais contundente às organizações partidárias revolucionárias. Para Debray, a organização guerrilheira tem de ser desvinculada do partido político para garantir a autonomia de suas ações no campo. Como ele adverte nessa passagem: "Situar a guerrilha sob a dependência estratégica e tática de um partido que não transforma radicalmente a sua organização normal em tempos de paz, ou situar a guerrilha como uma ramificação da ação do Partido, traz como consequência uma série de erros militares mortais" (Debray, s.d., p. 80). Com efeito, Debray radicaliza a identidade da guerrilha com a política. A guerra de guerrilhas é a própria materialidade da política em ações armadas. Há o primado da ação militar sobre a ação política no sentido estrito do conceito.

Daí ser problemática, no seu entender, a subordinação da luta armada guerrilheira ao partido político (externo à ação guerrilheira), pelo menos no caso da América Latina. Podemos perceber isso nas seguintes passagens de seu opúsculo:

> A guerra de guerrilhas é a essência política [...] não se pode, pois, opor o político ao militar. [...] na América Latina de hoje, não se concebe como uma direção política possa ser

> estranha aos problemas técnicos de guerra, e como se possa conceber um quadro político que não seja ao mesmo tempo um quadro militar. [...] está provado que a experiência da guerrilha popular é mais decisiva que uma experiência política sem contato com a guerrilha para a formação de quadros revolucionários. [...] É ridículo continuar opondo "quadros políticos" e "quadros militares", "direção política" e "direção militar". "Políticos" puros – que querem continuar a sê-lo – não servem para dirigir a luta armada do povo, os "militares puros" que dirijam uma guerrilha e que vivam convertem-se em "políticos" também. (Debray, s.d., p. 69-71)

Para a perspectiva do foquismo, é por meio da guerrilha que se formará o partido revolucionário – uma posição oposta à do leninismo, que dá o primado do partido político, como também à da guerra popular prolongada de Mao Zedong. Como afirma peremptoriamente Debray:

> Não há opção entre partido de vanguarda e exército popular. Mas, de imediato, há uma hierarquia de tarefas, historicamente fundamentada. A guerrilha é a vanguarda política "in nuce", e apenas do seu desenvolvimento pode surgir o Partido. Por isso é preciso desenvolver a vanguarda política. Por isso, a conjuntura, a tônica principal, deve recair no desenvolvimento da guerra de guerrilhas e não no fortalecimento dos partidos e nem na criação de outros. (Debray, s.d., p. 94-95)

A tese da guerra popular prolongada é completamente adversa à tese foquista no tocante ao primado do partido político revolucionário sobre a guerrilha. Ainda que haja concordâncias entre ambas as perspectivas quanto ao papel da violência política,[9] há diferenças no entendimento do comando da guerrilha e da guerra popular. Se para Guevara a guerrilha é o núcleo formador do exército revolucionário, para Mao Zedong há uma articulação das ações guerrilheiras com o Exército Vermelho, e o escopo é o crescimento deste num exército regular, embora não dispense as ações da guerrilha.[10] Ademais, para Mao, é o partido revolucionário quem dirige a guerra popular. A guerrilha é, de fato, uma vanguarda política, mas dirigida por outra vanguarda política, com maior peso em termos de dimensão nacional, que é o partido comunista.

O partido comunista, obviamente, tem várias formas de ação, sejam legais ou ilegais. Mas, no caso chinês, não havia outra alternativa desde a reviravolta do Kuomintang sobre o PCCh, seguida pela invasão japonesa.[11] Como destaca Mao Zedong em "Problemas da guerra e da estratégia":

---

9 Em "Problemas da guerra e da estratégia", Mao Zedong afirma que "a tarefa central e a forma suprema da revolução é a conquista do poder político pelas armas, é a solução desse problema pela guerra" (Mao Zedong, 2011b, p. 357).

10 De acordo com Mao Zedong em "Problemas estratégicos da guerra revolucionária da China": "A concentração das forças que nós preconizamos não implica, de maneira alguma, o abandono da guerra popular de guerrilhas. [...] Considerada a guerra revolucionária no seu conjunto, a guerra popular de guerrilhas e o Exército Vermelho, como força principal, complementam-se entre si como a mão esquerda e a mão direita. Se tivéssemos apenas a força principal, que é o Exército Vermelho, e não dispuséssemos da guerra popular de guerrilhas, seríamos um guerreiro que só tem um braço. Em termos concretos, e especialmente com relação às operações militares, quando nós falamos das populações das bases de apoio como um fator, queremos dizer que dispomos dum povo armado" (Mao Zedong, 2011, p. 400).

11 Sobre a história da Revolução Chinesa, veja Reis (1982) e Scarmeloto e Livramento (2020).

> A tarefa fundamental do Partido Comunista não é a de passar por um longo período de lutas legais antes de desencadear a insurreição e a guerra, nem a de ocupar primeiro as cidades e depois o campo, mas sim proceder da maneira inversa. [...] Na China, a forma principal de luta é a guerra e a forma principal de organização é o exército. Todas as outras formas, tais como organização de massas e luta de massas, são extremamente importantes e absolutamente indispensáveis e em nenhuma circunstância devem ser descuradas, mas todas estão subordinadas aos interesses da guerra. (Mao Zedong, 2011b, p. 359-360)

O partido revolucionário não se restringe apenas na direção da guerra popular prolongada, mas também tece – de acordo com a conjuntura – o maior conjunto de alianças políticas para o apoio da luta armada. Esse tipo de função nem sempre foi bem-sucedido pela guerrilha foquista (salvo o caso cubano), mediante a dificuldade de contar com o exterior (vide o caso da guerrilha boliviana executada por Che Guevara). De qualquer forma, a luta armada era o centro das ações do PCCh nesse contexto e a sua prática política principal. Como observa Mao Zedong, "sem luta armada não haveria lugar na China para o proletariado e para o Partido Comunista e seria impossível cumprir-se qualquer tarefa revolucionária" (Mao Zedong, 2011b, p. 362).

O foquismo, com seus limites vistos em suas experiências malsucedidas, além de negligenciar o papel do partido político revolucionário, tinha como "crença" a adesão espontânea do campesinato a partir das suas ações militares de cunho político-revolucionário. Numa carta dirigida ao seu ex-aluno Régis Debray, Louis Althusser concorda com a justa crítica deste ao que ele denomina de "metafísica trotskista", pois o proletariado está continuamente "fora de toda e qualquer história" – já que o conceito de "revolução permanente" considera "qualquer camponês e qualquer operário como socialistas por essência, o fato de crer que bastará uma greve geral insurrecional para tomar o poder" está completamente fora da história (Debray, 1974, p. 263). Mas essa concepção não histórica também está presente no texto de Debray quando Althusser afirma

> que a tua análise do conceito de guerrilha é uma análise *abstrata*, na medida em que analisas o conceito de guerrilha (e os seus efeitos) independentemente das condições históricas de existência da guerrilha. [...] É apenas na base desta confrontação das condições econômico-políticas, por um lado, e das medidas político-militares, por outro (incluídas as formas de organização da luta armada e política), que se poderá: 1) definir aquilo que constitui a especificação própria da experiência cubana; 2) definir em que simetria está aquilo que constitui a situação dos países da América Latina em geral e de tal ou tal país em particular; 3) decidir da primazia de tal ou tal força de organização e de luta e da necessidade de a propor, de a impor, de a alargar. (Debray, 1974, p. 269)

Essa é uma diferença crucial entre a guerra popular prolongada e o foquismo: a necessidade de um intenso trabalho político do partido revolucionário, dirigido às massas com o objetivo de tomar o Estado e transformar os seus aparelhos. E isso significou para o PCCh, nesse momento, dirigir a luta armada contra o Japão e se sobrepor à direção do Kuomintang na resistência. Se a guerra popular prolongada era o centro da resistência, isso não significava que a prática guerrilheira tinha o primado sobre o partido revolucionário. Segundo Mao Zedong:

> Os comunistas não lutam para dispor dum poder militar pessoal [...], mas eles devem lutar pelo poder militar para o Partido, pelo poder militar para o povo. [...] Todos os comunistas devem compreender a seguinte verdade: "O poder político nasce do fuzil". O nosso princípio é o seguinte: o Partido comanda o fuzil, e jamais permitiremos que o fuzil comande o Partido. (Mao Zedong, 2011b, p. 366-367)

E, complementando essa máxima, Mao Zedong afirma mais adiante, numa franca oposição antecipada à tese do foquismo: "A guerra de guerrilhas só pode prosseguir-se quando dirigida pelo Partido Comunista. Essa é a razão por que, no passado, as guerras de guerrilhas terminaram geralmente num fracasso. A guerra de guerrilhas só pode ser vitoriosa nos grandes países dos tempos modernos onde existe um Partido Comunista, como na União Soviética durante a guerra civil ou na China da hora atual" (Mao Zedong, 2011b, p. 377).

Vejamos a seguir a conclusão.

Em síntese

A partir de 3 de dezembro de 1978 a China deu uma guinada política, que, para a maioria da esquerda, se tornou um enigma. Se por um lado a presença chinesa era constante em diversos movimentos de libertação nacional e de organizações guerrilheiras, por outro a China voltou-se para dentro de si e se afastou dos apoios que dera nos anos 1960/1970 para a luta armada desencadeada na América Latina, África e Ásia. Para as organizações identificadas com a experiência chinesa e com o Pensamento de Mao Zedong, isso soava como uma "traição" para o movimento revolucionário internacional.

Ainda que o Pensamento de Mao Zedong tenha sobrevivido (mesmo que precariamente) no Peru, por meio da guerrilha desenfreada pelo PCP - Sendero Luminoso, a China e as teses de Mao Zedong não tiveram o mesmo impacto obtido nas décadas precedentes. Contudo, em 1989, foi a única grande formação social socialista que reagiu à onda conservadora/liberal que fez ruir as experiências socialistas na Europa. Com o desenvolvimento das quatro modernizações (ciência e tecnologia; indústria; campo; forças armadas) defendidas Zhou Enlai e concretizadas por Deng Xiaoping, a China começou a ter um grande crescimento econômico e tecnológico, e veio a se destacar durante os anos 1990, na contramão da crise da esquerda ocidental. O resultado disso foi a China ocupar um lugar central no campo das relações internacionais no século XXI, sobretudo a partir da liderança de Xi Jinping.

Se antes a China se confrontava contra as formações sociais capitalistas e o Imperialismo por meio do apoio a grupos revolucionários, atualmente ela tem disputado economicamente, tecnologicamente e politicamente em pé de igualdade contra os EUA e seus aliados, e formando um arco de alianças com a Rússia e outros países (a exemplo dos BRICS) na defesa do desenvolvimento com ações sociais no chamado Sul Global (antes, "países do Terceiro Mundo"). Sem dúvida, a estratégia e as práticas concernentes são distintas das exercidas nos anos 1960/1970, mas os efeitos têm sido notáveis. A formação social chinesa, liderada pelo PCCh, apostou em lutar contra as formações sociais capitalistas, desenvolvidas em seu próprio terreno econômico, e obteve enormes resultados, o que vem tornando a China nos dias de hoje uma referência bem-sucedida de transição socialista. E isso ainda seguindo os preceitos da Nova Democracia, estabelecida por Mao Zedong em 1940, de que a China terá uma longa transição, onde as práticas socialistas ainda teriam de conviver com as práticas oriundas do Modo de Produção Capitalista. Cabe à esquerda ocidental buscar essas lições da China para efetivamente construir um projeto de transformação.

Referências

ARON, Raymond. *Pensar a guerra, Clausewitz*. Brasília: UnB, 1986.

CAMPOS FILHO, Romualdo Pessoa. *Guerrilha do Araguaia: a esquerda em armas*. São Paulo: Anita Garibaldi, 2012.

CLAUSEWITZ, Carl Von. *Da guerra*. São Paulo/Lisboa: Martins Fontes, 1979.

DEBRAY, Régis. *Revolução na revolução?* São Paulo: Centro Editorial Latino-Americano, [s.d.].

______. *La critique des armes*. Paris: Seuil, v. 1, 1974.

DEGREGORI, Carlos Iván. *El surgimiento de Sendero Luminoso*. Lima: IEP, 2018.

DE SANTIS, Daniel. *A vencer o morir. História del ERP-PRT (documentos)*. Buenos Aires: Nuestra America, v. 1, 2010.

DIAS, Reginaldo Benedito. *Histórias da AP: estudos sobre as disputas pelos sentidos da história da Ação Popular (AP)*. Curitiba: Prismas, 2017.

DONATELLO, Luis Miguel. *Catolicismo y Montoneros: religión,* política y desencanto. Buenos Aires: Manantial, 2010.

GIAP, Vo Nguyen. *O Vietnam segundo Giap*. Guanabara: Saga, 1968.

GILLESPIE, Richard. *Soldados de Perón: historia crítica sobre los Montoneros*. Buenos Aires: Sudamericana, 2008.

GLUCKSMANN, André. *El discurso de la guerra*. Barcelona: Anagrama, 1969.

GOLFIN, Jean. *La pensée de Mao Tse-toung*. Paris: Privat, 1971.

GORENDER, Jacob. *Combate nas trevas. A esquerda brasileira: das ilusões perdidas à luta armada*. São Paulo: Ática, 1987.

GUEVARA, Che. *A guerra de guerrilhas*. São Paulo: Edições Populares, 1980.

LANGHI, Esteban. *Montoneros-Cámpora: un encuentro histórico*. Rosário: Libros Del Sur, 2008.

MARMOR, François. *Le maoisme*. Vendôme: PUF, 1976.

MOTTA, Luiz Eduardo. "PCdoB, China e maoismo: continuidade e ruptura." *Entropia*, 7 (13): 252-282, 2023.

______. "Nacionalismo, terceiro-mundismo e violência política: John William Cooke e a formação do peronismo revolucionário." In: *Princípios*. São Paulo: Anita Garibaldi, 2021, p. 203-232.

NAVES, Márcio Bilharinho. *Mao, o processo da revolução*. São Paulo: Brasiliense, 2005.

PÉREZ, Andrea Lisset. "'O exército dos mortos': sentido do sacrifício e da transcendentalidade na militância revolucionária, caso do exército de libertação nacional (ELN) da Colômbia." *Mana*, 18 (2): 349-377, 2012.

PERICÁS, Bernardo. *Che Guevara e a luta revolucionária na Bolívia*. São Paulo: Boitempo, 2023.

POOLE, Deborah; RÉNIQUE, Gerardo. *Perú: tiempos de miedo*. Lima: Punto Cardinal, 2018.

POZZI, Pablo. *El PRT-ERP. La guerrilla marxista*. Buenos Aires: Imago Mundi, 2004.

RAMOS, Ana Carolina. *A frente nacional na Colômbia (1958-1974)*. Curitiba: Apris, 2015.

REIS, Daniel Aarão. "O maoismo e a trajetória dos marxistas brasileiros." In: MORAES, João Quartim; REIS, Daniel Aarão. *História do marxismo no Brasil*. São Paulo: Unicamp, 2007, p. 161-198.

REIS, Daniel Aarão. *A construção do socialismo na China*. São Paulo: Brasiliense, 1982.

ROSERO, Luis Fernando Trejos. "Aproximaciones a la actividad internacional de una organización insurgente colombiana: el ejército popular de liberación (EPL). De China a Cuba via Albania." *Investigación & Desarrollo*, 21 (2): 371-394, 2013.

RUPAR, Brenda. "Maoísmo e classe operária, um paradoxo irresolúvel? A abordagem da problemática a partir dos Partidos maoístas na Argentina." In: *XXVIII Simpósio Nacional de História*. Florianópolis, 2015, p. 1-17.

______. "Las tendencias políticas maoístas en el campo de la 'Nueva Izquierda' argentina." In: *Anais do XI Encontro Internacional da ANPHLAC 2014*. Niterói, 2014, p. 1-14.

SALES, Jean Rodrigues. *Entre a revolução e a institucionalização: uma história do Partido Comunista do Brasil (PCdoB)*. São Paulo: Edusp, 2020.

SÁNCHEZ, Marté; RÍOS, Jerónimo. *Breve historia de Sendero Luminoso*. Lima: Revuelta, 2018.

SCARMELOTO, Klaus; LIVRAMENTO, Igor. *A história da Revolução Chinesa*. São Paulo: Ciências Revolucionárias, 2020.

SCHMITT, Carl. *O conceito do político; Teoria do partisan*. Belo Horizonte: Del Rey, 2009.

URREGO, Miguel Ángel. "Historia del maoísmo en América Latina: entre la lucha armada y servir al pueblo." *Anuario Colombiano de Historia Social y de la Cultura*, 44 (2): 111-135, 2017.

ZEDONG, Mao. "Problemas estratégicos da guerra revolucionária da China." In: *Obras escolhidas*. São Paulo: Ática, v. 1, 2011.

______. "Problemas estratégicos da guerra de guerrilhas contra o Japão." In: *Obras escolhidas*. São Paulo: Ática, v. 2, 2011b.

ZEDONG, Mao. "Sobre a guerra prolongada." In: *Obras escolhidas*. São Paulo: Ática, v. 2, 2011b.

______. "Problemas da guerra e da estratégia." In: *Obras escolhidas*. São Paulo: Ática, v. 2, 2011b.

______. "Reunião com os 'cinco grandes líderes' da Guarda Vermelha." *Leste Vermelho – revista de estudos asiáticos*, n. 1, jul. 2015.

Vamos a Yan'an: o Pensamento de Mao Zedong sobre Arte e Cultura

Tings Chak

Meu coração, não bata tão forte.
Poeira da estrada, não bloqueie minha visão...
Apanho um punhado de terra amarela e não a largo,
Agarrando-a firme, perto do meu peito.
Muitas foram as vezes que sonhei em voltar a Yan'an,
Em sonhos meus braços abraçaram a Colina Pagoda.
Mil, dez mil vezes te chamei,
— Mãe Yan'an está aqui agora, bem aqui!
O riacho Du Fu canta, e a vila Willow Grove sorri,
As bandeiras vermelhas tremulantes estão me chamando.
Toalhas brancas em volta do pescoço e faixas vermelhas na cintura,
Meu querido povo me encontra, me levando através do Rio Yan.
Eu mergulho em seus braços, meus braços bem abertos,
Muito a dizer de uma vez, minha língua está amarrada.

He Jingzhi, "Retorno a Yan'an" (1956).

Arte que serve ao povo

Era uma e meia da tarde de 2 de maio de 1942, um dia frio de primavera na cidade de Yan'an, base revolucionária comunista localizada no centro-norte da China. O escritório central do Partido, apelidado de "o avião", ficava no único prédio de três andares da cidade. O salão principal estava movimentado, sem seus móveis de jantar habituais, exceto por fileiras de bancos e uma única mesa, pronta para receber Mao Zedong quando ele entrasse pontualmente. Os participantes se encontrariam para uma reunião "para trocar opiniões sobre vários aspectos do atual movimento literário e artístico" (Hu, 2003, p. 251-268). Embora o número exato de participantes não tenha sido registrado, mais de cem convites foram enviados dias antes por Kai Feng, chefe interino do Departamento de Propaganda e presidente da reunião. O fato de o convite ter sido impresso em papel rosa, que não era produzido localmente, sinalizava a importância atribuída à reunião pelos altos escalões do Partido Comunista da China (PCCh). Os principais intelectuais, comandantes militares e quadros políticos do país se reuniram com representantes de todo o espectro do trabalho artístico e literário, incluindo as áreas editorial, de pesquisa, jornais, cinema, fotografia, teatro, poesia e unidades juvenis, entre outros.

Nos meses que antecederam a conferência, Mao havia pessoalmente trocado dezenas de cartas e mantido várias conversas individuais com intelectuais importantes, navegando pelas correntes artísticas e literárias divergentes da esquerda e identificando as questões culturais urgentes da época. Além de ser um líder político, Mao era, afinal, um poeta de formação clássica, cujo próprio trabalho havia documentado o nascimento e a ascensão do movimento comunista chinês. Sua poesia retratou cenas das muitas batalhas e cercos, vitórias e derrotas, desde a base comunista que ele ajudou a estabelecer nas montanhas Jinggang até a épica Longa Marcha que levou o Exército Vermelho para o oeste. Durante o período Yan'an (1935-1945), ele resumiu essas experiências em escritos teóricos e práticos que viriam a ser conhecidos como *Pensamento de Mao Zedong*. Lá, nas habitações em cavernas com seus arcos icônicos, Mao estudou e escreveu prolificamente sobre temas que iam de táticas militares à filosofia, construção do partido à economia política, reforma agrária ao internacionalismo. Também fez uma análise sistemática do papel da arte e da literatura no avanço da luta revolucionária, resumida em *Intervenções no Fórum de Yan'an sobre literatura e arte*. Nesse texto, publicado no ano seguinte ao Fórum de Yan'an, Mao e outros destilaram anos de experiência e experimentação no trabalho cultural e ideológico comunista.

De volta ao escritório do Partido naquela tarde de 1942, Kai Feng abriu oficialmente a primeira das três sessões plenárias do fórum, que se estendeu ao longo de três semanas. Em cada uma das plenárias, sentado à única mesa da sala, Mao tomava notas cuidadosamente à medida que os pontos eram levantados. O texto publicado posteriormente foi elaborado a partir dessas intervenções e conversas.

"O propósito de nosso encontro hoje", disse Mao em suas observações introdutórias, "é precisamente garantir que a literatura e a arte se encaixem bem em toda a máquina revolucionária como uma peça que a compõe, que funcionem como armas poderosas para unir e educar o povo e para atacar e destruir o inimigo". Para entender o inimigo, Mao ofereceu uma análise da conjuntura política, que partiu "de fatos objetivos [...] a Guerra de Resistência contra o Japão, na qual a China vem lutando há cinco anos; a guerra antifascista mundial; as vacilações da grande classe latifundiária e da grande burguesia da China na Guerra de Resistência e sua política de opressão arbitrária do povo". As condições revolucionárias surgiram na China, observou Mao, por causa do descontentamento e da miséria gerados por um século de agressões imperialistas e pela ocupação japonesa; se as forças políticas seriam capazes de se opor à elite chinesa e de conduzir uma agenda independente, ainda não se sabia. Um exemplo do desenvolvimento revolucionário foi a criação das áreas de base e a mobilização do apoio popular nessas áreas, incluindo escritores, artistas e outros intelectuais. "Em nossa luta pela libertação do povo chinês, existem várias frentes", disse Mao, "entre as quais estão as frentes da caneta e da arma, as frentes cultural e militar" (Mao, 1967).

Ele reconheceu que era insuficiente uma vitória militar sem criar unidade ideológica no Partido e sem colocar a subjetividade proletária no centro do trabalho revolucionário. O "exército com armas" e o "exército cultural" realizavam trabalhos complementares: a batalha nas trincheiras e a batalha pelos corações e mentes do povo. O trabalho cultural foi fundamental para essa transformação ideológica, estimulando trabalhadores, camponeses e soldados a se verem como protagonistas de suas histórias pessoais e da História com h maiúsculo.

Para atingir esse objetivo, Mao estabeleceu cinco "problemas" artísticos e literários a serem abordados: posição, atitude, público, trabalho e estudo. Sobre o primeiro ponto, Mao argumentou que os trabalhadores culturais devem assumir uma "posição de classe" – uma posição que esteja firmemente ao lado do povo – e que os artistas também se vejam como trabalhadores na luta. Com relação à "atitude" e ao "público", Mao expandiu a abordagem correta que deve ser tomada por artistas e escritores para "exaltar" e "expor". No primeiro campo, a ideia era que se destacassem as lutas, as aspirações e o "brilho" do povo. Por outro lado, também era preciso "expor as trevas", direcionando as críticas ao inimigo e apontando as deficiências dos aliados da frente única para resistir à ocupação japonesa.

Em suas observações introdutórias, Mao destacou alguns dos principais debates que surgiram em Yan'an e chamou a atenção para a necessidade do fórum. Ele fez uma crítica à geração anterior do Movimento Quatro de Maio de 1919, um levante anti-imperialista e antifeudal liderado por intelectuais e estudantes urbanos, muitos dos quais foram politizados naquela revolta e agora se encontravam em Yan'an. Embora tenham ajudado a desencadear a formação de uma consciência nacional e um novo movimento cultural, seu trabalho permaneceu em grande parte desconhecido para a maioria do povo e para a maioria camponesa. Eles não falavam na "linguagem rica e viva das massas", como definia Mao. Duas décadas depois, o país havia chegado a uma nova conjuntura política que exigia um tipo diferente de produção cultural e um novo tipo de intelectual. Somente por meio da imersão e do trabalho no campo – tanto mental quanto físico – esses intelectuais urbanos poderiam se transformar em trabalhadores revolucionários e produzir criações artísticas que realmente servissem ao povo. Isso, disse Mao, exigia "uma mudança nos sentimentos, uma mudança de uma classe para outra".

Para entender os trabalhadores culturais a quem Mao estava se dirigindo e por que eles vieram para Yan'an, devemos examinar como a cidade se tornou o coração revolucionário do movimento comunista. Milhares de escritores, artistas e intelectuais foram inspirados a ir a Yan'an e trouxeram consigo diferentes concepções e práticas de trabalho cultural revolucionário. O Fórum de Yan'an procurou trazer clareza e unidade em meio à diversidade e divergência.

Vá a Yan'an!

"Pai, eu tenho que deixar esta casa, mas o que devo fazer para sair?", escreveu uma jovem de 16 anos que morava e estudava na cidade de Chengdu, no sudoeste da China, na primavera de 1938 (Fan, 2020). Na carta, ela expressou sua insatisfação e desespero diante do estado de sua terra natal. Meses antes, a Segunda Guerra Sino-Japonesa havia sido desencadeada por um conflito armado conhecido como o Incidente de 7 de julho na Ponte Luguo de Pequim (ou Ponte Marco Polo). A invasão e ocupação japonesa da

China – que começou em 1931 e durou 14 anos, até o final da Segunda Guerra Mundial em 1945 – entrou com força total, tirando a vida de dezenas de milhões de chineses e provocando uma migração em massa no país (Mitter, 2013). Escolas secundárias e universidades dispersaram seus alunos; alguns buscaram refúgio em regiões mais seguras, enquanto outros foram inspirados a participar da luta pela "salvação nacional", que havia se transformado no espírito da época. "Então agora, não tenho para onde ir além de Shaanbei (norte de Shaanxi)", continuou a estudante adolescente. "Há muito tempo venho pensando nisso, pensando em todas as maneiras que os outros tentaram, mas este é o único lugar que não me decepcionará e me permitirá sobreviver" (Fan, 2020). Ela foi uma das milhares de estudantes e intelectuais que decidiram fazer a longa jornada até a base revolucionária comunista de Yan'an.

Situada no Planalto de Loess, na província centro-norte de Shaanxi, Yan'an é um importante local da civilização e do povo chinês e um lar sagrado da Revolução Chinesa. Com raízes que remontam a 3 mil anos, Yan'an era um antigo centro que abrigava o Rio Amarelo, a famosa terra amarela e o mítico Imperador Amarelo antes de as populações migrarem para o sul (Denton, 2012, p. 239). Quando os comunistas fizeram dela sua capital em 1937, era uma "cidade pobre de fronteira, empoeirada e remota, com cerca de 10 mil habitantes" (Meisner, 2007, p. 75). Yan'an também foi o destino da épica Longa Marcha (1934-1935), uma retirada em massa de comunistas de sua área de base, no sudeste de Jiangxi, depois que foram expulsos por uma série de campanhas de cerco lideradas pelas forças do Partido Nacionalista (Kuomintang ou KMT) com o apoio da Alemanha nazista.

No meio da Longa Marcha, em janeiro de 1935, foi realizada a Conferência Zunyi, com a presença de seis dos doze membros do

Comitê Central do PCCh. O Exército Vermelho sofreu enormes perdas e estava profundamente desmoralizado. Essa reunião crucial estabeleceu Mao Zedong como o principal líder do Partido e suas tropas no comando do processo revolucionário chinês. Cerca de 12 meses, 9 mil quilômetros, 18 montanhas e 24 rios depois, apenas 8 mil soldados da Longa Marcha chegaram a Yan'an (Meisner, 2007, p. 75; CGTN, 2019). Das 86 mil pessoas originais que haviam sido organizadas em três colunas e que partiram na jornada, muitas morreram de fome, foram mortas, desertaram ou desistiram ao longo do caminho. Foi "uma Odisseia desigual nos tempos modernos", como Edgar Snow a chamou (Snow, 1994, p. 190). Nas cavernas de Yan'an, Snow foi o primeiro jornalista estrangeiro a entrevistar Mao e a relatar ao mundo os primeiros anos da Revolução Comunista. Tal relato foi publicado em seu livro clássico, *Red Star Over China* [Estrela vermelha sobre a China] (1937). Naquele ano, Yan'an tornou-se a sede oficial do poder do PCCh no coração da região controlada pelos comunistas, conhecida como região de fronteira Shaanxi-Gansu-Ningxia. Na "década Yan'an" que se seguiu, o grupo desorganizado de comunistas mal-alimentados e mal-equipados mobilizaria o apoio de dezenas de milhões de camponeses na região, ganharia apoio popular nas cidades, aumentaria seus membros ativos do Partido para 1,2 milhão de pessoas, e construiria um Exército Vermelho composto por um milhão de soldados, apoiado por mais milhões de camponeses armados (Meisner, 2007, p. 75-76). Em 1 de outubro de 1949, 14 anos depois de chegar em Yan'an, Mao Zedong declararia o estabelecimento da República Popular da China em Pequim.

Como epicentro político e cultural do movimento comunista chinês, Yan'an capturou a imaginação de artistas, escritores e intelectuais urbanos de toda parte. Em 1938, o pintor e educador Wang

Shikou fez a viagem de 300 quilômetros de Xi'an a Yan'an a pé, apesar de contrair malária ao longo do caminho. Antes de se tornar um cartunista de renome mundial, o jovem Hua Junwu partiu da Xangai ocupada pelos japoneses, passando pelas cidades do sul de Hong Kong e Guangzhou antes de chegar a Yan'an – tudo sem o conhecimento de sua mãe. Nesse mesmo ano, a proeminente escritora feminista da geração de Quatro de Maio, Ding Ling, chegou à região da base comunista. Esses artistas e escritores estavam entre os estimados 40 mil intelectuais que chegariam a Yan'an em 1943 (Ma Kefung, 2021). Muitas vezes vindos de famílias de proprietários de terras, aristocratas, pequenos empresários e camponeses ricos, muitos desses intelectuais deixaram um relativo conforto urbano para atravessar centenas ou milhares de quilômetros no vento, areia, chuva e neve.

Naqueles primeiros anos exploratórios, organizações culturais de todos os tipos foram formadas, fundidas, renomeadas e dissolvidas. Grupos artísticos e literários foram instalados em fábricas, escolas, unidades militares e bases rurais. Grupos de poesia de rua foram estabelecidos, com um manifesto coletivo afirmando: "Não deixe um único muro no campo ou uma única pedra à beira da estrada ficar livre e vazia... Escreva... Cante – pela resistência, pela nação, pelas massas" (Judd, 1985, p. 377-408). As trupes de teatro, que surgiram no início da década de 1930 como uma força poderosa na resistência ao imperialismo japonês, foram particularmente bem recebidas por uma população rural amplamente analfabeta. Esses grupos artísticos foram capazes de comunicar oralmente e de forma acessível os problemas mais urgentes do cotidiano, explicar o programa comunista, servir como contrapropaganda e, o mais importante, ganhar a confiança do povo. Durante sua visita em 1936, Edgar Snow, impressionado com o empenho e a criatividade dessas trupes, as chamou de "a mais poderosa arma de propaganda do movimento comunista". Para Snow, "não existe uma linha tênue entre arte e propaganda. Há apenas uma distinção entre o que é compreensível na experiência humana e o que não é" (Snow, 1994, p. 115-116).

No entanto, esse trabalho cultural ainda era dominado pela intelectualidade urbana, composta por escritores em tempo integral e amadores com educação de elite ou formal. Poucos camponeses, trabalhadores e soldados participavam dessa esfera, e as formas tradicionais de arte popular raramente eram apresentadas. Embora chegando com boas intenções, esses intelectuais vinham de realidades que eram mundos à parte daquelas do campesinato local. "Escritores de outras partes do país não estavam acostumados à vida na Zona Liberada, e leva tempo para se ajustar, então houve algumas disputas", observou o romancista, dramaturgo e futuro Ministro da Cultura da República Popular da China, Mao Dun (Ding, 2012). "Os escritores idealizaram Yan'an e pensaram que tudo seria perfeito. Mas ao chegar, constataram que havia uma lacuna entre a realidade e o ideal, o que gerou todo tipo de comentários", ele acrescentou. Os "comentários" diziam respeito ao crescente descontentamento de uma parte da intelectualidade e às suas visões divergentes do Partido sobre a função social e o dever político dos trabalhadores culturais.

Expor a escuridão ou exaltar o brilho?

Nos meses que antecederam o Fórum de Yan'an, cinco escritores proeminentes, todos membros do PCCh publicaram uma série de ensaios no jornal do Partido, o *Liberation Daily* (*Jiefang Ribao*). Ding Ling, editora do jornal, juntamente com Ai Qing, Lou Feng, Wang Shiwei e Xiao Jun, criticaram a falta de acesso a materiais de leitura na área de base, as condições pouco propícias para a criação artística, o status especial dos líderes do PCCh e a subjugação de mulheres. No centro dos ensaios estava a questão da independência artística e as restrições percebidas como impostas pelo Partido à produção artística. O papel da arte e da literatura era "exaltar o brilho" – glorificar os feitos do Partido e do povo – ou "expor a escuridão" e apontar os problemas da sociedade chinesa e do movimento comunista? (Rubin, 1984, p. 377-408).

Zhou Yang, líder do Partido responsável pelo trabalho artístico e cultural e camarada de confiança de Mao, liderou o outro lado do debate. Em *Remarks on Literature and Life* [Comentários sobre literatura e vida] (1941), Zhou refuta com veemência as críticas levantadas:

> [...] nestes vilarejos se encontram as novas histórias de vida e luta dignas de tratamento artístico. Se você sente que não há nada sobre o que escrever agora, deixe seu desejo intenso de viver substituir seu impulso criativo. Sair de suas cavernas e se misturar um pouco com as pessoas comuns certamente ajudaria. (Rubin, 1984, p. 90)

Esse vai-e-vem de trocas precipitou o Fórum Yan'an, no qual Xiao Jun, a principal voz da oposição, foi o primeiro orador convidado por Mao a fazer comentários na sessão plenária inicial. Ao longo das três semanas seguintes, os debates continuaram em convocatórias dentro dos respectivos campos artísticos, em artigos publicados e em outras duas plenárias realizadas nos dias 16 e 23 de maio de 1942. Os pontos levantados foram sistematizados, revisados e analisados. Um ano depois, *Intervenções no Fórum de Yan'an sobre Literatura e Arte* foi publicado pela primeira vez no sétimo aniversário da morte do influente escritor e figura principal do Movimento Quatro de Maio, Lu Xun.

No texto publicado, a conclusão está dividida em cinco seções, começando com a questão central: "literatura e arte para quem?". A inspiração veio do escrito de Vladimir Lênin, *A organização do partido e a literatura de partido* (1905), que definia como objetivo do trabalho cultural servir aos "milhões de trabalhadores – a flor do país, sua força e seu futuro" (Lênin, 1965, p. 44-49). Mao ampliou a concepção de "povo" para incluir não apenas trabalhadores industriais, mas também camponeses, soldados e a burguesia urbana, situando assim os intelectuais como trabalhadores entre as massas. A segunda seção se concentra em "como servir", equilibrando a necessidade de popularizar ideias revolucionárias com a urgência de elevar os padrões culturais e a alfabetização do povo. "Através do trabalho criativo de escritores e artistas revolucionários", escreveu Mao, "as matérias-primas encontradas na vida do povo são moldadas na forma ideológica de literatura e arte a serviço das massas do povo". Em outras palavras, a cultura revolucionária extrai e retorna ao povo, sua "inesgotável" e "única fonte".

A terceira seção aborda a relação entre o trabalho cultural e o trabalho revolucionário como um todo. Ela contém uma das passagens mais conhecidas do texto, que argumenta contra o distanciamento da arte em relação à política, dos intelectuais em relação ao povo e da cultura em relação ao trabalho revolucionário:

> No mundo de hoje, toda cultura, toda literatura e arte pertencem a classes definidas e estão orientadas por linhas políticas definidas. De fato, não existe arte pela arte, arte que está acima das classes, ou arte que é desapegada ou independente da política. A literatura e a arte proletárias fazem parte de toda a causa proletária; elas são, como disse Lênin, engrenagens e rodas de toda a máquina revolucionária.

Ao colocar a política – particularmente a política de classe – no centro do trabalho cultural, Mao rejeitou firmemente a noção de que arte e cultura poderiam existir desconectadas da sociedade.

Na quarta seção, Mao definiu os critérios para julgar a intenção artística com base na prática social e no impacto. Para Mao, o estudo do marxismo era essencial para desenraizar as formas herdadas de visão burguesa, feudal, liberal e individualista, de modo que, "enquanto elas estão sendo destruídas, algo novo pode ser construído". A seção final aponta para os milhares de intelectuais que chegaram a Yan'an para servir à revolução, muitos dos quais se juntaram ao Partido de corpo, mas ainda não em mente. O Fórum Yan'an e o texto subsequente não foram apenas uma resposta a um pequeno grupo de críticos intelectuais: eles fizeram parte dessa luta ideológica maior contra a "ideologia não proletária" que ainda existia entre muitos membros do Partido.

O fórum histórico fez parte do Movimento de Retificação (1942-1944), que buscou criar unidade ideológica no Partido e diminuir a distância ainda grande entre a obra dos artistas e escritores e a realidade da maioria camponesa (Judd, 1985, p. 377-408). O distanciamento dos intelectuais das circunstâncias materiais há muito é um problema explorado na tradição marxista. "Os filósofos apenas interpretaram o mundo de diferentes maneiras; o que importa é transformá-lo", escreveu Karl Marx em *Teses sobre Feuerbach* (1845); um século depois, Antonio Gramsci clamava pela criação de um "novo intelectual", aquele que se lançasse na "participação ativa na vida prática, como construtor, como organizador, 'persuasor permanente' e não apenas um simples orador" (Marx, 1845; Gramsci, 1971, p. 3-23). Da mesma forma, Mao acreditava que, para criar esses "novos intelectuais", os intelectuais tradicionais, como aqueles que foram para Yan'an, tinham que lutar para transcender suas origens de classe.

O processo revolucionário exigia a criação de uma nova intelectualidade, que trouxesse novas ideias revolucionárias enraizadas na cultura da China rural – em outras palavras, uma cultura de massa, uma cultura do povo. Durante a "década Yan'an", os novos intelectuais participaram de programas culturais e campanhas de alfabetização em massa, combatendo a taxa de 90% de analfabetismo no campo. Na época do Fórum de Yan'an, Mao estimou que já havia mais de 10 mil quadros em Yan'an que sabiam ler; durante esse processo, eles desaprenderiam e reaprenderiam a interpretar o mundo ao seu redor.

Ao mesmo tempo, o poder cultural do povo tinha que ser construído. Isso exigia a "elevação dos padrões", como Mao colocou nas *Intervenções*: aumentar a alfabetização cultural do povo e, ao mesmo tempo, despertar sua consciência revolucionária. No entanto, a criação de uma nova cultura popular não aconteceria da noite para o dia. Nos primeiros anos após a Revolução Russa, Lênin refletiu sobre uma questão semelhante acerca da construção do poder dos trabalhadores:

> O poder soviético não é um talismã milagroso. Não cura todos os males do passado da noite para o dia – analfabetismo, falta de cultura, as consequências de uma guerra bárbara e do capitalismo predatório. Mas abre caminho para o socialismo. Dá aos que antes eram oprimidos a oportunidade de levantar a cabeça e, em grau cada vez maior, de tomar em suas próprias mãos todo o governo do país, toda a administração da economia, toda a gestão da produção. (Lênin, 1972, p. 248-249)

Em Yan'an, talvez pela primeira vez em milênios, os camponeses chineses estavam aprendendo a erguer a cabeça com cada música, poema, arte e peça – cada uma sendo parte integral da criação de um novo ser humano e de uma nova sociedade. Os camponeses se tornariam os protagonistas de suas próprias vidas e das histórias que contavam – os sujeitos que impulsionam a história e a cultura. Em *Intervenções*, Mao fala sobre a fome do povo por cultura: "Os quadros de todos os tipos, combatentes no Exército, trabalhadores nas fábricas e camponeses nos vilarejos, todos querem ler livros e jornais quando se alfabetizarem, querem ver peças e óperas, ver desenhos e pinturas, cantar canções e ouvir música; eles são o público de nossas obras de literatura e arte". Embora fosse uma tarefa urgente, a alfabetização não era tratada como pré-requisito para desfrutar e produzir cultura, pois a cultura de massa pertencia ao povo. Enquanto isso, os intelectuais urbanos que foram para Yan'an tiveram que passar por sua própria transformação para fechar a lacuna entre eles e as massas camponesas. Essa transformação estava no centro do Fórum de Yan'an, que oferecia uma definição tanto de "povo" quanto de "intelectual"; juntos, eles poderiam se transformar em uma força política efetiva.

Vinho novo em garrafas velhas

Na época do Fórum de Yan'an, Ma Ke era estudante de música na Lu Xun Academy of Arts (também conhecida como Luyi), um centro educacional que havia sido uma igreja católica e então transformado para formar quadros de artistas em Yan'an. "A palestra [de Mao] foi uma imensa inspiração para nós, estudantes", Ma refletiu em um artigo de 1962, publicado na *Peking Review* (Ma

Ke, 1962, p. 20-22). "Queríamos ir ao povo o mais rápido possível, para aprender, para preparar nossa índole e fazer nossa parte pela revolução." Dez meses após o Fórum de Yan'an, o Comitê Central do PCCh decidiu mobilizar trabalhadores literários e teatrais para ir ao campo, que Mao chamou de "grande escola" (Hu, 2003, p. 251-268). Ma estava entre esses alunos que, exaustos depois de caminharem pelas colinas por um dia, foram recebidos por um grupo de camponeses tocando gongos e tambores, cada um carregando uma vassoura. Para surpresa de Ma, os camponeses locais haviam limpado o caminho por dez *li* (cinco quilômetros), em antecipação à chegada desses jovens intelectuais que haviam sido "enviados pelo presidente Mao para ajudar em seu *fanshen*" (literalmente, seu "ponto de inflexão", sua libertação) (Ma Ke, 1962, p. 20-22).

Apesar de seu entusiasmo, Ma admite o desdém que inicialmente carregava pelas melodias folclóricas que ouvia: "Achei um pouco monótono, que faltava refinamento e a chamada 'arte'. [...] Em uma palavra, eu não gostava deles, tampouco cantava suas canções". Foi por meio do processo de envolvimento com o povo que o pensamento de Ma começou a mudar: "Comecei a sentir a rica emoção contida em sua música. Comecei a ouvir de forma diferente. Agora parecia tão livre e espirituosa, tão simples e natural, que parecia que cada vale e riacho ressoava com sua melodia. Levado por meus sentimentos, eu também me juntei ao resto, cantando alto e bastante". A ida para o campo fez parte da autotransformação de Ma, superando a superioridade que sentia como intelectual e como artista profissional diante da cultura de massa, popular e viva. "Nós viajamos 400 *li* [200 quilômetros], e em todos os lugares encontramos esse mesmo oceano de música. Em todo o vasto campo, todo mundo era cantor, homem ou mulher, velho ou jovem." Aprender com as canções dos camponeses a urgência de suas necessidades e sua determinação para a emancipação fazia parte do trabalho de "popularização dos intelectuais", tornando-os mais humildes (Ma Ke, 1962, p. 20-22).

Foi através desse processo que Ma passou a compor a música de uma das óperas chinesas mais importantes do período, *A garota de cabelo branco*, posteriormente transformada em filme, em 1951, e em balé nacional, em 1965. A protagonista da história é Yang Xier, uma camponesa vendida à força a um senhorio para pagar as dívidas de seu pai, sendo separada de seu noivo, Wang Dachun. Depois que ela finalmente fugiu para as montanhas, onde seu cabelo ficou branco enquanto tentava sobreviver, Wang se juntou ao Exército da Oitava Rota dos comunistas. Quando Wang e Yang finalmente se reencontram, não é apenas como um casal, mas como camaradas.

Essa história de amor revolucionário em meio à luta de classes não é uma obra de ficção total – é baseada no folclore local de um "fantasma de cabelos brancos" que assombrava vilarejos no norte da China. Ma Ke e seus colegas ficaram sabendo dessa história quando foram enviados para o campo. Eles adicionaram forma musical e conteúdo revolucionário à experiência local, e o resultado se tornou um clássico nacionalmente celebrado. A ópera pode ser vista como um exemplo vivo das ideias colocadas pelo Fórum de Yan'an, particularmente a necessidade de artistas e escritores estudarem e mergulharem em suas condições locais e formas culturais populares.

Esses trabalhadores culturais prestaram atenção especial às canções e danças folclóricas, particularmente a *yangge*, ou "canções de arroz". Essas canções, tradicionalmente cantadas para os deuses ou senhores de terras, receberam novas conotações e um novo conteúdo para incutir um espírito revolucionário e encorajar os soldados nas linhas de frente. Canções populares como "Nanniwan" (sobre um desfiladeiro em Yan'an), de He Jingzhi, que escreveu o libreto de *A garota de cabelo branco*, eram distintamente ideológicas, ao mesmo tempo que estavam enraizadas na cultura de massas, definindo mensagens políticas para melodias populares. Construir uma nova cultura revolucionária não significava descartar toda a cultura que a antecedeu – seja ela de origem antiga, feudal ou estrangeira; significava "assumir todas as coisas boas em nossa herança literária e artística e assimilar criticamente tudo o que é benéfico", afirmou Mao em *Intervenções*. Transmitir ideias revolucionárias em uma linguagem e forma que eram familiares e bem recebidas pela população local era uma maneira de servir "vinho novo em garrafas velhas" (Li, 2021, p. 35-39).

Assim como as formas tradicionais de cultura receberam um novo conteúdo revolucionário, as "velhas garrafas" dos intelectuais tradicionais estavam sendo transformadas em "novos" intelectuais que serviam ao povo. Poucos escritores incorporaram mais esse processo do que Ding Ling. Quando ela deixou a cosmopolita Xangai para os campos empoeirados de Yan'an, já era uma escritora estabelecida, célebre por romances como *O diário de Miss Sophia* (1928), que abordava as condições da mulher chinesa moderna e urbana. Ao chegar em Yan'an, porém, ela lutou para escrever descrições autênticas da vida camponesa, com a qual ainda não estava familiarizada na época, e para superar seus próprios preconceitos, individualismo e alienação do povo. As dificuldades que Ding e outros escritores tiveram em retratar os camponeses no contexto da luta de classes não se baseavam apenas em suas limitações, mas também porque as condições históricas ainda não haviam criado uma consciência revolucionária entre o povo. Como explica o historiador literário Wang Xiaoping, "a consciência revolucionária ('proletária') não existia na China moderna 'como tal', mas teve que ser cultivada e elevada a um plano superior por revolucionários experientes equipados com uma teoria política dialética" (Wang, 2019, p. 575). Os contos e romances de Ding são um testemunho desse processo transformador e dialético, e dos anos de desaprendizagem e reaprendizagem, para se tornar intelectual e politicamente integrada às massas, o que, por sua vez, aprofunda a consciência de classe.

O caminho percorrido por Ding reflete o processo de "integração" popular que Mao identificou em *Intervenções*: "Os intelectuais que querem se integrar às massas, que querem servir às massas, devem passar por um processo pelo qual eles devem se conhecer muito bem". Quase uma década depois de chegar a Yan'an, Ding escreveu seu primeiro romance sobre o movimento revolucionário e a reforma agrária, intitulado *O sol brilha sobre o Rio Sanggan* (1948). Esse trabalho surgiu dos anos que ela passou vivendo e trabalhando com mulheres, camponeses, trabalhadores, veteranos e quadros em alguns dos distritos rurais mais remotos do país. Anos depois, como muitos intelectuais que sofreram muito durante a Revolução Cultural (1966-1976), Ding ainda se mantinha fiel ao espírito de Yan'an. Em um de seus últimos discursos, escrito em 1980, alguns anos antes de falecer aos 81 anos, ela explicou: "Foi difícil e sofri, mas também ganhei muito... Não posso escrever sobre generais, porque não tenho esse tipo de experiência. Mas posso escrever sobre camponeses, sobre trabalhadores, sobre pessoas comuns, pois os conheço bem" (Ding, 1980). Conhecer bem o povo é o que ela e dezenas de milhares de intelectuais procuraram fazer nos anos que se seguiram ao Fórum de Yan'an, o que ajudou a levar a nação e o povo chineses à revolução. Em seu discurso, Ding resumiu eloquentemente o espírito de Yan'an: "A própria criação é uma ação política, e um escritor é uma pessoa politizada". As palavras de Ding são uma afirmação de que a arte e a cultura são essenciais para a luta de classes. Tais palavras são um chamado para os escritores, artistas e intelectuais de hoje, que estão comprometidos com as lutas e aspirações do povo e das pessoas, para seguirem seus passos.

O espírito de Yan'an após 80 anos

Depois que *Intervenções* foi publicado pela primeira vez em 19 de outubro de 1943, o texto foi traduzido e publicado em dezenas de idiomas, encontrando ressonância em milhões de pessoas em todo o mundo (McDougall, 1980). Inspirado pela tradição da serigrafia de xilogravuras de Yan'an e da convocatória de Mao para que os artistas estivessem imersos nas lutas do povo, o artista indiano Chittaprosad fez esboços comoventes da Fome de Bengali de 1943-1944, que custou a vida de três milhões de pessoas no final do brutal domínio colonial britânico (Sunderason, 2020, p. 72-73). O poeta nacional cubano Nicolás Guillén chamou *Intervenções* de uma "brilhante plataforma materialista científica para teorias de literatura e arte [...] que pode ajudar a entender e determinar as tarefas de artistas e escritores em meio à Revolução Cubana" (Huo, 2002). O Lekra da Indonésia, a organização cultural de 200 mil membros, filiada ao Partido Comunista da Indonésia (PKI), desenvolveu seu método central de *turun ke bawah*, ou "descer às massas", no espírito de Yan'an (Tricontinental, 2020; Soon, 2020, p. 53-66).

As *Citações do presidente Mao Zedong* (1966) – "o livrinho vermelho" – inclui trechos das *Intervenções*, e seu penúltimo capítulo é dedicado à arte e à cultura. Com mais de um bilhão de edições oficiais vendidas em três dúzias de idiomas, o livrinho vermelho chegou às mãos de inúmeros revolucionários como um dos livros de maior circulação de todos os tempos, perdendo apenas para a Bíblia Sagrada. Em uma entrevista ao Instituto Tricontinental de Pesquisa

Social, Emory Douglas, o primeiro-ministro da cultura do Partido dos Panteras Negras nos Estados Unidos, lembrou como o Partido vendia o livrinho vermelho nas esquinas ao lado do jornal do Partido, cada um por 25 centavos de dólar, levando a mensagem de que a arte é uma arma na luta revolucionária. O livrinho vermelho também foi vendido em livrarias e pequenas cidades da Tanzânia, em suaíli e inglês, sob a liderança de Julius Nyerere. Combinado com as ideias socialistas africanas, o Pensamento de Mao foi transmitido através das ondas de rádio para alcançar as comunidades analfabetas e rurais (Lal, 2014, p. 97-101). *Intervenções* e suas ideias encontraram suas próprias interpretações e usos em diversos lugares, da Mongólia a Moçambique, da Argentina à Albânia, do Peru às Filipinas.

Intervenções é talvez uma das sistematizações mais importantes que emergiram do Terceiro Mundo sobre o papel da arte e da cultura e sua teoria, prática, erros e lições. Pode ser lido como uma exploração da estética marxista na tradição da libertação nacional, como uma proposta de política cultural socialista, como um manual para quadros que realizam tarefas culturais, ou como um artigo de teoria literária ou literatura em si. Oito décadas se passaram desde que Mao deu suas palestras sobre literatura e arte. Desde então, a China passou de um dos países mais pobres do mundo para a segunda maior economia do mundo e uma potência global. Então, que relevância tem o espírito de Yan'an hoje? Em 2014, o presidente Xi Jinping fez um apelo para reviver o espírito de Yan'an nas Intervenções no Fórum sobre Literatura e Arte, realizadas em Pequim, nas quais falou sobre a necessidade de escritores e artistas darem continuidade à convocatória de Mao por uma cultura socialista enraizada no contexto chinês com um olhar para o mundo (Xi, 2015).

Além disso, Xi Jinping tem promovido o renascimento do "Espírito de Yan'an", lembrando aos membros do Partido e à juventude a importância de continuar a missão da geração mais antiga de revolucionários, como Mao Zedong. Ele chamou essa história de "um livro que vale a pena ser lido o tempo todo". Poucos dias após a conclusão do 20º Congresso Nacional do PCCh, Xi Jinping liderou os membros do Comitê Permanente do Politburo do Comitê Central – o mais alto órgão político do país – em uma visita a Yan'an, como um gesto simbólico e político de compromisso revolucionário da nova liderança eleita. Durante essa visita, ele destacou que as obras de arte e literatura – incluindo a clássica canção "O Leste é Vermelho" – que celebram tanto o PCCh quanto o presidente Mao são provas do apoio popular em massa.

Quando adolescente, o próprio Xi passou sete anos em Yan'an durante a Revolução Cultural, trabalhando e vivendo entre os camponeses, período em que iniciou sua carreira política como secretário de aldeia após finalmente ter sido aprovado para ingressar no PCCh na décima tentativa. Ele refletiu sobre isso em seu discurso durante a visita de 2022:

> Vivi e trabalhei em Yan'an por sete anos. A geração mais velha da minha família também viveu aqui, e estou bastante familiarizado com a região. Quando fui enviado para o norte de Shaanxi e trabalhei no campo como agricultor, sempre que tinha a chance de vir a Yan'an, visitava os locais revolucionários, incluindo o local do Sétimo Congresso Nacional do PCCh, Yangjialing, Zaoyuan e a Colina Fenghuang. Depois de trabalhar no Comitê Central do PCCh, fiz três visitas de inspeção aqui. Desta vez, junto com os membros do Comitê Permanente do Bureau Político do Comitê Central do PCCh, venho aqui para manifestar que a nova liderança

> central herdará e levará adiante as gloriosas tradições e os bons estilos de trabalho do Partido, cultivados durante o Período de Yan'an, e promoverá o Espírito de Yan'an. (Xi, 2022)

Em outras palavras, nos últimos anos, o período de Yan'an tem sido reativado na consciência do Partido e do público, como parte de uma ampla restauração de sítios históricos "vermelhos" e da promoção do turismo vermelho e do estudo da história vermelha. O legado das *Intervenções* não pertence apenas à China e ao povo chinês, mas é um produto para o povo do Sul Global. Em entrevista ao Instituto Tricontinental de Pesquisa Social, o professor da Universidade Normal da China Oriental, Lu Xinyu, fez uma reflexão semelhante sobre esse legado e renascimento das *Intervenções* de Mao:

> [O Fórum Yan'an] convocou os intelectuais a servir ao povo, com o desenvolvimento da cultura de massa que garantiu que a subjetividade dos camponeses estivesse no centro da Revolução Chinesa. Esse tem sido o objetivo histórico do PCCh desde aquela época até agora. Os intelectuais foram para o campo para unir forças com os camponeses. Agora, vemos um grande número de quadros, professores e intelectuais indo para o campo nas campanhas de revitalização rural e alívio da pobreza.

Segundo Lu, essa migração de intelectuais para o campo é um exemplo essencial da Era Yan'an, sem a qual a atual polarização entre cidade e campo, entre o leste desenvolvido e o oeste mais pobre, não pode ser abordada. No final de 2020, a China anunciou o fim da pobreza extrema entre sua população de 1,4 bilhão de pessoas (Tricontinental, 2021). Apesar das contradições e dificuldades permanentes que existem no país, Lu acredita que a ascensão da China não deve ser creditada apenas à introdução de elementos capitalistas e forças de mercado, mas também ao contínuo compromisso político com o socialismo que remonta a 1949: "A história de Yan'an não é apenas uma história da China; ela pertence ao Terceiro Mundo, à história do século XX, ao movimento socialista e a todos os pobres do mundo. Especialmente [dada a atual] polarização da situação global, precisamos lembrar o espírito Yan'an, não apenas para a China, mas para o Sul Global". Oito décadas depois, lembramos o entusiasmo com que jovens artistas e intelectuais foram para o campo com o chamado "ir para Yan'an".

Ao lado do Rio Amarelo, na margem das águas do Yan,
está o planalto de terra amarela.
Antes das Cavernas Yaodong o moinho mói,
parece um retorno ao ontem.
Estou indo para Yan'an,
para ver a suave passagem do tempo,
para ver milhares de colinas, vermelho em todos os lugares.

"I'm going to Yan'an" (2011), música composta por Xu Peidong, escrita por Hua Feng e cantada por Li Long para o 90º aniversário da fundação do Partido Comunista da China.

Referências

CCTV. "Wenyi de dengta" [Um farol de literatura e arte]. *CCTV*, 20 mai. 2017. Disponível em: https://tv.cctv.com/2017/05/20/VIDEf0rZPBuMfJZORRpV5dp9170520.shtml.

CGTN. "A quick look at the epic journey of the Long March". *CGTN*, 1 jul. 2019. Disponível em: https://news.cgtn.com/

news/2019-07-01/A-quick-look-at-the-epic-journey-of-the--Long-March--HYhdCulxPG/index.html.

DENTON, Kirk A. "Yan'an as a site of memory." In: MATTEN, Marc (ed.). *Places of Memory in Modern China: History, Politics, and Identity*. Leiden: Brill, 2012.

DING Ling. "Zuojia shi zhengzhihua le de ren" [A writer is a politicized person]; "Quánguó gāoděng yuàn xiào wényì lǐlùn xuéshù tǎolùn huì" [On The Relationship Between Literature and Politics]. In: *Simpósio sobre Arte e Teoria da Literatura no Ensino Superior da China*. Jiujiang City, ago. 1980.

DING Xiaoping. "Hu qiaomu yu 'zai yan'an wenyi zuotanhui shang de jianghua" [Hu Qiaomu and the *Talks at the Yan'an Forum on Literature and Art*]. *China Reading Weekly*, 28 mai. 2012. Disponível em: https://www.tsinghua.org.cn/info/1951/18270.htm.

FAN Xue. "Dao shanbei qu: qiqi shibian hou yipi qingnian de rensheng xuanze" [Ir para Shaanbei: a escolha de vida de um grupo de jovens após o incidente de 7 de julho]. *Baoma*, 16 mar. 2020. Disponível em: https://mp.weixin.qq.com/s/CKzJ39SCb78OrNYBS3Yhyw.

GRAMSCI, Antonio. "The Intellectuals." In: *Selections from the Prison Notebooks*. Trad. e ed. Q. Hoare e G.N. Smith. Nova Iorque: International Publishing, 1971, p. 3-23. Disponível em: https://www.marxists.org/archive/gramsci/prison_notebooks/problems/intellectuals.htm.

HU Qiaomu. *Hu qiaomu huiyi mao zedong* [Hu Qiaomu's Memories of Mao Zedong]. Pequim: People's Publishing House, 2003.

HUO Jinglian. "Qiantan mao zedong 'zai yan'an wenyi zuotanhui shang de jianghua' zai guoneiwai de yingxiang" [On the domestic and international influence of Mao's *Talks at the Yan'an Forum on Literature and Art*]. In: *Seminar to commemorate the 60th anniversary of*

Comrade Mao's Talks, mai. 2002. Disponível em: https://cpfd.cnki.com.cn/Article/CPFDTOTAL-SQSL200205001016.htm.

JIANG Hui. "'Zai yan'an wenyi zuotanhui shang de jianghua' zai feizhou de gushi" [A história africana das Intervenções no Fórum Yan'an sobre Literatura e Arte]. *Baoma*, 29 nov. 2015. Disponível em: https://mp.weixin.qq.com/s/TqU7-u06Cjd3toX4HB9yhQ.

JUDD, Ellen R. "Prelude to the 'Yan'an Talks': Problems in Transforming a Literary Intelligentsia." *Modern China*, 11 (3): 377-408, jul. 1985.

LAL, Priya. "Maoism in Tanzania: Material connections and shared imaginaries." In: COOK, Alexander (ed.). *Mao's Little Red Book: A Global History*. Cambridge: Cambridge University Press, 2014, p. 96-116.

LÊNIN, V.I. "What Is Soviet Power?" In: *Lenin's Collected Works*. Moscou: Progress Publishers, v. 29, 1972, p. 248-249. Disponível em: https://www.marxists.org/archive/lenin/works/1919/mar/x08.htm.

______. "Party Organisation and Party Literature." In: *Lenin's Collected Works*. Moscou: Progress Publishers, v. 10, 1965, p. 44-49. Disponível em: https://www.marxists.org/archive/lenin/works/1905/nov/13.htm.

LI Huanhuan. "On the Inheritance and Development of Yan'an Yangge during the War of Resistance." *Academic Journal of Humanities & Social Sciences*, 4 (2): 35-39, 2021.

MA Ke. "From 'Yangko' Opera to 'The White-Haired Girl.'" *Peking Review*, 6 (21): 20-22, mai. 1962.

MA Kefung. "Shu wan qingnian weihe maozhe fengzian benfu yan'an?" [Por que dezenas de milhares de jovens se arriscam para ir a Yan'an?]. *China Forum*, 25 fev. 2021. Disponível em: http://www.kunlunce.com/llyj/fl11111111111/2021-02-25/150570.html.

MARX, Karl. *Theses on Feuerbach* (1845). Disponível em: https://www.marxists.org/archive/marx/works/1845/theses/.

McDOUGALL, Bonnie. *Mao Zedong's 'Talks at the Yan'an Conference on Literature and Art': A Translation of the 1943 Text with Commentary*. Ann Arbor: University of Michigan, 1980.

MEISNER, Maurice. *Mao Zedong: A Political and Intellectual Portrait*. Cambridge: Polity Press, 2007.

MITTER, Rana. *Forgotten Ally: China's World War II, 1937-1945*. Boston/Nova Iorque: Houghton Mifflin Harcourt, 2013.

RUBIN, Kyna. "Writers' Discontent and Party Response in Yan'an Before 'Wild Lily': The Manchurian Writers and Zhou Yang." *Modern Chinese Literature*, 1 (1): 79-102, set. 1984.

SNOW, Edgar. *Red Star Over China*. Nova Iorque: Grove Press, 1994.

SOON, Simon. "Engineering the human soul in 1950s Indonesia and Singapore." In: GALIMBERTI, Jacopo (ed.) *et al. Art, Global Maoism and the Chinese Cultural Revolution*. Manchester: Manchester University Press, 2020, p. 53-66.

SUNDERASON, Sanjukta. "Framing margins: Mao and visuality in twentieth-century India." In: GALIMBERTI, Jacopo (ed.) *et al. Art, Global Maoism and the Chinese Cultural Revolution*. Manchester: Manchester University Press, 2020, p. 67-86.

TRICONTINENTAL – Institute for Social Research. "Serve the People: The Eradication of Extreme Poverty in China." *Studies in Socialist Construction*, n. 1, jul. 2021. Disponível em: https://thetricontinental.org/studies-1-socialist-construction/.

______. "The Legacy of Lekra: Organising Revolutionary Culture in Indonesia." Dossiê n. 35, dez. 2020. Disponível em: https://thetricontinental.org/dossier-35-lekra/.

______. "O novo intelectual." Dossiê n. 13, fev. 2019. Disponível em: https://thetricontinental.org/pt-pt/o-novo-intelectual/.

WANG Xiaoping. *Contending for the 'Chinese Modern': The Writing of Fiction in the Great Transformative Epoch of Modern China, 1937-1949*. Leiden: Brill, 2019.

XI Jinping. "Speech at the Forum on Literature and Art" (Transcript of the speech in Beijing, 15 out. 2014). Disponível em: https://chinacopyrightandmedia.wordpress.com/2014/10/15/speech-at-the-forum-on-literature-and-art/.

______. "Xi urges efforts to carry forward great founding spirit of CPC and Yan'an Spirit." *Qiushi*, 31 out. 2022. Disponível em: http://en.qstheory.cn/2022-10/31/c_825707.htm.

ZEDONG, Mao. "Talks at the Yenan Forum on Literature and Art." In: *Selected Works of Mao Tse-Tung*. Pequim: Foreign Languages Press, 1967. Disponível em: https://www.marxists.org/reference/archive/mao/selected-works/volume-3/mswv3_08.htm.

"Um acordo de paz de muitas décadas": a guerra e a paz no Pensamento de Mao Zedong

Rita Matos Coitinho

> *No futuro nós devemos dispender esforços comuns, continuar nosso trabalho, unir-nos e promover a paz. Mesmo sob a ameaça de uma guerra, podemos adiá-la. Nós devemos nos esforçar por um ambiente de paz tão duradouro quanto possível, e isso não só é possível como é também desejável. Se os Estados Unidos também desejam assinar um tratado de paz, que seja um tratado válido por 100 anos, 50 anos se for o suficiente; nós concordamos com qualquer período.*
>
> Mao Zedong, *A paz é o melhor*, 26 de maio de 1950.

Introdução

A lei[1] que atualmente rege as relações exteriores da República Popular da China (RPC) anuncia, em seu artigo 4º, que o país segue "uma política externa independente de paz", que "observa os cinco princípios de respeito mútuo pela soberania e integridade territorial, agressão mútua, não interferência mútua em assuntos internos, igualdade e benefício mútuo, e coexistência pacífica" e que "mantém

1 "The Law of Foreign Relations of the People's Republic of China." Ministry of Justice of the People's Republic of China, 7 nov. 2023. Disponível em: http://en.moj.gov.cn/2023-07/11/c_901729.htm. Versão em inglês, tradução nossa.

um caminho de desenvolvimento pacífico e adere à política fundamental de abertura para o mundo exterior e à estratégia de abertura para o desenvolvimento mútuo". Nesse mesmo artigo, a lei declara que a RPC compromete-se com a resolução de conflitos internacionais por meios pacíficos, opondo-se ao uso da força ou ameaça de força nas relações internacionais e na política de poder.

O artigo 3º da lei expõe o que se pode denominar como *as cinco fontes* que constituem e orientam a política externa da China, ao afirmar que as relações exteriores do país e o estabelecimento de amizades com outros povos ocorrerão "sob a orientação do marxismo-leninismo, do Pensamento de Mao Zedong, da teoria de Deng Xiaoping, do pensamento dos três representantes [de Jiang Zemin, inscritos na constituição da RPC em 2004], da perspectiva científica sobre o desenvolvimento e do socialismo com características chinesas para uma nova era, de Xi Jinping" (artigo 3º).

Cada uma das cinco fontes que dão forma ao conjunto de preceitos políticos que moldam a política do Partido Comunista da China resulta das lições aprendidas ao longo dos anos de construção do socialismo chinês. Combinam-se nessas formulações: a experiência individual e coletiva dos quadros do partido, desde a luta de resistência à ocupação japonesa até a guerra civil que culminou na tomada de poder pelos comunistas em 1949; os anos de construção do Estado socialista, em que foi marcante a cooperação íntima e ao mesmo tempo tensa com quadros políticos e técnicos da URSS; a experiência de resistência ao imperialismo dos EUA, fundamentalmente no que toca à presença estadunidense em Taiwan em suporte à Chiang Kai-shek e, depois, com a articulação de uma solução "semi-neutra" de apoio a um partido fantoche, junto ao reconhecimento formal do princípio de *uma só China*; a guerra na Coreia; a construção da "terceira posição" na conferência de Bandung; o apoio às lutas por descolonização na Ásia e na África; a guerra do Vietnã; o conflito sino-indiano; o conflito sino-soviético; a exportação da revolução; a participação na ONU; e a aposta no multilateralismo.

Este capítulo explora o papel fundante do Pensamento de Mao Zedong no tema da paz e das relações exteriores da China. O texto analisa fontes primárias – discursos, telegramas e textos de autoria de Mao Zedong – a partir de sua tradução para o inglês. Tais fontes estão organizadas no volume *Mao Zedong on diplomacy*[2] (1998). A produção de Mao sobre o tema é vasta e uma análise cuidadosa, que pudesse cobrir todo o período em que ele atuou, exigiria um espaço maior do que o que está disponível nessa edição. Optou-se por uma seleção de textos que abarquem o desenvolvimento de dois temas que são fundamentais em razão de sua permanência nos textos de política externa de nossos dias: o tema do imperialismo e da recusa à hegemonia de "um grande país" no cenário internacional, e o tema dos "cinco princípios de coexistência pacífica", cujo impacto duradouro será analisado também nesse texto.

O estudo não se propõe à constituição de uma "linha do tempo" dos acontecimentos histórico-diplomáticos, embora siga o tempo cronológico a partir do encadeamento dos textos escolhidos. O escopo limita-se a buscar o sentido geral das principais ideias enunciadas por Mao e a situação em que surgiram, no que poderia ser entendido como as duas primeiras "fases" do desenvolvimento do Pensamento de Mao quanto ao posicionamento da China frente ao tema da paz e das relações exteriores.

Essas "fases" foram definidas tomando como ponto de partida a datação adotada na obra de Baoxu Zhao, *To build a harmonious*

---

2 Todas as citações retiradas desse volume são traduções nossas.

world (2014), capítulo 8 ("'Revolution' and 'Development' – A comparative study of chinese diplomacy in the Mao Zedong era and in the Deng Xiaoping era"), onde o reconhecido politólogo chinês apresenta uma divisão do que considera as principais "fases" da política externa de seu país. No entanto, a nossa datação tem alguns acréscimos, como explicitaremos a seguir, e o nosso objeto não é a política externa da China em todo o período de existência da RPC, mas sim o Pensamento de Mao Zedong até o começo dos anos 1960.

Na divisão de Baoxu Zhao, a primeira fase da política externa da China tem início em 1949, assim que o Partido Comunista vence a guerra civil e dá início à construção do Estado socialista. Conforme o autor, o mundo estava caracterizado pela bipolaridade da Guerra Fria e foi nesse contexto que nasceu a diretriz do alinhamento a um dos lados. Nessa época, o Pensamento de Mao voltava-se para a consolidação da revolução – a construção do socialismo e do campo socialista no mundo. Tendo o imperialismo como o principal inimigo dos povos, o líder da Revolução Chinesa produziu uma série de textos e discursos em que consolidou essa visão. Em nosso estudo, no entanto, a "primeira fase" tem início com escritos de Mao anteriores à revolução. Isso porque, desde a guerra civil até meados dos anos 1950, seus textos abordam a paz como meta dos povos oprimidos e das classes revolucionárias, entendendo a derrota do imperialismo como condicionante para um futuro de paz. Um dos aforismos presentes no *Livro Vermelho*, retirado de um texto de 1938, dá conta dessa ideia: "Nós somos partidários da abolição da guerra; nós não queremos a guerra. A guerra, porém, só pode abolir-se por meio da guerra. Para acabar com as armas há que pegar em armas" (Zedong, 2002, p. 56). Inspirada nessa "missão" de derrotar o imperialismo, a política adotada no período inicial de construção do socialismo na China anuncia, a partir de Mao Zedong, a diretriz de "inclinar-se para um lado" (*lean to one side*), em outras palavras, de adesão ao bloco socialista.

A segunda fase da divisão de Baoxu Zhao acontece nos anos posteriores, em que emergiram graves contradições entre China e URSS, até o momento da ruptura na década de 1960. Após a morte de Stalin e os relatórios de Khrushchov, as contradições entre a China e a URSS foram se intensificando até o ponto em que, em 1960, Mao expressou a convicção de que "o revisionismo é o inimigo mais perigoso do povo chinês", o que significou o dramático afastamento diplomático entre China e URSS.

Um momento importante das formulações de Mao Zedong com respeito à política externa foi a guerra da Coreia, durante a qual a hostilidade dos EUA em relação à China cresceu exponencialmente, e na década de 1960 ainda mais, quando os EUA interferiram diretamente no Vietnã, enviando tropas. Nesses episódios a China passa a apoiar abertamente os movimentos de libertação nacional na região da Indochina e Mao escreve que o imperialismo americano se tornou "o mais feroz inimigo dos povos do mundo". Nesse período, conforme mostra Baoxu Zhao (2014), a política externa da China passou a seguir a ideia de "atirar com as duas mãos e lutar com ambos os punhos", "uma linha de ultraesquerda, resolutamente oposta aos EUA e à URSS". Essa orientação decorreria diretamente de instruções de Mao Zedong, conforme o cientista político chinês afirma.

A terceira fase na classificação de Zhao seria caracterizada pelo crescimento da hostilidade dos EUA frente à China – algo que já se iniciara com o fim da guerra civil, mas que foi se tornando cada vez mais grave, com os enfrentamentos na Coreia e depois no Vietnã. Nesse momento, a China apoiou com resolução as políticas antiamericanas dos países da Ásia. Assim, adotou-se a palavra de ordem segundo a qual "o imperialismo americano é o mais feroz inimigo dos povos do mundo". Em nosso estudo, localizamos que essa "fase" se inicia antes da anterior e a ultrapassa – assim, a nossa segunda fase é uma fusão das fases 2 e 3 de Zhao. Os textos e discursos de Mao abordam o tema da ameaça do imperialismo já em 1949, em razão da política dos EUA para Taiwan. As contradições com a URSS só aparecerão na década de 1960, o que não diminui a preocupação de Mao Zedong em relação ao imperialismo – razão pela qual em nosso texto não adotamos a mesma ordem da classificação de Zhao.

Baoxu Zhao situa na década de 1970 a quarta fase da política externa chinesa, quando a URSS abandona a postura defensiva na arena internacional e adota um tom mais assertivo. Naqueles anos, Nixon fez sua histórica visita à China, episódio que antecedeu o estabelecimento de relações diplomáticas entre China e Japão e, logo a seguir, entre China e EUA. Zhao destaca que, para Mao Zedong, aquele era o momento de unir todas as forças e isolar a URSS ao máximo. Essa fase não será estudada neste capítulo, porém os princípios que orientam a aproximação com os EUA já haviam sido anunciados nos anos 1950, conforme vamos mostrar na segunda seção. Os "cinco princípios da coexistência pacífica" – respeito mútuo pela soberania e integridade territorial, não agressão, não interferência nos assuntos internos de cada um, igualdade e benefício mútuo, e convivência pacífica – foram anunciados pelo chanceler Zhou Enlai em uma reunião com representantes da Índia já em 1954.

Por fim, conforme Zhao, a China teria passado a implementar a política de reformas e abertura externa logo após o fim da Revolução Cultural. Essa fase foi marcada pela liderança de Deng Xiaoping e é, para o cientista político, a grande transformação na política externa do país.

Como argumentaremos na seção final, os cinco princípios da coexistência pacífica, abraçados naqueles anos de recente organização do Estado socialista, somaram-se, adiante, às ideias de não-alinhamento, não-hostilidade e anti-hegemonismo que ganharam força com a ascensão de Deng Xiaoping logo após o desaparecimento de Mao Zedong e que permanecem até os nossos dias. Finalizamos nosso estudo analisando a perenidade de muitas das ideias de Mao Zedong nos princípios adotados pela atual política externa da China, evidenciando o peso de suas formulações para a formação do marxismo-leninismo chinês e para a tradição de pensamento que influenciou as principais lutas de libertação nacional do século XX.

I. O teórico da guerra popular anti-imperialista

Em 1937, quando os comunistas formavam a segunda *Frente unida contra o Império do Japão*, junto com as tropas lideradas pelo Kuomintang, Mao Zedong já era (desde 1935) secretário-geral do Partido Comunista da China. Os comunistas eram a força que lutava decididamente contra a ocupação japonesa, algo reconhecido pelas próprias tropas nacionais – submetidas ao governo nacional –, que um ano antes sublevaram-se, aprisionando o líder Chiang Kai-shek para exigir a formação de uma força única com os comunistas, a fim de repelir o invasor japonês.

Data desse ano a formulação de Mao Zedong que daria a tônica da resistência chinesa em sua política exterior:

> *Adotar uma Política Externa anti-japonesa*
>
> Concluir pactos de não-agressão e alianças anti-japonesas para ajuda militar mútua com todos os países que se opõem à agressão japonesa, a fim de garantir que não haja perda em

> nossos territórios e em nossos direitos de soberania. Apoiar o front internacional de paz e opor-se à agressão da Alemanha, do Japão e da Itália. Unir-nos com as massas operárias e camponesas da Coreia e do Japão contra o imperialismo japonês. (Zedong, 1998, p. 2; tradução nossa)

Pouco tempo depois, em 1939, irrompe a grande guerra. Mao Zedong caracterizou o conflito como uma guerra inter-imperialista, tal como o fizera Lênin em relação à Primeira Guerra Mundial. Sua posição, enquanto líder do PCCh e chefe militar, foi a de que os chineses não deveriam tomar parte do conflito, atendo-se à defesa do território contra a agressão externa, tal como já estava em curso. Conforme um comunicado assinado por ele em 1939 (Zedong, 1998, p. 16), era "óbvio que a política externa da China [deveria] ser de resistência à agressão japonesa", o que implicava que os chineses deveriam confiar em seus próprios esforços, ainda que a ajuda externa fosse bem-vinda. Essa ajuda externa, em sua visão, viria "principalmente de três fontes: (1) da União Soviética socialista, (2) do povo dos países capitalistas e (3) das nações oprimidas nas colônias e semi-colônias". Somente essas fontes de ajuda poderiam ser confiáveis, de modo que "qualquer outra coisa que possa ser chamada de ajuda externa, mesmo que venha a estar disponível, só pode ser considerada como suplementar e temporária. É claro que a China deveria tentar obter tal ajuda externa [...], mas nunca deve depender demasiadamente dela ou considerá-la confiável". Sua posição era de que a China deveria manter estrita neutralidade em relação aos beligerantes, não aderindo a nenhum dos lados na guerra imperialista. Dessa forma, a posição do Kuomintang, de que a China deveria juntar-se à frente de guerra anglo-francesa (que Mao chamou de "frente de guerra imperialista anglo-francesa"), era, em sua visão, "uma posição capituladora", portanto prejudicial à guerra popular de resistência, e viria a trazer prejuízos à libertação da nação chinesa. Em sua visão, portanto, essa proposta "deveria ser categoricamente rejeitada".

Mao Zedong manteve-se ligado a essa concepção no decurso da guerra. Em 1940, ele volta a reafirmar sua oposição a uma aliança com outras potências imperialistas, demarcando sua diferença com a linha defendida pelo Kuomintang. Conforme suas palavras:

> O Partido Comunista se opõe a todo imperialismo, mas fazemos uma distinção entre o imperialismo japonês, que agora está cometendo agressão contra a China, e as potências imperialistas que não estão fazendo isso agora; entre o imperialismo alemão e italiano, que são aliados do Japão e reconheceram [o domínio japonês sobre a Manchúria], e o imperialismo britânico e americano, que são opostos ao Japão; entre a Grã-Bretanha e os Estados Unidos de ontem, que seguiram a política de Munique no Extremo Oriente e minaram a resistência da China ao Japão, e a Grã-Bretanha e os Estados Unidos de hoje, que abandonaram essa política e agora estão a favor da resistência da China.
>
> Nossas táticas são guiadas por um único e mesmo princípio: fazer uso de contradições, conquistar a maioria, opor-se a poucos e esmagar nossos inimigos um por um. Nossa política externa difere da do Kuomintang. Este afirma: "Há apenas um inimigo e todos os outros são amigos"; parece tratar todos os países, exceto o Japão, como amigos, mas na verdade é pró-britânico e pró-americano. Da nossa parte, devemos traçar certas distinções, primeiro, entre a União Soviética e os países capitalistas, segundo, entre a Grã-Bretanha e os Estados

> Unidos de um lado e a Alemanha e a Itália do outro, terceiro, entre o povo da Grã-Bretanha e dos Estados Unidos e seus governos imperialistas, e quarto, entre a política da Grã-Bretanha e dos Estados Unidos durante seu período da política de um [acordo de] Munique[3] para o Extremo Oriente e sua política hoje. Construímos nossa política nessas distinções. Em contraste direto com o Kuomintang, nossa linha básica é usar toda a ajuda estrangeira possível, sujeita ao princípio de prosseguimento independente da guerra e de confiança em nossos próprios esforços, e não, como o Kuomintang faz, abandonar esse princípio confiando inteiramente na ajuda estrangeira ou agarrando-se a um ou outro bloco imperialista. (Zedong, 1998, p. 3; tradução nossa)

Dois anos antes, Mao Zedong refletira sobre as possíveis consequências da irrupção de uma guerra inter-imperialista. Retomando o título de uma publicação de Dimitrov de 1937, "Fascismo significa guerra", o secretário-geral do Partido Comunista chinês enxergava que a natureza "ininterrupta" dos diversos conflitos que eclodiam levaria a uma generalização da guerra. Em sua visão, que em muito refletia os debates da III Internacional, não haveria

3 Refere-se ao acordo entre EUA e Japão a fim de isolar os soviéticos e auxiliar o Kuomintang em sua ofensiva contra os comunistas. Sobre isso, Mao Zedong escreveu em 1940: "Compromisso entre o Japão e os Estados Unidos à custa da China e conclusão de um Munique do Extremo Oriente, contra o comunismo e a União Soviética, eis a nova conspiração em curso entre o Japão, os Estados Unidos e Chiang Kai-shek. Há que denunciar e combater tal conspiração" (ZEDONG, Mao. "Diretiva interna do Partido, redigida pelo camarada Mao Zedong em nome do Comitê Central do Partido Comunista da China" [1940]. In: *Obras escolhidas*. Pequim: People's Press, t. 3, 1975, p. 25-27. Disponível em: https://www.marxists.org/portugues/mao/1940/05/25.htm).

interrupção no desenvolvimento dessa guerra, que em muito decorria dos acontecimentos da guerra que ocorrera 20 anos antes. Para ele, "a humanidade não conseguirá evitar a calamidade da guerra" (Zedong, 1998, p. 7; tradução nossa). Ao mesmo tempo, para Mao, esse embate aproximaria a humanidade da "paz perpétua", já que resultava da crise geral que arrastava os países capitalistas para um novo conflito generalizado, que não salvaria o capitalismo, mas significaria o seu colapso. Intrínseca a muitos dos textos de Mao Zedong dessa época está a ideia de que a paz duradoura só poderia ser atingida com o fim do capitalismo e da expansão imperialista, decorrente do próprio desenvolvimento desse modo de produção.

No documento "Sobre o Governo de Coalizão" (Zedong, 1998, p. 31-34), um relatório político de Mao Zedong ao Sétimo Congresso Nacional do Partido Comunista da China, de 1945 – momento em que os soviéticos, tendo vencido o cerco nazista, avançavam sobre Berlim –, ele afirma que "o percurso geral da história já estava claramente decidido" e não mudaria, o que "é ruim apenas para os fascistas e os reacionários de todos os países", que em realidade davam suporte aos fascistas. Para Mao Zedong, o povo, e apenas ele, era a força motriz da história. Prova disso era a maneira como o povo soviético tornara-se a principal força que derrotou o fascismo. Ao mesmo tempo, segundo Mao, a "guerra educou os povos e serão os povos que vencerão a guerra, ganharão a paz e o progresso". Essa seria a principal diferença entre as duas Grandes Guerras, pois no final da Primeira ainda não havia uma potência popular como a URSS. Ao final da Segunda Guerra, havia, graças à URSS, a esperança de que pudesse se estabelecer a paz internacional. A vitória dos povos levaria ainda a alguns conflitos, pois os remanescentes do fascismo atacariam as democracias populares e resistiriam ao fim do colonialismo. Mas os conflitos entre as massas antifascistas e os remanescentes do fascismo, entre "democracia e antidemocracia, entre libertação nacional e opressão nacional", seriam resolvidos pelos povos. Assim, "o povo alcançará sua vitória mais extensiva através de esforços longos e sustentados, quando as forças reacionárias, antidemocráticas e imperialistas forem derrotadas". Conforme Mao, isso não seria nem rápido nem fácil, mas era certo. "A vitória na Segunda Guerra Mundial, uma guerra antifascista, pavimentará o caminho da vitória dos povos em suas batalhas do pós-guerra", e assim uma paz "estável e duradoura será garantida apenas quando essas batalhas forem vitoriosas".

Com isso em mente, Mao Zedong defendeu, perante o congresso do PCCh, que fossem adotadas também pelos chineses as resoluções da Carta do Atlântico, das conferências internacionais de Moscou, Cairo, Teerã e Crimeia, porque em sua visão essas decisões contribuiriam para a derrota dos agressores fascistas e a manutenção da paz mundial. Nessa intervenção, o secretário-geral do Partido Comunista fixou os princípios fundamentais que deveriam ser adotados pelos chineses na política exterior:

> [...] a China deveria estabelecer e estreitar laços com todos os países nos temas de interesse comum, [...] sob condição básica de que os agressores japoneses deveriam ser completamente derrotados e a paz mundial mantida; que haja mútuo respeito pela independência nacional e equidade e que sejam promovidos os interesses comuns e a amizade entre os Estados e entre os povos.
>
> O partido comunista chinês concorda integralmente com as propostas da conferência de Dumbarton Oaks e as decisões da conferência da Crimeia de estabelecer uma organização

> que salvaguarde a paz internacional e a segurança no pós-guerra. Dá boas-vindas à Organização em São Francisco.
>
> [...] nós mantemos a conclusão de que tratados equitativos não significam, por si mesmos, que a China de fato alcançou a igualdade. Genuína igualdade nunca é um presente de governos estrangeiros, deve ser alcançada principalmente pelo povo chinês por meio de seus próprios esforços, e o modo de consegui-lo é construindo uma nova China, democrática politicamente, economicamente e culturalmente, do contrário haverá sempre apenas independência nominal, mas nunca factual. Isso é dizer que a China nunca alcançará a independência genuína enquanto seguir a atual política do governo do Kuomintang.
>
> [...] Consideramos correta a decisão da conferência do Cairo sobre a independência da Coreia. O povo chinês deve ajudar o povo coreano a conquistar a libertação. Esperamos que a Índia alcance a independência. Pois uma Índia independente e democrática não é necessária apenas para o povo indiano, mas é essencial para a paz mundial. (Zedong, 1998, p. 33-34; tradução nossa)

Essas linhas gerais expressas em 1945 mantiveram-se após a vitória em 1949. Com a fuga de Chiang Kai-shek para Taiwan, auxiliado pelos EUA, que mantinham tropas naquela ilha desde a derrota dos japoneses, Mao Zedong aprofundou sua desconfiança em relação aos países imperialistas, passando a defender que se condicionasse o estabelecimento de relações diplomáticas ao não reconhecimento da legitimidade do governo do Kuomintang instalado em Taiwan.

A entrevista que Mao Zedong concedeu à jornalista Anna Louise Strong em 1946 também é um documento histórico fundamental para se acompanhar o desenvolvimento dos princípios que guiariam suas formulações de política externa nos anos seguintes à revolução. Nela, o secretário-geral do PCCh apresentou a famosa tese de que "todos os reacionários são tigres de papel", que mais adiante seria aplicada também ao imperialismo – "o imperialismo é um tigre de papel", em evidente analogia às palavras de Lênin, para quem o imperialismo era um "colosso com pés de barro". Nessa entrevista (Zedong, 1998, p. 45-48), Mao mostra-se convicto de que o Kuomintang, auxiliado pelos EUA, seria vencido pelo Exército de Libertação Popular, dirigido pelos comunistas. Questionado sobre o fato de os EUA possuírem a bomba atômica e sobre a possibilidade de seu uso contra os revolucionários chineses, em auxílio do Kuomintang, Mao Zedong responde que também as armas atômicas são tigres de papel:

> A bomba atômica é um tigre de papel que os reacionários dos EUA usam para assustar as pessoas. Parece terrível, mas na verdade não é. Claro, a bomba atômica é uma arma de matança em massa, mas o resultado de uma guerra é decidido pelo povo, não por um ou dois novos tipos de arma. Todos os reacionários são tigres de papel. Na aparência, os reacionários são aterrorizantes, mas na realidade não são tão poderosos. De um ponto de vista de longo prazo, não os reacionários, mas sim as pessoas é que são realmente poderosas [...] A razão é simples: os reacionários representam a reação, nós representamos o progresso.

De fato, as lutas do PCCh e do ELP levaram à vitória dos comunistas em 1949 e à fuga das lideranças do Kuomintang para Taiwan. A partir daí, o revolucionário Mao Zedong assumiu a liderança da República Popular da China, e os princípios que vinha formulando para a política externa do país passaram a orientar a ação da chancelaria chinesa em seus acordos internacionais. Dali em diante, as formulações de Mao mantiveram o caráter internacionalista. Suas preocupações relativas à política externa e à busca por tratados que garantissem a paz e as boas relações com todos os países – em especial no entorno da China, mas não só – foram a tônica de suas formulações e diálogos com os responsáveis pela representação da China no mundo, com destaque para Zhou Enlai, que assumiu a chancelaria da China por longos anos.

II. Resistir e coexistir

A tônica internacionalista do nascente governo da República Popular da China pode ser identificada no documento preparatório para a conferência consultiva do Partido, escrito entre maio e junho de 1949. Segundo o líder do Partido, a vitória dos comunistas era a vitória dos povos do mundo:

> Esta é uma vitória do povo de toda a China, e a vitória dos povos de todo o mundo. O mundo todo, exceto os imperialistas e os reacionários de vários países, está exultante e inspirado pela grande vitória do povo chinês. A luta deste contra seus próprios inimigos e as batalhas dos povos inimigos contra seus inimigos têm o mesmo significado. (Zedong, 1998, p. 70; tradução nossa)

No mesmo documento, Mao Zedong define a principal linha de política externa dos primeiros anos da revolução: "Todos são nossos amigos, exceto os imperialistas, os feudalistas, os burocratas-capitalistas, os reacionários do Kuomintang e seus aliados". As conversas com os representantes da Inglaterra, dos EUA e da França seguiram essa lógica. Foi exigido, pelos comunistas, o não reconhecimento da legitimidade do governo do Kuomintang em Taiwan como condição para o estabelecimento de relações diplomáticas. Enquanto isso não fosse feito, a China manteria apenas relações comerciais, como foi o caso da Inglaterra e dos EUA por longos anos, além de países mais distantes, porém alinhados aos EUA, como a Austrália.

É de junho de 1949 o artigo "Sobre a ditadura democrática do povo" (Zedong, 1998, p. 72-74), no qual os temas da não intervenção e do respeito mútuo, já enunciados nos anos da guerra popular, são detalhados. Conforme o documento, a China deve: 1) internamente, unir-se ao povo (operários, camponeses, pequena burguesia, burguesia nacional) sob a liderança da classe trabalhadora; 2) "externamente, unir-se às nações que nos tratam com equidade e com todos os povos do mundo". No texto, Zedong esclarece: "Estamos nos alinhando a um lado" – o que significava o alinhamento à URSS e contra o imperialismo, além da oposição a Chiang Kai-shek e a qualquer um que o apoiasse – "sem ilusões por um terceiro caminho". Sobre "fazer negócios", Mao Zedong colocou-se favorável a fazer comércio e negócios com qualquer um, inclusive os reacionários, desde que isso não significasse sua intromissão na política da China. Além disso, defendia que a ajuda externa dos países socialistas seria bem-vinda diante dos objetivos de derrocar a ameaça dos países imperialistas.

No jornal *Diário do Povo*, edição de 1 de outubro de 1949 (Zedong, 1998, p. 89), as principais teses foram apresentadas ao conjunto do povo chinês: "Este governo está preparado para estabelecer relações diplomáticas com qualquer governo estrangeiro que se disponha a observar os princípios da igualdade, mútuo benefício, mútuo respeito à integridade territorial e à soberania" da China. Essas quatro diretrizes permanecem e ganham nova formulação nos "cinco princípios de coexistência pacífica", que seriam anunciados por Zhou Enlai por ocasião de uma visita à Índia, como veremos a seguir.

Aquela primeira década de construção do socialismo chinês foi marcada pela difícil busca do equilíbrio entre a resistência às ofensivas dos EUA no entorno da China e o estabelecimento de relações diplomáticas e comerciais. Já em 1950, os EUA fizeram incursões na Coreia, buscando derrotar os comunistas na península, ao mesmo tempo que intensificavam seu apoio ao Kuomintang em Taiwan. Sobre a crise na Coreia, a posição de Mao Zedong era explícita:

> Nós decidimos enviar parte de nossas tropas, os denominados voluntários, para a Coreia para lutar contra as forças dos EUA e seu lacaio Syngman Rhee e ajudar os camaradas coreanos. Consideramos isso essencial. Se toda a Coreia for ocupada pelos americanos, e se as forças revolucionárias da Coreia forem derrotadas, os agressores dos EUA ficarão ainda mais expansivos, o que vai contra os interesses de todo o Leste. ("Telegrama de Mao a Stalin, 2 de outubro de 1950." In: Zedong, 1998, p. 107; tradução nossa)

No ano seguinte, Mao escreveu que os esforços dos chineses na Coreia e em Taiwan estavam diretamente ligados às agressões dos EUA:

> A grande batalha para resistir à agressão dos EUA e ajudar a Coreia perdura e deve perdurar até que os EUA demonstrem desejar um arranjo pacífico. Nós não temos a intenção de combater nenhum país; nós apenas nos opomos à agressão imperialista contra o nosso país. Como todos sabem, o povo chinês não estaria lutando contra as forças dos EUA

> se eles não tivessem ocupado Taiwan, invadido a República Democrática da Coreia e avançado até as nossas fronteiras a nordeste. Mas, uma vez que os agressores dos EUA nos atacaram, nós não podemos levantar a bandeira da não-agressão. Isso é absolutamente necessário e perfeitamente justo, e toda a nação o compreende [...] Nós já afirmamos há muito tempo que a questão coreana deve ser resolvida por meios pacíficos, e essa segue sendo a nossa posição. Se o governo dos EUA desejar resolver esse tema de um modo justo e razoável ao invés de sabotar e obstruir o progresso das negociações [...] será possível um armistício na Coreia e o sucesso das negociações; de outro modo, será impossível. ("Discurso de Mao Zedong na abertura da terceira sessão do Primeiro Comitê Nacional da Conferência Consultiva do Povo" [1951]. In: Zedong, 1998, p. 115; tradução nossa)

Essa posição do governo da China perdurou até o armistício, sendo mantidas as tropas de voluntários chineses na península, sob o comando do líder coreano Kim Il-sung. A orientação expressa de que os militares chineses ficassem sob o comando do líder coreano foi emitida por Mao Zedong (ver a "Ordem para organizar os voluntários do povo chinês", de 8 de outubro de 1950. In: Zedong, 1998, p. 109), para quem o exército chinês lutava em apoio aos norte-coreanos e não por si próprio. O respeito à autodeterminação da Coreia, mesmo enviando tropas, expressava-se pela aceitação sem restrições de que o comando militar pertencia aos norte-coreanos. Em 1953, Zedong voltava a manifestar sua posição: "Nós somos pela paz, mas enquanto o imperialismo dos EUA não abandona suas demandas arrogantes e irrazoáveis, bem como seus esquemas de expansão das agressões, a determinação do povo chinês é de lutar junto com o povo da Coreia" (publicado no *Diário do Povo* de 8 de fevereiro de 1953. In: Zedong, 1998, p. 120; tradução nossa).

À posição irredutível contra os avanços dos EUA e seus aliados sobre os territórios em processo de descolonização da Ásia juntou-se, paulatinamente, a compreensão de que era preciso combater a opressão racial. Esse tema destaca-se no telegrama enviado à África do Sul em maio de 1954, onde lê-se que "eu gostaria de expressar nosso total apoio à justa posição das pessoas não-brancas na África do Sul em sua luta pelos seus direitos democráticos e contra a discriminação e a opressão racial" (Zedong, 1998, p. 121; tradução nossa).

Ao mesmo tempo, os discursos e textos de Mao Zedong passam a enfatizar, junto com a denúncia permanente do imperialismo, o tema da coexistência pacífica. A questão da interferência imperialista passa a aparecer balizada pelo desejo de um pacto de coexistência, como foi expresso por Mao durante a visita de uma delegação do Partido Trabalhista da Inglaterra:

> Vocês perguntam se poderia haver coexistência pacífica entre nós e o seu socialismo. Eu penso que sim. Uma questão surge: pode então haver coexistência apenas com esse tipo de socialismo e não com outras coisas? Coisas não-socialistas, como o capitalismo, imperialismo, reinos feudais etc.? Eu penso que a resposta também é sim; apenas uma condição é necessária, qual seja, ambos os lados devem desejar coexistir. Por quê? Porque nós pensamos que sistemas sociais diferentes podem coexistir pacificamente. Pode haver também cooperação entre nós. [...] Em primeiro lugar, não pode haver guerra entre nós. Para que lutar uma guerra? [...] Paz e comércio, nesses dois pontos pelo menos nós podemos concordar. [...] Nós esperamos que os Estados Unidos

> também adotem uma política de coexistência pacífica. Se um grande país como os Estados Unidos não quer paz, nós não podemos ter tranquilidade, ninguém pode [...]. (Zedong, 1998, p. 123; tradução nossa)

Em conversações com o primeiro-ministro da Índia, Jawaharlal Nehru, Mao Zedong destacou a importância dos princípios de coexistência pacífica na relação entre os países, apesar das diferenças de sistema e organização social. "Como pontuou o primeiro-ministro Nehru em seu discurso do último dia 29, os países devem comprometer-se com os Cinco Princípios e assumir obrigações de acordo com eles [...] O problema é quando alguns países grandes se recusam a aderir aos cinco princípios" (Zedong, 1998, p. 128; tradução nossa). Nos textos e discursos produzidos em 1954, muitas vezes se sobressai a ideia de cooperação e benefício mútuo entre os países. Citando Mêncio, um dos principais comentadores clássicos de Confúcio, Mao escreveu: "Mêncio, um dos sábios da China antiga, disse: 'A uniformidade é a natureza das coisas'. Ou seja, a diversidade é a realidade do mundo. O marxismo também reconhece a diversidade, o que difere da visão da metafísica" (Zedong, 1998, p. 129; tradução nossa). A partir dessa ideia de uniformidade e diversidade, Mao concluía que os países não devem se comportar de forma hostil entre si.

Essa convicção de Mao Zedong estava ligada à necessidade urgente de desenvolvimento da China. "Nós na China precisamos de paz, uma paz de muitas décadas, para desenvolver nossa produção nacional e para melhorar o padrão de vida do povo [...] Nós podemos cooperar com qualquer um que apoie a meta da paz" (*Ibidem*, p. 130). Essas palavras foram ditas num contexto em que Zedong defendia a existência de acordos de não-agressão com os países da região, em especial a Índia, a Indonésia e Burma (Mianmar), e, ao mesmo tempo, refletia sobre os efeitos da Primeira e Segunda Guerra Mundiais. Para ele, apesar de todo o sofrimento, as duas guerras trouxeram benefícios para "três categorias de países": primeiro, o imperialismo dos EUA, que se beneficiou das duas guerras; segundo, os países em que os partidos comunistas aproveitaram-se das guerras para fazer sua revolução e agora eram países socialistas (URSS, Iugoslávia, China), dirigidos pela classe trabalhadora; e, terceiro, países que não se tornaram socialistas, mas onde partidos patrióticos conseguiram obter a independência, como a Índia, a Indonésia, Burma (Mianmar), Síria e Egito. Segundo Mao, "se não fosse pela Segunda Guerra, [esses países] teriam tido muitas dificuldades para obter sua independência" (Zedong, 1998, p. 130; tradução nossa).

A análise de Mao Zedong frente à possibilidade de mais uma guerra era de que os Estados Unidos estavam demasiadamente "espalhados" no mundo, lutando em diversas frentes (incluindo nesse momento a Coreia e o suporte a Taiwan), o que faria com que não tivessem forças para vir a vencer um novo conflito generalizado.

> Se uma nova guerra mundial se iniciar, eu não acho que os Estados Unidos necessariamente irão beneficiar-se, e muito problemas emergirão dentro do seu próprio país. Se outra guerra mundial for travada, toda a extensão do Oeste da Ásia, África e toda a América Latina irão sacudir o imperialismo. (Zedong, 1998, p. 131; tradução nossa)

Essa análise foi apresentada por Mao em um encontro com o primeiro-ministro da Índia. Este, por sinal, manifestara sua preocupação frente a um terceiro conflito de proporções mundiais. Para ele, abrir-se-ia uma época de caos, em razão das armas atômicas. Para Mao Zedong, o perigo era real, no entanto, segundo ele, os povos da

China e da Índia, por serem muito numerosos, sobreviveriam "para sempre". Ainda assim, o líder chinês concordava com Nehru que ambos os países deveriam fazer "esforços conjuntos para evitar a guerra e preservar a paz" (*Ibidem*, p. 134). Do encontro entre os dois líderes asiáticos, em outubro de 1954, destaca-se o reforço da ideia de coexistência pacífica e a visão de Mao Zedong sobre a autonomia dos países para solução de seus problemas internos, além da ênfase na negociação entre os países nos casos de controvérsias – aqui, o tema era o Tibete e os chineses residentes fora da China:

> O Primeiro-Ministro Nehru defende o estabelecimento e a expansão de zonas de paz e espera que os países que defendem a paz aumentem continuamente. Estabelecer e expandir zonas de paz é uma excelente ideia, com a qual concordamos. Para atingir esse objetivo, é necessário remover alguns fatores que são suscetíveis de causar suspeitas ou dificultar a cooperação. O Acordo Sino-Indiano relacionado com o Tibete é propício à remoção de fatores que causam suspeita ou que dificultam a cooperação. É também muito bom que tenhamos anunciado em conjunto os Cinco Princípios [de coexistência pacífica]. A questão dos chineses ultramarinos também deve ser resolvida de forma adequada, para que alguns países não afirmem que desejamos utilizar chineses no exterior para criar problemas. Se os chineses ultramarinos mantiverem o seu estatuto de cidadãos estrangeiros, eles não devem participar nas atividades políticas do país em que residem. Caso tenham adquirido a nacionalidade do país de residência, eles devem cumprir as leis desse país. Em outro continente, os chineses também devem observar as leis do país em que residem. (Zedong, 1998, p. 135; tradução nossa)

Em discussão posterior com U Nu, o primeiro-ministro de Mianmar (Burma), Mao voltou a enfatizar os cinco princípios. O encontro entre os dois ocorria em razão de que o país vizinho enfrentava uma guerra civil, ao mesmo tempo em que o Kuomintang fazia algumas incursões no país, com o apoio dos EUA. O primeiro-ministro U Nu temia que os chineses interviessem militarmente no país, algo refutado por Mao Zedong, que assegurou que a China não faria qualquer intervenção:

> [...] [São] Cinco Princípios que regem as nossas relações mútuas. Um dos princípios é a não interferência nos assuntos internos uns dos outros; outro é igualdade e benefício mútuo. O que é a não interferência nos assuntos internos uns dos outros? Significa que as disputas internas de um país devem ser tratadas por esse país em si, e nenhum outro país deveria interferir ou tirar vantagem de tal disputa doméstica. Um país deve reconhecer apenas o governo de outro país escolhido pelo próprio povo [...] (Zedong, 1998, p. 139)

Na mesma ocasião, Mao refutou a sugestão de U Nu para que a China interferisse no país em favor do partido do primeiro-ministro: para Zedong, a única interferência legítima seria em casos como o da Coreia, em que a China enviara seus voluntários para lutar contra uma agressão estrangeira (dos EUA), e sob o comando do exército norte-coreano. Qualquer outro tipo de participação em conflitos internos, para ele, seria uma interferência:

> Não se pode dizer de forma abrangente que tudo o que é desejado pelo governo [de um país] não é interferência nos assuntos internos. Quatro situações diferentes são possíveis.

> Primeiro, no caso dos países aliados, opor-se à agressão e combater um inimigo comum, [nesse caso] as tropas de um país aliado podem entrar no território de outro. Isso não é interferência nos assuntos internos. Em segundo lugar, no caso de um país estabelecer bases militares noutro país, fornecendo ajuda ou empréstimos com restrições militares ou políticas, ou estabelecer organismos religiosos em outro país para realizar espionagem – todos estes são atos de interferência nos assuntos internos. Terceiro, em questões que se enquadram no âmbito de assuntos puramente internos, tais como conflitos étnicos ou conflitos entre partidos políticos, se algum país estrangeiro intervém, isso constituirá também uma interferência nos assuntos internos. Em quarto lugar, professores ou especialistas estrangeiros enviados a convite do país anfitrião – isso não é interferência nos assuntos internos, mas uma espécie de mútua assistência. (Zedong, 1998, p. 149)

Na mesma ocasião em que foram apresentadas essas linhas gerais sobre não interferência em assuntos internos, Mao insistiu que o primeiro-ministro de Mianmar ajudasse a China a ser convidada para a conferência Ásia-África que vinha sendo organizada, já em um aceno de integrar a China ao movimento de concertação que crescia entre os países recém-independentes:

> Estamos muito interessados na Conferência Asiático-Africana. O Ministro Nehru disse-nos que os objetivos da Conferência são expandir a zona de paz e combater o colonialismo. Nós pensamos que estes são objetivos muito bons e apoiamos essa conferência. Esperamos participar desta conferência se isso for aceitável para os outros países. (Zedong, 1998, p. 139; tradução nossa)

Zhou Enlai, presente na conversa, sugeriu ainda que o Japão fosse convidado e Chiang Kai-shek excluído, num movimento que buscava consolidar o reconhecimento da República Popular da China dentre as nações recém-independentes. Essa aposta na articulação Ásia-África ligava-se à compreensão de que o desenvolvimento conjunto dos países poderia, com o tempo, reduzir a capacidade dos EUA de hegemonizar a cena internacional: "Se os países da Ásia e da África se tornarem prósperos, então a hegemonia de alguns grandes países não poderá funcionar" (Zedong, 1998, p. 149; tradução nossa).

Em 1955, em conversa com Ali Sastroamidjojo, primeiro-ministro da Indonésia, Mao reforçou seu ponto de vista relativo tanto à coexistência pacífica quanto à importância de uma aliança entre as nações recém-independentes para resistir às investidas dos EUA em busca de uma recolonização do mundo:

> Como amigos, podemos nos dar muito bem. Diante do Ocidente, nossa preocupação comum é nos unirmos e protegermos uns aos outros. Nosso relacionamento deve ser de mútuo benefício, não de dano mútuo. Não apenas comercial e culturalmente, mas também politicamente devemos cooperar; a Conferência de Bandung é um exemplo disso. Nós devemos garantir que todos os nossos países progridam todos os anos. Deveríamos ajudar uns aos outros e tentar resolver alguns dos problemas difíceis que podem ser resolvidos. Cada um de nossos países tem os seus próprios problemas difíceis, e, através da ajuda mútua, devemos tentar resolver esses problemas. Para isso, é necessário tomar medidas para eliminar mal-entendidos e obstáculos entre os nossos países e aumentar a compreensão mútua [...] Estamos prontos para solucionar questões pendentes por meios pacíficos [...] Paz é o melhor. (Zedong, 1998, p. 161-162)

Em outras circunstâncias, esses princípios voltariam a ser enfatizados e valorizados pelas lideranças chinesas: na aproximação com a Iugoslávia, na difícil relação com a URSS – de alinhamento, primeiramente, e depois de ruptura, na década de 1960 – e com a Índia – país com o qual a China viria a entrar em conflito armado em 1967, na região de Sikkim –, e na ativa participação chinesa nas conferências que fortaleceram as lutas pela descolonização e que mais adiante vieram a inspirar o nascimento de uma "terceira posição" no cenário internacional. Destaque especial deve ser dado à Conferência afro-asiática de Bandung, de 1955, da qual participaram, além da China: Afeganistão, Birmânia, Camboja, Ceilão, Filipinas, Índia, Indonésia, Japão, Laos, Nepal, Paquistão, República Democrática do Vietnã, Vietnã do Sul, Tailândia, Arábia Saudita, Iêmen, Irã, Iraque, Jordânia, Líbano, Síria, Turquia, Gana, Etiópia, Egito, Líbia, Libéria e Sudão. Essa conferência foi saudada por Mao Zedong em um discurso proferido em 1956, por ocasião da visita do primeiro-ministro do Laos à China, em que o líder chinês exaltou o "espírito de Bandung" ao referir-se ao seu repúdio à política dos países imperialistas e à necessária amizade entre os países em processo de independência.

III. Ideias que perduram

O mundo está progredindo, o futuro é brilhante
e ninguém pode mudar o curso da história.

Mao Zedong, em "Sobre as negociações de Chongqing",
relatório escrito para uma reunião de quadros em Yan'an, 1945.

A resolução final da Conferência de Bandung trouxe 10 pontos centrais acordados entre os participantes:

- Respeito aos direitos fundamentais, em consonância com a Carta das Nações Unidas;
- Respeito à soberania e à integridade territorial de todas as nações;
- Reconhecimento da igualdade de todas as raças e nações, grandes e pequenas;
- Não intervenção e não ingerência nos assuntos internos de outro país;
- Respeito pelo direito de cada nação se defender, individual e coletivamente, de acordo com a carta das Nações Unidas;
- Recusa na participação dos preparativos da defesa coletiva destinada para servir aos interesses particulares das superpotências;
- Abstenção de todo ato ou ameaça de agressão, ou do emprego da força, contra a integridade territorial ou a independência política de outro país;
- Solução de todos os conflitos internacionais por meios pacíficos;
- Estímulo aos interesses mútuos de cooperação;
- Respeito pela justiça e pelas obrigações internacionais.

Se olharmos bem, todos os cinco princípios de coexistência pacífica, repetidamente afirmados por Mao Zedong e Zhou Enlai, desdobram-se nos dez pontos da resolução adotada em Bandung. Além disso, temas recorrentes nos discursos e textos de Mao, como a igualdade entre as nações independentemente de seu tamanho, a cooperação e benefício mútuo, e a não participação em operações de intervenção em outros países, são enfatizados em um momento em que os povos em luta por independência sofriam com as interferências dos países europeus e dos EUA.

Nos anos posteriores, conforme os estudos de Baoxu Zhao, alguns dos temas centrais destacados por Mao Zedong na década de 1950 foram deixados de lado, em especial o que estava atrelado à cooperação estreita entre a China e a URSS. Além disso, nos anos da Revolução Cultural, o estímulo aos grupos maoistas em outros países, de certa maneira, contradizia o princípio enunciado por Mao Zedong de não haver intromissão nos assuntos internos, o que poderia ser apontado como uma contradição importante dentro de sua produção política e teórica.

No entanto, com um olhar mais amplo, abarcando a totalidade dos mais de 70 anos desde o início da experiência socialista na China, salta aos olhos a estabilidade dos temas mais caros ao líder das primeiras décadas. Se Mao Zedong dissera (ver Zedong, 1998, p. 185) que Stalin cometera erros – "Stalin esteve basicamente correto e obteve grandes conquistas, mas ele também cometeu grandes erros e fez muitas coisas equivocadas" –, estando 30% errado e 70% certo em suas ações, posteriormente a mesma métrica seria aplicada por Deng Xiaoping a respeito de Mao. Para Xiaoping, a herança do Pensamento de Mao deveria sobrepor-se aos problemas causados por algumas de suas decisões.

Isso é particularmente importante para um olhar de longo prazo com relação às suas formulações ao tema da paz e da política externa. A política externa levada a cabo por Deng Xiaoping recuperou decididamente os princípios da coexistência pacífica que conferiram à China a capacidade de realizar acordos condizentes com os planos de reforma econômica necessários à nova política de desenvolvimento. Marcaram os anos de Xiaoping a máxima: "Observar calmamente, assegurar nossa posição, esconder capacidades e tomar nosso tempo; saber manter um perfil baixo e nunca assumir a liderança". Baoxu Zhao, conforme citado na introdução deste capítulo, considera as orientações dessa época como uma mudança importante, em que surgiu o novo paradigma da política externa da China, que perdura até os dias atuais. Em nossa visão, porém, são evidentes nos princípios anunciados no final da década de 1970 a influência dos temas que já eram caros a Mao Zedong e Zhou Enlai nos anos 1950. Xiaoping conviveu e colaborou com Mao desde a guerra civil, ainda que tenham tido graves desavenças e disputas na época da Revolução Cultural. Não é surpreendente, portanto, que ele tenha incorporado o significado atribuído por Zedong aos princípios de não intervenção, soberania e igualdade entre as nações, fundamentais à orientação adotada naquele período da nascente RPC e novamente a partir da reforma econômica.

Chegando aos nossos dias, conforme destacado na introdução, a nova lei de política externa menciona diretamente o Pensamento de Mao e, mais especificamente, *os cinco princípios de coexistência pacífica*, tão enfatizados pelo dirigente e por Zhou Enlai em seu trabalho diplomático à frente da RPC. Esses princípios, tal como ocorrido na declaração de Bandung, retornam com nova roupagem nas declarações do atual presidente da China, Xi Jinping. O pensamento de Xi sobre diplomacia destaca dez princípios fundamentais, conforme os documentos oficiais:

> Defender a autoridade do Comitê Central do PCC como princípio abrangente e fortalecer a liderança centralizada e unificada do Partido; promover a "diplomacia de grandes países"

> com características chinesas para cumprir a missão do grande rejuvenescimento da nação chinesa; construir uma comunidade com um futuro compartilhado para a humanidade, com vistas a defender a paz mundial e promover o desenvolvimento comum; aumentar a confiança estratégica com base na fundação do socialismo com características chinesas; promover a cooperação do Cinturão e Rota sob o princípio de ampla consulta, contribuição conjunta e benefícios compartilhados; buscar o desenvolvimento pacífico com base no respeito mútuo e na cooperação ganha-ganha; promover parcerias globais buscando uma agenda diplomática de base ampla; orientar a reforma do sistema de governança global sob o princípio de justiça e equidade; defender a soberania nacional, a segurança e os interesses de desenvolvimento com os interesses centrais da China como uma linha vermelha; e desenvolver um estilo chinês distinto de diplomacia, tanto recorrendo a boas tradições quanto se adaptando aos tempos de mudança.[4]

Em suma: promover a coexistência harmônica entre as diferentes nações (comunidade de destino compartilhado); buscar a cooperação (Iniciativa Cinturão e Rota); defesa da soberania e da autodeterminação; benefício mútuo; solução pacífica de controvérsias; e equidade entre as nações (governança global sob o princípio de justiça e equidade). São temas renovados, vinculados aos novos tempos, mas sem sombra de dúvida inspirados nos princípios basilares do Pensamento deste que foi um dos grandes personagens da história moderna da China e da humanidade no século XX: Mao Zedong.

---

4 Tradução nossa. Disponível em: https://us.china-embassy.gov.cn/eng/zgyw/202209/t20220930_10774938.htm.

Referências

NIEN-CHUNG & CHANG-LIAO. "China's New Foreign Policy under Xi Jinping." *Asian Security*, 12 (2): 82-91, 2016.

ZEDONG, Mao. *Diplomacy*. Pequim: Foreign Languages Press, 1998.

ZHAO, Baoxu. *To Build a Harmonious World – Ideal of Traditional Chinese Thinking*. Berlim: Springer-Verlag, 2014.

Mao Zedong e a organização partidária

Miguel Enrique Stedile

Assim como a história da "Nova China", a trajetória e a organização do Partido Comunista Chinês (PCCh) também é indissociável do pensamento e da prática de Mao Zedong. Para além da sua presença em praticamente todos os episódios históricos do Partido, suas ideias foram determinantes para a forma organizativa e de atuação deste instrumento. E, ao invés de buscarmos um "modelo maoista de Partido", sua visão de organização partidária é baseada nos princípios leninistas e, de forma dialética, é adaptada para as condições conjunturais e reais do processo de transformação social chinês.

A geração de Mao e dos futuros dirigentes comunistas foi impactada pela Revolução Russa de 1917. Eles realizaram uma transição do pensamento nacionalista de Sun Yat-sen para o marxismo, engajaram-se no Movimento estudantil anti-imperialista de Quatro de Maio e participaram de círculos de estudos marxistas ou sociedades secretas que, por fim, convergiram na fundação do Partido Comunista Chinês, em 1921.

Embora movimentos políticos da segunda metade do século XX reivindiquem-se como "maoistas" – muitas vezes de forma rasa e acentuando o papel do campesinato na Revolução –, não é possível dizer que há uma teoria maoista do Partido. Ao contrário, o PCCh é, em sua trajetória e forma organizativa, essencialmente um "Partido da Terceira Internacional", moldado de acordo com os preceitos do que se convencionou chamar "marxismo-leninismo" – o que não impediu que a relação entre os comunistas chineses e o *Komintern* fosse permanentemente tensa, alternando episódios de obediência e insubordinação.

Sobre Mao, Bernal afirma que:

> Em seus escritos, respeitava os princípios leninistas ortodoxos sobre a organização do partido, embora as *Obras escolhidas* exagerem essa impressão ao eliminar as reservas que ele expressou a esse respeito. Aceitava o princípio do centralismo democrático e a distinção entre discussão livre no interior do partido e direção das massas, bem como, na prática, concordou que o Comitê Central assumisse o poder no soviete de Jiangxi, constituído por ele mesmo. (Bernal, 1987, p. 393)

Porém, equivoca-se quando afirma que a atitude de Mao diante do Partido era "pelo menos heterodoxa" e que seu envolvimento era menor com o exército ou o soviete de Jiangxi do que com a organização partidária, supondo erroneamente que, "agora que conhecemos a Revolução Cultural, conseguimos compreender como essas experiências puderam ter sugerido a Mao a possibilidade de que interesses da organização partidária e revolução não coincidam necessariamente" (Bernal, 1987, p. 393).

Equivoca-se porque se fixa na nomenclatura e não compreende a essência da elaboração de Lênin: o Partido deve elaborar e zelar pela direção política, que permita elevar da luta econômica à luta política, e para isso deve ser formado por dirigentes profissionais – no aspecto da dedicação exclusiva e da qualidade de seu trabalho – e estruturado por canais que permitam desde o centro irradiar com unidade as formulações políticas táticas e estratégicas. Portanto, trata-se do objetivo e da função do Partido, e não de nomenclatura, organograma ou estrutura hierárquica.

Ainda assim, em 1929, escrevendo sobre os desvios ideológicos presentes no interior do Partido, ao propor sua superação, Mao apresenta o fluxo democrático e o funcionamento dos espaços partidários que correspondem à mesma formulação de Lênin:

> 2. No plano orgânico, é necessário assegurar uma democracia sob direção centralizada. Isso deve se fazer conforme as linhas seguintes:
>
> I) Os órgãos dirigentes do Partido devem definir uma linha diretriz correta e encontrar soluções para os problemas que surgem, de modo a erigirem-se em autênticos centros de direção.
>
> II) Os órgãos superiores devem conhecer bem a situação existente nos órgãos inferiores, assim como a vida das massas, de modo a disporem de uma base objetiva para dirigir corretamente.
>
> III) Seja em que escalão for, nenhum órgão do Partido deve resolver levianamente os problemas. Uma vez que se tome uma decisão, ela deve ser firmemente aplicada.
>
> IV) Todas as decisões de certa importância tomadas pelos órgãos superiores do Partido devem ser prontamente transmitidas aos órgãos inferiores, bem como à massa dos membros do Partido. Os meios para chegar a isso consistem em convocar reuniões de ativistas ou, quando as circunstâncias o permitam, assembleias gerais dos membros do Partido das células ou das colunas, assim como em enviar representantes para que aí apresente relatórios.
>
> V) Os órgãos inferiores e a massa dos membros do Partido devem discutir em detalhe as diretivas dos órgãos superiores, de maneira a compreenderem completamente o

> respectivo significado e decidirem sobre os métodos a seguir na sua execução. (Stedile, 2019, p. 49-50)

Neste aspecto, Bernal mede a compreensão organizativa e partidária de Mao apenas por sua participação nas instâncias do PCCh, em um período particularmente turbulento de intensos debates sobre a tática política quanto à burguesia, ao Kuomintang e à resistência ao Japão, onde, por vezes, a posição discordante de Mao em relação ao Comitê Central resultou em seu afastamento dos espaços decisórios. Entretanto, se voltarmos à concepção leninista de Partido e observarmos o funcionamento tanto do Exército Popular quanto dos sovietes chineses, veremos que Mao buscou justamente aplicar estes princípios organizativos.

Primeiro, a relação entre o instrumento político – seja o exército ou o Partido – e as massas. Nas bases comunistas, isoladas militar e geograficamente, com um número reduzido de militantes e diante do atraso cultural dos camponeses, a sobrevivência dependia da estreita relação entre os comunistas e o povo. O exército deveria ser a "expressão armada dos interesses e aspirações das massas" (Naves, 2005, p. 26).

Mao escreve:

> Nós somos, simultaneamente, dirigentes e organizadores da guerra revolucionária e da vida das massas. A organização da guerra revolucionária e a melhoria da vida das massas constituem as nossas duas grandes tarefas. É justamente aí que o problema dos métodos de trabalho se apresenta a nós em toda a sua gravidade. Não basta formular tarefas; é igualmente necessário resolver o problema dos métodos que permitem cumpri-las. (Stedile, 2019, p. 69)

Note-se que Mao não restringe ao Exército unicamente a função militar. O Exército deve combater, mas deve resolver os problemas da vida do povo e, para fazê-lo, organizar a vida política local.

Para isso, era preciso garantir a homogeneidade ideológica entre o instrumento e a sua base social. Isto significava tanto a realização das reformas políticas necessárias no território quanto uma postura de respeito e colaboração com os camponeses. Não bastava que o exército fosse superior em seus objetivos e na visão política; deveria ser também superior moralmente. Isto implicava o combate pela educação política de desvios originados seja pela origem pequeno-burguesa (como ultrademocratismo e individualismo), seja pela origem camponesa artesanal.

Nos territórios sob direção comunista, a terra foi confiscada e redistribuída aos camponeses, foram criadas empresas coletivas e cooperativas, além de campanhas de alfabetização massiva e a proibição da prostituição, do ópio, da escravização de crianças e do casamento forçado. Nestas medidas já se encontrava uma das contribuições originais de Mao aos processos de reforma agrária: não se tratava apenas de destruir o poder econômico dos latifundiários com a distribuição de terras, mas era necessário um processo de reforma intelectual e cultural que eliminasse os antigos hábitos e tradições que sustentavam estas classes. As reformas políticas e econômicas devem ser acompanhadas de transformações educacionais e culturais.

Nesta "pequena sociedade isolada" geográfica e politicamente, as pessoas deveriam viver e deveriam ser formadas de forma distinta da que haviam vivido até então. A "nova sociedade" deveria ser vivenciada desde aquele momento. Ao mesmo tempo que a tarefa de governabilidade de um território por um partido pouco numeroso poderia resultar em autoritarismos e abusos, eram necessários canais de comunicação entre as massas e o Partido, de forma que se estabelecesse uma sociedade "transparente", em que as necessidades e críticas pudessem ser feitas permanentemente, estimulando a consciência e o protagonismo coletivo.

Neste contexto e futuramente, Mao enfatiza a importância da iniciativa criativa dos quadros revolucionários:

> Na grande luta atual, o Partido Comunista da China exige que todos os seus órgãos dirigentes, todos os seus membros e quadros desenvolvam ao máximo a iniciativa própria, pois só assim se tornará possível a vitória. Concretamente, essa iniciativa há de manifestar-se em atividade criadora dos órgãos dirigentes, quadros e membros do Partido, em espírito de responsabilidade, em ardor no trabalho, audácia e capacidade de levantar problemas, expressar opiniões próprias, criticar falhas, e em controle, exercido com toda a camaradagem, sobre os órgãos e quadros dirigentes. Doutro modo a palavra "iniciativa" não tem sentido. O desenvolvimento dessa iniciativa, porém, depende do grau de democracia existente na vida do Partido. Em caso nenhum a iniciativa poderia desenvolver-se sem uma suficiente democracia na vida do Partido. A formação de um grande número de seres humanos capazes só é possível em ambiente democrático. (Mao, 1975, p. 163)

Em síntese, diante da fragilidade do instrumento político "Partido", pela leitura equivocada da conjuntura ou pelas cisões internas, Mao "transfere" para o Exército a função de zelar ideologicamente, formar quadros e conectar as estruturas políticas com unidade. Na medida em que a unidade do Partido é estabelecida, durante a Grande Marcha, Exército e PCCh convergem, com naturezas e funções distintas.

Os exemplos anteriores também nos permitem compreender qual é a principal contribuição de Mao ao pensamento socialista no campo organizativo. Ao invés de preocupar-se com as formas ou estruturas, Mao estava concentrado na qualidade da atuação dos dirigentes e na sua capacidade de elevar o nível de consciência das massas. Sua atenção estava voltada aos *métodos de direção*.

Neste aspecto, além da postura e da superioridade moral, a maior preocupação de Mao estava na superação dos desvios ideológicos, legados da formação pequeno-burguesa ou feudal, que resultavam em equívocos nas análises e nas ações.

Quando Mao escreve sobre a "eliminação das concepções erradas no seio do partido", novamente no texto de 1929, ele aponta: os riscos para a organização partidária dos comportamentos *militaristas*, que minimizava as tarefas políticas e reduzia o papel do Exército Vermelho a "combater"; o individualismo pequeno-burguês e sua recusa à disciplina, resultando em um *ultrademocratismo*; o *igualitarismo absoluto*, de origem camponesa; e o *subjetivismo*, que, por sua vez, converte-se em oportunismo ou putschismo. Para superá-los, ele insiste:

> [...] o essencial é educar os membros do Partido de tal maneira que as suas concepções e toda a vida interior do Partido tomem uma orientação política e científica. Para isso, é preciso:
>
> 1) ensinar os membros do Partido a fazer análises da situação política e a apreciar as forças das classes segundo o método marxista-leninista, em vez de procederem para análises e apreciações subjetivistas;
>
> 2) atrair a atenção dos membros do Partido para as investigações e estudos econômicos e sociais, com vistas à

> determinação da tática da luta e dos métodos de trabalho; fazer compreender aos camaradas que, sem uma investigação sobre a situação real, eles embrenham-se no abismo das imaginações vãs e da aventura;
>
> 3) na crítica dentro do Partido, há que saber se guardar do subjetivismo, da arbitrariedade e da banalização da crítica; todas as afirmações devem se basear em fatos e a crítica deve ter um sentido político. (Stedile, 2019, p. 55)

A preocupação com os métodos de trabalho e a relação com as massas estão presentes no Pensamento de Mao desde a experiência da gênese do Exército Vermelho e das bases nas montanhas e permaneceram após o estabelecimento da República Popular da China. No período de construção do socialismo, Mao voltou inúmeras vezes ao tema. No Grande Salto Adiante, por exemplo, pretendia-se descentralizar o planejamento e a produção, ampliando a autonomia local. Porém, sem uma base material adequada, resultou no inverso, com uma maior centralização de poderes em esfera local. Consequentemente, era preciso lidar com desvios como o burocratismo, o autoritarismo e o afastamento dos dirigentes das massas. Mao enfrentou o subjetivismo e o idealismo, enfatizando novamente a importância de conhecer a realidade. Porém, também incentivou o estudo e a formação política para superar o pragmatismo e o baixo nível cultural. No trabalho prático e nos textos, exigiu didatismo e vinculação com as massas, superando o chamado "estilo clichê" de textos longos, enfeitados e estéreis.

Mas, principalmente, Mao recoloca o debate sobre as relações sociais de produção, demonstrando que essas relações não acompanharam o desenvolvimento das forças produtivas. Considerando a revolução como "permanente", ele constata que a luta de classes permanece no socialismo. Nesse caso, ela se manifesta internamente no próprio Partido, na ação dos setores "contaminados pela convivência com a burguesia" ou adeptos da "via capitalista" ou "restauração capitalista". Mais uma vez, Mao dirige seus esforços para a questão da transformação da superestrutura ideológica da sociedade, propondo a revolucionarização das relações sociais de produção. Isso de forma que, quando se refere à participação ativa das massas, não trata apenas de sua participação política, mas efetivamente de exercer o controle da produção, superando o próprio Partido.

Novamente, a influência leninista no Pensamento de Mao é evidente. Mesmo superada a fase de tomada do poder da burguesia; agora à frente do Estado, a função do Partido é realizar as transformações estruturais necessárias, solucionando as questões da vida cotidiana (a luta econômica), mas através delas elevando o nível de consciência política das massas. Para isso, o Partido deve ser formado pelos quadros mais capacitados ideologicamente, e o Estado e o Partido devem possuir canais de comunicação e participação que liguem o centro às bases.

A atualidade do Pensamento de Mao

Para além da formalização do "Pensamento de Mao Zedong" como uma das linhas orientadoras do Partido na Constituição chinesa, as contribuições teórico-organizativas de Mao permanecem presentes na atuação do PCCh, mais de quatro décadas após a sua morte. E, principalmente, seu legado não é reivindicado de forma burocrática ou canônica.

Esta vigência e sua adaptação aos desafios contemporâneos da República Popular e do PCCh são notadas com mais vitalidade justamente na atuação do atual presidente e secretário-geral do Partido, Xi Jinping.

A influência da obra de Mao Zedong se nota desde o início de seu mandato, quando, poucos dias após assumir como secretário-geral do Comitê Central, Xi discursou no 120º aniversário de nascimento de Mao, destacando "a busca da verdade nos fatos, as linhas de massas e a independência e a autodeterminação" como contribuições vigentes deste Pensamento (Jinping, 2014, p. 30). Assim como o fundador da República Popular, Xi utiliza com frequência referências às obras clássicas da filosofia e literatura chinesa, o apreço à tradição como parte da cultura – não como algo estanque e rígido, mas como uma referência para o futuro.

Outra concepção maoista que vigora no Pensamento de Xi é a ideia de "Revolução Permanente", não nos termos do trotskismo, mas sim como um processo ininterrupto onde cada etapa revolucionária deveria ser sucedida por outra que aprofundasse as transformações estruturais e sociais em direção ao Socialismo.

Tanto em Mao quanto em Xi, há uma atenção permanente para a correlação entre o desenvolvimento das forças produtivas e as relações sociais de produção. Para ambos, o avanço das condições produtivas não pode coexistir com relações e expressões ideológica e culturalmente atrasadas, e, por isso, há uma ênfase permanente no papel da arte, da cultura, da educação e da formação política.

> Para consolidar a base do progresso cultural, um trabalho muito importante a se fazer é reforçar a educação ideológica e moral e promover os bons costumes sociais a partir de cada um de nós. Devemos herdar e desenvolver as virtudes tradicionais criadas pelo povo do nosso país durante a longa prática, persistir nos conceitos de moral marxista e socialista, fazendo com que o passado sirva o presente e o antiquado seja abandonado para que se possa promover

> o novo, rejeitar as escórias e manter a essência útil, assim como retirar o falso e preservar o verdadeiro. Intensificar o poder brando cultural da China. (Jinping, 2014, p. 194-195)

E, objetivamente, o desenvolvimento destas forças não pode resultar na formação de uma burocracia ou de uma elite partidária ou empresarial apartada da população, nem em condições desiguais de vida e de renda. Assim, é constante a busca pela igualdade, característica do período maoista, verbalizada na ideia de que "a prosperidade comum é o princípio fundamental do socialismo com características chinesas" (Jinping, 2014, p. 15), buscando superar os efeitos nocivos do crescimento e da expansão econômica dos anos anteriores, como a corrupção e a desigualdade social.

Neste contexto, o combate à corrupção com a depuração do Partido é um dos eixos de maior destaque no Pensamento e na ação de Xi, expressa na ideia de "Quatro Condutas nocivas" (fraude, corrupção, separação das massas populares e formalismo e burocratismo), que "representam a traição e a consciência do Partido" (2021, p. 649). Novamente, Xi enfatiza constantemente a importância da educação ideológica e política, o papel do estudo e da pesquisa e a importância de se conhecer a realidade, muitas vezes referindo-se à sua própria experiência nas províncias do interior do país. Com isso, ele exige dos quadros e militantes do Partido a autocrítica, a disciplina, o rigor político e científico e o combate ao burocratismo, ao estilo clichê e ao formalismo.

O combate à corrupção – "Vamos caçar os 'tigres' assim que aparecerem e esmagar as 'moscas' que zombam ao redor" (Jinping, 2021, p. 653) – justifica-se pelo papel dos fatores subjetivos em seu Pensamento, mas principalmente por um aspecto que o diferencia do Pensamento de Mao. O sujeito da Revolução em Mao é o povo. O Partido canaliza sua energia, organiza e conduz. A força objetiva e subjetiva das massas é quem pode impulsionar os processos revolucionários e impedi-los de estagnarem. Esta era a justificativa, inclusive, para desencadear o processo da Revolução Cultural, suplantando como um tsunami todas as estruturas partidárias.

Xi Jinping refere-se constantemente ao Povo como origem e destino das ações do Partido e do Socialismo. Mas, para ele, é o Partido – como parte consciente e estruturada do povo – quem deve estar à frente e conduzir a revolução. Daí a preocupação constante com a depuração no comportamento, na ação e na postura dos quadros e militantes. E daí sua fidelidade às linhas políticas do partido, com o funcionamento das estruturas e instâncias, em especial as locais e provinciais. Ao mesmo tempo que se aprimoram a Constituição e a "Democracia Consultiva", o fortalecimento do Partido neste momento histórico é o centro da governança social chinesa.

> O PCCh é quem exerce a liderança geral sobre todos os trabalhos em todo o país. Isso significa, primeiramente, defender a autoridade do Comitê Central do Partido e sua liderança centralizada e unificada. Trata-se do princípio supremo, em relação ao qual nunca devemos equivocar-nos nem estar sujeitos à hesitação em momento algum e sob nenhuma circunstância. Exigimos que todos os militantes do Partido mantenham o maior respeito pelo Estatuto do Partido, reforcem suas consciências sobre a política, os interesses do conjunto, o núcleo dirigente do Comitê Central do Partido e o alinhamento com as políticas do Comitê Central. Exigimos, ainda, que sejam aperfeiçoados mecanismos institucionais que garantam a liderança do Partido, e a habilidade e a firmeza do Partido

> de definir a direção, elaborar os planos gerais, introduzir as políticas e promover a reforma. (Jinping, 2021, p. 116)

Conhecer e aprender sobre Mao

Da mesma maneira como Mao se apropriou do pensamento marxista para produzir uma análise original da luta de classes na China, ele utilizou os princípios organizativos de Lênin para construir os instrumentos políticos da Revolução Chinesa de acordo com as condições reais e objetivas do país e da luta.

Lamentavelmente, as contribuições de Mao para o marxismo permaneceram secundarizadas, em parte pelo conflito sino-soviético, em parte dado o eurocentrismo e a apropriação mecânica do marxismo no Ocidente. Evidentemente, as dificuldades de tradução e de publicação de suas obras, dependentes quase exclusivamente do trabalho do Estado chinês, também dificultaram e retardaram sua circulação ou as limitaram a uma apropriação restrita aos temas camponeses e militares.

Mesmo as correntes simpáticas ao Pensamento de Mao padecem de uma leitura apropriada. A interpretação europeia da Revolução Cultural flerta muitas vezes com o anarquismo e com a simples mobilização por si só, sem entender as raízes que de fato impulsionaram este período.

Na América Latina, as primeiras organizações a se reivindicarem "maoistas" o fizeram no contexto da crise soviética do "Relatório Khrushchov" e do processo de "desestalinização", mas também pelo impacto da Revolução Cubana no continente. Urrego (2016) aponta quatro razões para o surgimento dos agrupamentos maoistas no continente: as divisões nos partidos comunistas, o surgimento de organizações a partir de núcleos ativistas universitários, o conhecimento direto sobre as transformações em curso na China e o impacto das atividades do Sendero Luminoso no Peru. Estas organizações se estabeleceriam ainda a partir de seis características que as diferenciariam das demais correntes marxistas:

> 1) el trabajo de masas en el mundo rural encaminado a la creación de un doble poder (las bases de apoyo); 2) la búsqueda de un gran frente político que agrupe a la mayoría de la población, incluida la burguesía nacional; 3) el modelo de la Guerra Popular Prolongada (GPP), que privilegia el escenario campesino; 4) la consideración de que la URSS era una potencia social-imperialista y los miembros del Partido Comunista (PC), revisionistas, es decir, contrarios a la revolución; 5) la reivindicación de una etapa intermedia sin colectivización ni estatización, la Nueva Democracia; y 6) la existencia de un principio moral con que deben trabajar los militantes: estar al servicio del pueblo. (Urrego, 2017)

Assim, há tanto aqueles que transferem a tática específica de aliança entre os comunistas e o Kuomintang – no contexto da guerra anti-imperialista contra o Japão – para suas realidades, numa adaptação do "etapismo" e na defesa de uma etapa nacional-burguesa da Revolução, quanto aqueles que se concentram no papel do campesinato para alavancarem guerrilhas rurais, cujo exemplo melhor sucedido provavelmente foi a formação do Exército de Libertação do Povo (ELP) pelo Partido Comunista (Marxista-Leninista) da Colômbia. Nesse exército, o conceito de Guerra Popular foi adotado como contraponto à "autodefesa das massas", defendida pelo PC/Forças Armadas Revolucionárias da Colômbia (FARC).

O encontro das ideias maoistas com especificidades da luta latino-americana resultou por sua vez na construção da Ação Popular

(AP) no Brasil, convergindo a ação de jovens universitários e de um setor progressista da Igreja Católica. Tal encontro também influenciaria a futura formação do Exército Zapatista de Libertação Nacional no México:

> El modelo de democracia directa, códigos éticos alternativos, educación política de los campesinos y obreros, una moral que enaltecía lo colectivo, el rechazo al uso de las armas y la mejora en las condiciones de vida de la población se aplicaron en gran parte de los estados donde Política Popular organizó a las masas. Debido a tal postura, estableció una amplia colaboración con los sectores de la Iglesia que trabajaban con la teología de la liberación en el norte de México, experiencia que luego se trasladaría al estado de Chiapas. Precisamente a partir de esa larga tradición de trabajo conjunto entre la Iglesia y los maoístas, y naturalmente sumados a otros hechos políticos, es que se entiende el diálogo entre indígenas, estudiantes, campesinos y obreros que van permitir la irrupción del EZLN el 1 de enero de 1994, precisamente el día que entraba en vigencia el Tratado de Libre comercio. Tres principios maoístas son evidentes en el estilo del EZLN: la construcción de un doble poder, el trabajo paciente de décadas y el saber escuchar. (Urrego, 2017)

Lamentavelmente, o maoismo se tornou conhecido por uma versão caricatural e dogmática representada pela ação do Sendero Luminoso, caracterizado pela exaltação sem limites da violência, o aventureirismo militar, um discurso autorreferencial e dogmático e o desconhecimento da realidade peruana (Urrego, 2017).

A crise geral vivenciada pela esquerda na década de 1990 – a dissolução da URSS, o desfecho da Revolução Sandinista e da Guerra

Civil em El Salvador, a ofensiva neoliberal – assolou todas as correntes marxistas e foi determinante para a fragmentação, dissolução ou desaparecimento das organizações que se reivindicavam maoistas.

Felizmente, a emergência como potência global da China no século XXI não só permite um reencontro e uma reapropriação do Pensamento de Mao, como também torna obrigatório realizar este movimento para compreender o estado da arte da República Popular. A ideia de que sua influência se encerra com sua morte e que, a partir da Era Deng, desenha-se uma China completamente distinta é igualmente equivocada, como se vê pela vigência do pensamento maoista em Xi Jinping.

Se o pensamento econômico e militar de Mao deve ser lido à luz do contexto histórico em que foi produzido e, obviamente, não cabe e nem permite uma transposição mecânica, por outro lado, as elaborações sobre o método de direção, como contribuição de sua elaboração partidária, são extremamente úteis para pensarmos a luta social – e no nosso caso, na América Latina – no século XXI.

Diante das notórias dificuldades das organizações em compreenderem as transformações ocorridas no Mundo do Trabalho nas últimas décadas, concomitantes à ultrafinanceirização e ao impacto das transformações digitais, nada é mais necessário do que a ênfase de Mao em *analisar corretamente a realidade*, a partir do estudo e da pesquisa prática. Da mesma forma, este movimento é imprescindível para a compreensão de quem é o *sujeito dos processos revolucionários* neste tempo histórico.

Por fim, a ideia de *servir ao povo*, de trabalho de base, de atuação nas comunidades, e de organizá-las a partir das demandas reais e concretas em um processo que ao mesmo tempo eleve o nível de consciência é imprescindível para a reconstrução de uma base social de esquerda. Neste aspecto, a retomada de *métodos de crítica e autocrítica*, a compreensão e o combate aos *desvios ideológicos*, como o subjetivismo e o individualismo, seriam de grande valia para as organizações brasileiras.

Em síntese

Como demonstrado, o Pensamento de Mao Zedong e a história do PCCh estão profundamente entrelaçados, e, quatro décadas após sua morte, seu legado continua presente na atuação do Partido e reivindicado pelas novas lideranças, de acordo com os novos desafios do tempo histórico, onde a importância do trabalho de base junto às massas populares permanece central no pensamento político chinês contemporâneo.

Este exemplo comprova a vitalidade do Pensamento de Mao, ao mesmo tempo que endossa sua origem na raiz do pensamento leninista, realçando a originalidade dele, apropriando-se corretamente dos conceitos, interpretando a realidade chinesa e desenvolvendo a ação política e organizativa a partir destas condições.

Embora as contribuições teóricas e organizativas de Mao tenham sido por vezes negligenciadas ou mal compreendidas no Ocidente, sua obra é valiosa para os partidos e movimentos populares, especialmente os latino-americanos, para enfrentarem os desafios da luta política contemporânea e construírem as estratégias para o século XXI.

A emergência geopolítica e econômica da China abre a oportunidade para se reencontrar a obra de Mao, seja no seu legado e permanência na República Popular hoje, seja na possibilidade de conhecimento de novas e melhores traduções ou de outras obras pouco conhecidas pelo público ocidental. É uma oportunidade também para que a esquerda oxigene suas reflexões e inspire-se na produção marxista oriental e na mais longeva revolução socialista em curso.

Referências

BERNAL, Martin. "Mao e a Revolução Chinesa." In: HOBSBAWM, Eric (org.). *História do marxismo. O marxismo na época da Terceira Internacional: o novo capitalismo, o imperialismo, o terceiro mundo*. Rio de Janeiro: Paz e Terra, v. 8, 1987.

NAVES, Márcio Bilharinho. *Mao: o processo da revolução*. São Paulo: Brasiliense, 2005.

STEDILE, Miguel Enrique (org.). *Mao Zedong e a Revolução Chinesa*. São Paulo: Expressão Popular, 2019.

URREGO, Miguel Ángel. "Historia del maoísmo en América Latina: entre la lucha armada y servir al pueblo." *Anuario Colombiano de Historia Social y de la Cultura*, 44 (2): 111-135, 2017.

XI Jinping. *A governança da China*. Pequim: Edições em Línguas Estrangeiras, v. 3, 2021.

______. *A governança da China*. Rio de Janeiro: Contraponto, v. 1, 2014.

ZEDONG, Mao. *Obras Escolhidas*. Pequim: Edições do Povo, t. 2, 1975.

Esta obra foi composta em sistema CTcP
Capa: Supremo 250 g – Miolo: Pólen Natural 70 g
Impressão e acabamento
Gráfica Santuário